国家卫生健康委员会"十四五"规划教材
全国高等职业教育本科教材

供医养照护与管理专业用

医养结合机构
运营与管理

主　编　喻秀丽

副主编　张　健　朱晓卓

编　者（以姓氏笔画为序）

朱晓卓　（宁波卫生职业技术学院）

李瑶盖　（成都市蜀州乐康养老有限责任公司）

肖树芹　（首都医科大学）

肖善文　（菏泽医学专科学校）

何春渝　（成都医学院）

张　健　（四川省人民医院医疗集团·成都青城山医院）

季六一　（江苏澳洋优居壹佰养老产业有限公司）

徐卫华　（沈阳医学院）

睢　睦　（深圳职业技术大学）

董　键　（泰安市中心医院·泰山医养中心）

喻秀丽　（重庆护理职业学院）

谢　燕　（重庆医科大学附属第一医院青杠老年护养中心）

人民卫生出版社
·北京·

图书在版编目（CIP）数据

医养结合机构运营与管理 / 喻秀丽主编 . —北京：
人民卫生出版社，2025.5
　ISBN 978-7-117-35638-1

Ⅰ. ①医…　Ⅱ. ①喻…　Ⅲ. ①养老院－运营管理－中
国－高等职业教育－教材　Ⅳ. ①D669.6

中国国家版本馆 CIP 数据核字（2023）第 222828 号

人卫智网	www.ipmph.com	医学教育、学术、考试、健康， 购书智慧智能综合服务平台
人卫官网	www.pmph.com	人卫官方资讯发布平台

医养结合机构运营与管理
Yiyang Jiehe Jigou Yunying yu Guanli

主　　编：喻秀丽
出版发行：人民卫生出版社（中继线 010-59780011）
地　　址：北京市朝阳区潘家园南里 19 号
邮　　编：100021
E - mail：pmph @ pmph.com
购书热线：010-59787592　010-59787584　010-65264830
印　　刷：河北新华第一印刷有限责任公司
经　　销：新华书店
开　　本：850×1168　1/16　　印张：11
字　　数：325 千字
版　　次：2025 年 5 月第 1 版
印　　次：2025 年 5 月第 1 次印刷
标准书号：ISBN 978-7-117-35638-1
定　　价：49.00 元
打击盗版举报电话：010-59787491　E-mail：WQ @ pmph.com
质量问题联系电话：010-59787234　E-mail：zhiliang @ pmph.com
数字融合服务电话：4001118166　　E-mail：zengzhi @ pmph.com

出版说明

我国是世界上老年人口最多的国家，老龄化速度较快，老年人健康状况有待改善。党中央、国务院高度重视医养结合工作，习近平总书记指出，要加快构建居家社区机构相协调、医养康养相结合的养老服务体系和健康支撑体系。医养结合作为落实推进健康中国、积极应对人口老龄化国家战略的重要任务，写入《中共中央 国务院关于加强新时代老龄工作的意见》《"健康中国 2030"规划纲要》《积极应对人口老龄化中长期规划》等重要政策文件及规划。国家卫生健康委认真贯彻落实党中央、国务院决策部署，会同相关部门大力推进医养结合，取得积极成效。随着老年人对健康养老服务的需求日益强劲，迫切需要大批经过专业教育，具有良好职业素质、扎实理论水平、较强操作技能和管理水平的高层次医养结合相关技术技能人才。

高等职业教育本科医养照护与管理专业作为培养国家医养结合服务与管理技术技能人才的新专业，被列入教育部《职业教育专业目录（2021 年版）》。为推动医养照护与管理专业健康发展，规范专业教学，满足人才培养的迫切需要，在国家卫生健康委老龄健康司的指导下，人民卫生出版社启动了全国高等职业教育本科医养照护与管理专业第一轮规划教材的编写工作。

本套教材编写紧密对接新时代健康中国高质量卫生人才培养需求，坚持立德树人、德技并修，推动思想政治教育与技术技能培养融合统一。教材深入贯彻课程思政，在编写内容中体现人文关怀和尊老爱老敬老的中华民族传统美德。高等职业教育本科医养照护与管理专业作为新的层次、新的专业，教材既体现本科层次职业教育培养要求，又坚持职业教育类型定位，遵循技术技能型人才成长规律。编写人员不仅有来自高职院校、普通本科院校的一线教学专家，还有来自企业和机构的一线行业专家，充分体现了专本衔接、校企合作的职业教育教材编写模式。编写团队积极落实卫生职业教育改革发展的最新成果，精心组织教材内容，优化教材结构，创新编写模式，推动现代信息技术与教育教学深度融合，全力打造融合化新形态教材，助力培养医养结合专业人才。

本套教材于 2023 年 10 月开始陆续出版，供高等职业教育本科医养照护与管理专业以及相关专业选用。

前　言

根据《2024年国民经济和社会发展统计公报》数据，截至2024年底，我国60岁及以上老年人口达3.1亿，占总人口的比例为22%，其中65岁及以上人口为2.2亿，占全国人口的15.6%，表明我国已经进入中度老龄化社会。《"十四五"国家老龄事业发展和养老服务体系规划》提出"深入推进医养结合，提升医养结合服务质量。加强人才队伍建设，拓宽人才培养途径"。因此，推动医养结合机构服务能力高质量发展，加强专业人才队伍建设是关键。目前，我国医养结合机构中高学历的专业管理人才稀缺，推进高等职业教育本科医养结合相关专业高质量发展，迫切需要一本能适应新时代医养结合机构管理的优质教材。

基于以上要求，在全国卫生健康职业教育教学指导委员会、教育部本科护理类专业教育教学指导委员会和中华护理学会专家指导下，我们邀请了国内普通高等院校和职业高等院校的教育专家、医养结合服务领域专家、医养结合机构管理者共同组建了编写组。本书立足于高等院校人才培养方案和医养结合机构管理实践中的用人需求，以培养"会管理、懂专业、有技能、重人文"，能胜任医养结合机构管理岗位的复合型人才为目标。编写组坚持以国家发布的医养结合机构相关文件精神为指导，按照"必需、够用、实用"的编写原则，构建了全书编写框架。全书内容涵盖医养结合机构的组织架构、运营管理、人力资源配置、业务管理、质量管理、安全管理、运营保障七个医养结合机构运营与管理的要素。在编写内容上，通过导入医养结合机构运营管理中的常见案例，使现代管理学知识与医养结合机构的管理实务相融合，具有较强的科学性知识性、指导性、创新性、实用性。在编写形式上，以项目引领、任务驱动为主线，通过案例分析、理论知识、管理实务、知识拓展等多种形式，具有较强的可读性和适用性。

本书为高等职业教育本科医养照护与管理专业教材，旨在帮助学生全面了解医养结合机构运营情况，提升学生对医养结合机构的认识和管理能力。本书也可供医养结合机构管理者参考。

在编写过程中，我们参阅了大量管理学、现代企业管理、医养结合机构服务管理相关资料，以及国内外专家学者的研究成果，得到了多位行业专家的大力支持和精心指导，在此一并衷心感谢。

限于编者水平，本教材不足之处在所难免，恳请各位同仁不吝赐教和指正。

编　者
2025年4月

目　录

第一章　绪论………………………………………………………………………………… 1

第一节　医养结合机构发展现状…………………………………………………………… 1
一、我国医养结合政策发展历程………………………………………………………… 2
二、养老服务机构与医养结合机构简介………………………………………………… 4
三、医养结合发展现状…………………………………………………………………… 5
第二节　医养结合机构的服务类型………………………………………………………… 7
一、养老服务的产业边界………………………………………………………………… 7
二、医养结合机构中养老机构的投资类型与运营模式………………………………… 10
三、医养结合机构的服务模式…………………………………………………………… 11
第三节　医养结合机构的服务内涵和外延………………………………………………… 12
一、医养结合机构的服务内涵…………………………………………………………… 12
二、医养结合机构的基本要求…………………………………………………………… 13
三、医养结合机构的运营挑战与发展趋势……………………………………………… 14

第二章　医养结合机构的组织架构………………………………………………………… 17

第一节　医养结合机构组织架构设计……………………………………………………… 17
一、组织管理概述………………………………………………………………………… 17
二、组织架构设计的理论依据…………………………………………………………… 19
三、医养结合机构组织架构设置原则…………………………………………………… 22
四、医养结合机构的申请审批…………………………………………………………… 23
第二节　医养结合机构组织工作的基本职能……………………………………………… 25
一、医养结合机构的职能部门组成与职责……………………………………………… 26
二、各部门岗位职责……………………………………………………………………… 26
第三节　医养结合机构组织文化…………………………………………………………… 30
一、医养结合机构组织文化概述………………………………………………………… 30
二、医养结合机构组织文化的类型……………………………………………………… 32
三、医养结合机构组织文化的管理应用………………………………………………… 32

第三章　医养结合机构的运营管理………………………………………………………… 36

第一节　医养结合机构运营管理概述……………………………………………………… 36
一、运营管理概述………………………………………………………………………… 36
二、医养结合机构运营管理概况………………………………………………………… 38

三、医养结合机构运营管理的发展趋势 39

第二节 医养结合机构运营管理体系 41

一、医养结合机构运营管理的核心功能 42

二、医养结合机构运营管理的方法和工具 43

三、医养结合机构运营管理体系构建 45

第三节 医养结合机构运营管理策略 48

一、运营管理策略简介 49

二、医养结合机构运营管理策略的制定 49

三、医养结合机构运营管理策略的实施 51

第四节 医养结合机构品牌建设策略 52

一、品牌建设概述 52

二、医养结合机构品牌建设的内涵和意义 53

三、医养结合机构品牌建设的内容与方法 54

第四章 医养结合机构的人力资源配置 57

第一节 人力资源管理概述 57

一、人力资源管理简介 58

二、人力资源管理的重要性 58

三、人力资源管理的外界影响因素 59

第二节 医养结合机构医务人员执业管理 59

一、医师的执业管理 60

二、护士的执业管理 62

三、药师的执业管理 64

四、其他人员的职业资格要求 65

第三节 医养结合机构全人照护团队管理 66

一、团队管理概述 66

二、全人照护团队概述 67

三、全人照护团队的创建 69

第四节 医养结合机构人力资源事务管理 70

一、人力资源规划 71

二、招聘管理 72

三、培训管理 73

四、绩效管理 74

五、薪酬管理 76

六、劳动关系管理 77

第五章 医养结合机构的业务管理 80

第一节 医养结合机构医疗服务管理 80

一、医养结合机构医疗服务管理概述 81

二、医养结合机构医疗服务管理内容 81

第二节 医养结合机构护理与照护服务管理 83

一、医养结合机构护理与照护服务管理概述 84

二、医养结合机构护理与照护服务管理内容 85

三、医养结合机构护理与照护服务管理要求·······························86

第三节　医养结合机构药事服务管理····································86
　　一、医养结合机构药事服务管理概述·································87
　　二、医养结合机构药事服务管理内容·································87

第四节　医养结合机构康复服务管理····································90
　　一、医养结合机构康复服务管理概述·································90
　　二、医养结合机构康复服务管理内容·································91
　　三、医养结合机构康复服务管理要求·································92

第五节　医养结合机构营养与膳食服务管理·····························94
　　一、医养结合机构营养与膳食服务管理概述··························94
　　二、医养结合机构营养与膳食服务管理内容··························95
　　三、医养结合机构营养与膳食服务管理要求··························96

第六节　医养结合机构社会工作服务管理································97
　　一、医养结合机构社会工作服务管理概述····························97
　　二、医养结合机构社会工作服务常用方法····························98
　　三、医养结合机构社会工作服务管理内容····························99

第七节　医养结合机构安宁疗护服务管理·······························101
　　一、医养结合机构安宁疗护服务管理概述···························101
　　二、医养结合机构安宁疗护服务管理内容···························103
　　三、医养结合机构安宁疗护伦理原则·······························104

第六章　医养结合机构质量管理··106

第一节　医养结合机构质量管理概述····································106
　　一、质量管理概述···106
　　二、医养结合机构质量管理的机制···································108
　　三、医养结合机构质量管理的程序···································108

第二节　医养结合机构质量管理体系建设································110
　　一、质量管理体系概述···110
　　二、质量管理体系的建立···111
　　三、医养结合机构质量管理体系的实施过程··························113

第三节　医养结合机构的服务质量控制··································118
　　一、质量控制概述···119
　　二、医养结合机构质量控制的实施流程·······························120
　　三、医养结合机构的服务质量监督···································121

第七章　医养结合机构安全管理··124

第一节　医养结合机构安全管理概述····································124
　　一、安全管理概述···124
　　二、医养结合机构安全管理要求·····································125

第二节　医养结合机构应急管理··127
　　一、应急管理概述···128
　　二、医养结合机构常见风险的影响因素·······························129
　　三、医养结合机构应急预案管理·····································129

第三节 医养结合机构不良事件管理·······133
一、不良事件管理概述·······133
二、不良事件的监测与上报·······136
三、不良事件的处置与管理·······137
第四节 医养结合机构危机管理·······138
一、危机管理概述·······139
二、医养结合机构危机的预防·······140
三、医养结合机构危机的处理·······141

第八章 医养结合机构运营保障·······144

第一节 医养结合机构后勤保障·······144
一、后勤保障管理概述·······145
二、医养结合机构的环境及设施设备管理·······147
三、医养结合机构的餐饮管理·······148
四、医养结合机构的外包服务管理·······151
第二节 医养结合机构信息化建设·······153
一、医养结合机构信息化建设概述·······153
二、医养结合机构信息化建设的内容与管理·······154
三、医养结合机构的档案管理·······155
第三节 医养结合机构支付体系管理·······156
一、医养结合机构支付体系概述·······156
二、医养结合机构服务费用的支付内容与渠道·······157
三、医养结合机构保险支付简介·······158

参考文献·······160

第一章
绪　论

📖 **学习目标**

1. 掌握医养结合机构的基本概念和构成要素。
2. 熟悉医养结合机构的服务类型与运营方式、服务模式。
3. 了解医养结合机构养老服务的产业边界。
4. 学会医养结合机构的内涵和外延。
5. 具有宏观把控全局、微观落实细节的职业素养。

　　我国已经进入人口老龄化快速发展阶段。如何满足老年人的医疗和养老服务需求,优化养老服务体系是政府和社会各界共同关注的重大民生问题。医养结合是在人口老龄化的时代背景下,对传统养老模式在服务内容上的延伸和拓展,旨在加强医疗资源与养老资源相结合,有效地实现医疗与养老资源利用的最大化。

第一节　医养结合机构发展现状

案　例

　　为实施积极应对人口老龄化国家战略,认真贯彻落实党中央、国务院决策部署,推进医养结合高质量发展,某市卫生健康委员会近期在全市开展了医养结合示范机构的创建工作。该市卫生健康委员会组织了5名市内外医养结合专家,围绕医养结合示范项目创建工作的创建目标、创建范围、创建标准、工作流程等几个方面制定了本市全国医养结合示范机构推荐标准,并对全市5个申请示范机构的医养结合机构分别进行了实地检查,最终选出了2个机构作为医养结合示范机构向国家卫生健康委员会推荐,计划在全国进行推广和宣传。

请问

1. 传统养老服务机构和医养结合机构的共同点和区别是什么?
2. 我国医养结合政策经历了哪些发展阶段?
3. 医养结合机构有哪些基本构成要素?

　　伴随我国人口老龄化进程的急速发展,慢性病、失能失智老年人群数量持续增加,对医疗卫生服务和养老服务需求也日益增长。目前有限的、相对独立的医疗卫生资源和养老服务资源不能充分满足老年人需求,进行医疗卫生服务与养老服务相结合的供给方式改革是我国老年人健康服务体系建设的大趋势。医养结合就是对养老服务供给侧的改革与创新的重要举措。医养结合机构是建立在传统养老服务模式上一种新的养老业态,是贯彻落实积极应对人口老龄化国家战略的必然选择。

一、我国医养结合政策发展历程

为积极应对人口老龄化，近年来政府出台了一系列推动医养结合发展的政策文件，明确该项工作发展过程中的目标、原则和主要任务。在政府引导和市场推动下，我国的医养结合服务经历了从酝酿萌芽、起步探索、发展落实、深化完善四个阶段。

（一）酝酿萌芽阶段

随着我国家庭养老功能不断弱化，为适应传统养老模式转变，满足人民群众日益增长的养老服务需求，我国于2011年提出了要加快建立以居家为基础、社区为依托、机构为支撑的社会养老服务体系，发挥专业化养老机构和社区服务的重要作用。

（二）起步探索阶段

2013年9月，国务院印发《关于加快发展养老服务业的若干意见》和《关于促进健康服务业发展的若干意见》，正式将"积极推进医疗卫生与养老服务相结合"作为养老服务业发展的主要任务之一；明确了探索医疗和养老融合发展的形式；要求医疗卫生资源进入养老机构、社区和家庭，对养老机构内设的医疗机构，纳入医保范围；在养老服务中充分融入健康理念，加强医疗机构和养老机构间的业务协作，增强服务能力，统筹医疗服务与养老服务资源等要求，鼓励做好健康延伸服务。

（三）发展落实阶段

随着老年人口数量快速增长，老年人对健康服务和养老服务的需求呈现出更加多层次、多样化的特点，与有限的医疗卫生资源和养老服务资源以及彼此相对独立、碎片化的服务体系构成了矛盾，也为医养结合工作的开展带来了新的挑战和机遇。2015年11月《关于推进医疗卫生与养老服务相结合的指导意见》提出进一步推进医疗卫生与养老服务相结合，对医养结合的基本原则、发展目标、重点任务、保障措施、组织实施等进行了说明；首次明确提出了"医养结合机构"的概念，即兼具医疗卫生和养老服务资质和能力的医疗卫生机构或养老机构；提出了"医养结合体制机制和政策法规体系""医养结合服务网络"等理念，并在养老机构和医疗机构的合作模式、融资和财税价格政策、规划布局和用地保障、人才队伍建设等方面提出了更进一步的要求。

（四）深化完善阶段

在深化完善阶段，医养结合相关政策真正开始了从宏观设计逐渐向具体操作层面的延伸，可行性、可实施的工作逐渐增多。各地扎实推进医养结合工作，以多种形式围绕老年人的健康养老需求提供综合性、连续性的医养结合服务。在政策制定方面，行政部门之间开始广泛合作，政策具体内容也更加细致。例如，《医养结合重点任务分工方案》明确了医养结合的工作重点以及负责单位；《"十三五"健康老龄化规划重点任务分工的通知》对建立健全医疗卫生机构与养老机构合作机制、建立老年人健康分级标准、建设综合性医养结合服务机构示范基地和社区示范基地、建设医养结合监测平台并开展监测和评估工作、探索建立中医药特色的医养结合机构等方面提出要求；《医养结合机构服务指南（试行）》和《医养结合机构管理指南（试行）》进一步对医养结合机构的服务开展和日常管理提出要求；《关于进一步推进医养结合发展的指导意见》要求发展居家社区医养结合服务，推动机构深入开展医养结合服务，优化服务衔接，完善政策支持，多渠道引才育才，加强服务监督，组织实施医养结合示范项目，及时总结推广典型经验，推动医养结合高质量发展（表1-1）。

表1-1　医养结合相关文件摘录（2011—2024年）

发文时间	文件名称	摘录内容
2011.12	《社会养老服务体系建设规划（2011—2015年）》	1. 机构养老要具备为老年人提供突发性疾病和其他紧急情况的应急处置救援服务能力 2. 鼓励老年养护机构中内设医疗机构，重点推进医护型养老设施建设

续表

发文时间	文件名称	摘录内容
2013.09	《关于加快发展养老服务业的若干意见》	1. 首次明确提出要推进医疗卫生与养老服务相结合,实现医养融合发展 2. 明确"医"是指医疗卫生服务,"养"是指养老服务
2015.03	《全国医疗卫生服务体系规划纲要》	1. 正式明确了"医养结合"的概念 2. 建立健全医疗机构与养老机构之间的业务协作机制
2015.11	《关于推进医疗卫生与养老服务相结合的指导意见》	1. 首次明确提出了"医养结合机构"的概念 2. 提出医养结合体制机制和政策法规体系、医养结合服务网络
2016.04	《关于印发医养结合重点任务分工方案的通知》	鼓励养老机构与周边的医疗卫生机构开展多种形式的协议合作,建立健全协作机制
2017.02	《"十三五"国家老龄事业发展和养老体系建设规划》	1. 统筹落实好医养结合优惠扶持政策 2. 深入开展医养结合试点 3. 建立健全医疗卫生机构与养老机构合作机制
2019.05	《关于做好医养结合机构审批登记工作的通知》	简化医养结合机构设立流程,实行"一个窗口"办理
2019.10	《关于深入推进医养结合发展的若干意见》	强化医疗卫生与养老服务衔接,推进医养结合机构"放管服"改革,加大政府支持力度,优化保障政策,加强队伍建设
2019.12	《医养结合机构服务指南(试行)》	进一步明确了医养结合机构的定义、服务内容和服务范围,对开展的各项服务提出了服务要求
2020.09	《医养结合机构管理指南(试行)》	明确了对医养结合机构的基本要求、养老服务和医疗服务管理要求、医养服务衔接管理要求、运营管理、安全管理要求
2020.12	《关于开展医养结合机构服务质量提升行动的通知》	1. 加强医养结合机构信息化建设 2. 加强信息技术支撑,完善全国医养结合管理信息系统
2020.12	《医疗卫生机构与养老服务机构签约合作服务指南(试行)》	1. 医疗卫生机构与没有设置医疗卫生机构的养老服务机构签约合作 2. 医疗卫生机构与已经设置医疗卫生机构但尚不能满足入住老年人医疗卫生服务需求的养老服务机构签约合作
2021.01	《关于推动生活性服务业补短板上水平提高人民生活品质的若干意见》	1. 健全医疗与养老机构深度合作机制 2. 促进"体育+健康"服务发展 3. 构建体医融合的疾病管理和健康服务模式
2022.07	《关于进一步推进医养结合发展的指导意见》	1. 增强社区医养结合服务能力 2. 支持医疗卫生机构开展医养结合服务 3. 提升养老机构医养结合服务能力 4. 优化服务衔接
2023.11	《居家和社区医养结合服务指南(试用)》	对居家和社区医养结合服务的总则,基本要求、服务内容与要求,服务流程与要求等4个方面作出了明确规范
2024.12	《关于促进医养结合服务高质量发展的指导意见》	加强质量管理,提升服务质效,强化队伍建设,保障服务安全
2024.12	《关于深化医疗卫生机构与养老机构协议合作的通知》	深化医疗卫生机构与养老机构协议合作,加强服务供需对接,提高协议合作的规范化、标准化水平

二、养老服务机构与医养结合机构简介

（一）养老服务机构概述

1. 养老服务机构的概念 养老服务机构是我国养老产业中不可缺少的重要力量。狭义上理解，养老服务机构是直接为老年人提供养老服务的场所，主要是指社会福利院、敬老院、养老院、老年公寓、老年日间照料中心、老年人服务中心、康养中心等。在日常生活中，人们习惯性地将养老服务机构统称为养老院。广义上理解，养老服务机构可将一切为养老事业或养老产业服务的行政管理部门、企业、事业单位、社会组织、教学培训机构、信息中介、老年辅助产品生产商或服务商等都包含在内。

2. 养老服务机构的构成要素 养老服务机构的属性是能够为老年人提供集中居住、生活照料、清洁卫生、康复护理、基础护理、健康管理、精神慰藉和文体娱乐等综合性服务。养老服务机构一般包括以下四个基本构成要素：

（1）养老服务机构的本质属性是在特定规则下运营的服务组织。组织中的服务人员，会针对特定的目标，协同开展对老年人的服务。

（2）一般来说，养老服务机构的服务对象是全体老年人。对于大部分活力老人而言，首选的养老方式并不是机构养老，而是居家养老。在养老机构实际运营过程中，主要的服务对象是患有多种慢性病、失能失智的老年人，这部分老年人对专业化的养老服务有较高需求，而居家养老模式却往往难胜任生活照料和提供支持服务。

（3）养老服务机构提供的服务内容不仅体现在为老年人提供基本的生活照料服务，还表现在为老年人的差异化需求提供多样性、专业化服务。如根据老年人能力评估结果及服务需求，制订个性化长者服务计划，提供中医药保健、精神慰藉、康复理疗、安宁疗护等服务。

（4）养老服务机构在运行和提供服务的过程中，服务主体除了机构本身，还需要与其他相关组织或企业进行合作。如需要设备商供应适老化家具和康复辅具、职业培训机构协助培训考核养老护理员、消防主管部门对机构的消防安全管理进行指导和监督等。

（二）医养结合机构概述

1. 医养结合机构的概念 根据《医养结合机构管理指南（试行）》的定义，医养结合机构是指同时具备医疗卫生资质和养老服务能力的医疗卫生机构或养老机构。医养结合机构的优势在于能够突破一般医疗机构和养老机构的分离状态，以评估为导向、以医疗服务为支撑，形成一体化的医养结合服务管理体系。医养结合机构主要为入住机构的老年人提供生活照护、医疗、护理、康复、安宁疗护、心理精神支持等服务。

2. 医养结合机构的基本构成要素 医养结合机构的服务本质并不是医疗和养老服务"1+1=2"的简单重叠，而是对传统养老服务构成的延伸和拓展。一般来说，医养结合机构应具备三个基本构成要素：

（1）"医"的要素："医"是指医疗卫生服务，通过打造健全的医疗服务设施、医疗硬件和软件标准，为老年人提供疾病诊治、康复保健、健康咨询、健康体检、护理、安宁疗护等服务。

（2）"养"的要素："养"是指建设有利于老年人健康和福祉的支持性环境，为老年人提供生活照料、精神心理慰藉、文体娱乐活动等服务，以及促进社会参与、个人价值实现、社会支持网络建立等设施和支持系统。

（3）"结合机构"的要素：结合是将医疗卫生资源与养老服务资源有机整合、高度融合，形成"医养一体化"的新载体。"结合机构"一词表达的是"医养护一体化"，面向高龄、失能、失智、慢性病、残疾等老年人的多重服务需求，建立具备医疗卫生服务功能和养老服务功能的新有机体，注重体现养老服务与医疗服务的兼得性，为老年人提供专业性、规范性、持续性的健康养老服务。

（三）医养结合机构养老模式的融合比较

医养结合的服务超越传统养老理念中只强调单一性的住养服务，而是更加注重医疗服务与养老服务的整合。医养结合机构与传统养老服务机构之间最大的区别在于，医养结合机构是对传统养老服务的模式创新，通过整合医疗卫生和养老服务资源促进养老服务"质"的改变，提供能够满足老年人群服务需求的专业性、持续性、全周期服务（表1-2）。

表 1-2　医养结合机构与传统养老机构养老服务模式的比较

项目	传统养老机构	医养结合机构
基本定位	为老年人提供全日集中住宿和生活照料服务	为老年人提供生活照护、医疗、护理、康复、安宁疗护、心理精神支持等服务
机构设置要求	需要向民政局登记备案	应当具备医疗机构执业许可，需要向民政局登记备案
服务对象	健康、失能、失智的老年人	重点面向高龄、失能、失智、慢性病、残疾等生活不能自理的老年人
服务人才	养老护理员培训上岗、公共营养师、心理咨询师、社工师及消防人员持证上岗	医护人员具有执业资格证书；医疗护理员、养老护理员培训上岗；康复治疗师、公共营养师、心理咨询师、社工持证上岗
服务内容	提供生活照料服务、膳食服务、清洁卫生服务、洗涤服务、文化娱乐服务、康复护理、精神慰藉等服务	提供基本养老服务的同时，还提供医疗护理的服务，包括预防保健、疾病诊治、护理康复、安宁疗护等专业服务

三、医养结合发展现状

（一）国外发展现状

由于历史发展进程和经济发展水平的不同，欧美等工业发达国家早于我国进入老龄化社会。为应对老年人复杂的医疗保健需求，解决养老服务供需矛盾，改善低质量、低效率的养老服务供给主体无法满足老年人日益增长的服务需求问题，西方国家在老年人医疗和养老服务整合方面进行了长期探索，形成了相对成熟的整合照护服务体系。

1. 美国　美国全面养老服务计划（Program of All-inclusive Care for the Elderly，PACE），是一项针对年龄在55岁及以上，居住在PACE服务区并符合所在州政府规定的入住护理院标准，在注册PACE时能够在社区安全生活的老年人。PACE通过提供医疗、康复和社会支持性服务的医疗护理模式，使符合入住护理院标准的老年人能够继续生活在社区中，对社区内老年人健康进行综合管理。PACE项目的服务主体包括政府机构、非营利机构及营利性组织。营利性组织在向患者提供医疗、护理等有偿服务之前，必须先与PACE中心签订协议，并兼顾价格、竞争、供求等市场机制。PACE的服务内容包括医疗护理服务（如健康评估、基础医疗护理、康复理疗、专科治疗、入院治疗、急救处置等）、慢病管理（如预防保健、药物管理、家庭访视、心理抚慰等）、日常生活照护、社会支持（如休闲娱乐、家庭环境适老化改造、照护培训、交通运输等）四部分。该模式通过对服务对象的身心健康评估，有针对性地制定个性化养老服务方案，密切监测其身心动态变化，及时调整方案，努力提升生活质量。

2. 英国　英国主要采取的是以社区照护为主的整合照护体系。1990年英国政府相继颁发《社区照护白皮书》和《国家健康服务与社区照护法令》，倡导让老年人在家庭或熟悉的社会环境中，获得生活照料、医疗护理和康复训练等专业服务，实现全方位和系统化的整合服务，旨在推进以人为中心、以提高整个人群健康为目标的医养整合服务体系建设。英国整合照护体系在社区服务的人员主要由经理人、负责人、照护人员和家庭医生构成,分别为老年人提供整体关怀、物质支持、生活照料和医疗保健等服务。经过几十年的实践与发展,英国社区医养整合服务覆盖率达95%,已逐渐形成一个多层次的医养整合服务体系。

3. 日本　日本自2000年开始实施介护保险制度以来,每五年就根据该制度实施状况举办一期全面检讨及政策修订会议。随着75岁高龄老年人、独居老年人、失智症老年人大幅增加,2012年日本在对《长期护理保险法》改革中提出建设以社区为基础的整合照护体系,并预计2025年完成。该体系计划整合急性医疗护理和长期护理资源,为慢性病和残疾老年人提供连续的社区医疗资源,以解决社会保障费用不断增加的压力,以及医疗服务与社会护理之间的差距。服务内容包括居家照护、居家护理、失智症团体服务等项目。涉及老年人、照护者(家庭或邻居)、社区居民、县和市政府、长期护理提供者、私营企业、非营利组织、社区协会等多个群体。

4. 德国　德国政府在积极老龄化政策的背景下,以长期护理保险与医疗保险制度为支撑,以家庭和社区为承接老年服务的载体,形成了老年人社区整合型照护服务模式。1995年德国为鼓励老年人居家养老,颁布了专门针对高龄、失能老年人的长期照护保险。该保险由国家、雇主、雇员三方承担,并推行护理保险跟随医保政策,使护理保险覆盖率达到98%以上。通过在保健、护理等关系老年群体生活质量的重要政策领域加强合作与整合,促进市级政府部门、教会、私营部门的社会服务提供者、非营利组织和居民之间的良好互动。老年人社区整合型照护服务不仅包括健康促进、疾病预防、康复以及姑息治疗等医疗护理服务,还含有促进社会参与、提升老人自我管理意识、共同负责的内容。

(二)国内发展现状

20世纪90年代以来,我国养老服务进入社会化发展阶段,养老服务责任主体和服务供给主体日益多元化。自2016年开始,原国家卫生计生委会同民政部组织开展了医养结合试点工作,遴选了全国90个国家级医养结合试点单位,重点围绕医疗机构、养老机构、社区、家庭等主要服务载体,探索形成了多元化的医养结合模式,涌现一批典型的医养结合服务与管理模式。

1. 上海市于2015年8月发布《关于全面推进本市医养结合发展的若干意见》全面推进医养结合机构的发展。上海市通过"互联网+"技术将养老服务与医疗机构相融合,形成"智慧医疗"模式,促进医疗卫生与养老服务协调发展,充分利用医疗资源,不仅有效地解决了上海市社区医疗资源分配不均衡的问题,也使得老年人获得了高质量、安全的医疗保障。在这种模式下,实现了患病老年人与医疗人员直接对话,享受看病问诊等一站式医疗服务,从而能够更好地满足失能、重病、高龄老年人对于医疗服务的刚性需求。

2. 武汉市于2007年以医疗机构与养老机构的结合、医院增加老年病科室、养老机构完善医疗服务等合作运营的新型模式,为老年人提供康复训练、预防保健、医疗护理等医疗服务,以及休闲娱乐、人文关怀等养老服务。该模式在提升老年人生活质量水平的同时,还有效地避免了医疗资源的浪费,大大缓解了人口老龄化快速增长对社会发展带来的压力。将老年人医疗护理和日常生活有机结合,不仅保障了老年人健康,还有效提升了老年人的幸福感和归属感。

3. 南京市实施的"医养结合"模式主要通过加强养老机构与医疗机构之间的合作,重点为慢性病治疗、失能半失能、康复疗养、临终关怀等四种类型的老年人群提供服务。服务内容包括日常生活照护、医疗服务(主要进行常规的身体检查和健康监测)、人文服务(主要提供心理慰藉和人文关怀)。这种医养结合的方式既满足了老年人对养老服务的需求,又解决了老年人就医难看病难的困境。

4. 苏州市2015年8月出台《关于加快发展医养融合养老服务的实施意见》从政策层面打通了医疗与养老服务之间的融通渠道,正式开启了建设苏州医养结合养老服务体系的快速发展期。具体做法包括兴办护理院来促进养老机构转型,建设社区、居家、机构三位一体的医养结合服务体系,以及在社区居家医养结合中心设立社区日间照料中心、开办农村老年关爱之家和社区托老所,为本社区内老年人提供专业医养服务。

5. 青岛市围绕打造国际健康城市的目标,青岛市探索了"政府主导、部门负责、融合发展、全面覆盖"的发展道路,形成了"医中有养、养中有医、医联结合、医养签约、两院一体、居家巡诊"等六种医养结合服务模式,初步实现"防、医、养、康、护"一体化服务。其中,"医中有养"是指鼓励二、三级公立医院转型为老年医院、护理院或开设老年专护病房,提供医养结合型医护服务,形成层次清晰、分工明确的医养结合服务新体系。"养中有医"是指在养老机构中建立医疗机构,共同开展医养结合服务。"医联结合"是指大型公立医院与社会办医养结合型医疗机构建立医联体,将优质医疗资源下沉至医养结合机构,提高医疗资源的整体效率,为医养结合机构提供优质、连续、方便、有效的医疗服务。

6. 广州市自 2013 年以来,在实践中持续探索本地"医养结合"路径。根据各区域特点,形成了以社区卫生服务中心为主导,整合辖区内多级医疗资源,形成以社区为依托的居家医养结合模式以及依托医疗机构,创办集"医疗、康复、护理、养老"等服务功能为一体的"医疗机构 - 养老机构 - 社区"一体化新型养老模式。

医养结合具有时代特色和中国特色。在全球人口老龄化背景下,我国提出的医养结合概念是为了提高老年人群对医疗卫生服务和养老服务的可及性,让老年人更加方便快捷地享受到医疗、护理、康复、养老等专业服务。在国家医养结合相关政策的引导与支持下,各省(自治区、直辖市)因地制宜对医养结合工作进行了大量实践,也为深入探索医养结合服务内涵奠定了良好的基础。

第二节　医养结合机构的服务类型

案　例

某老年护养中心是由当地三甲医院投资兴建,国家发改委批准的一家大型公立医院主办的养老机构。该机构位于某市郊区,占地面积 1 073 亩,设置养老床位 3 000 张,医疗床位 1 000 张,开设有护养区、护理院、慢病区等功能区域,是一所集医疗、护理、养生、康复、教育等功能于一体的五星级养老机构。该机构主要收住患有多种慢性病、失能、失智、临终的老年人。由于有优质医疗资源的支撑,该机构广受老年人及家属信赖,入住率常年维持在 90% 以上。

请问

1. 该医疗机构开设养老机构的运行模式,有什么优点及缺点?

2. 除了医疗机构开设养老机构或提供养老服务的模式,您还知道有哪些医养结合服务模式?

医养结合机构与传统养老服务机构服务范围及内容既具有相似性,又具有差异性。医养结合机构更加注重医疗和养老服务的资源整合及全程服务衔接。

一、养老服务的产业边界

国家统计局发布的《养老产业统计分类(2020)》明确地将养老服务的产业范围确定为:养老照护服务、老年医疗卫生服务、老年健康促进与社会参与、老年社会保障、养老教育培训和人力资源服务、养老金融服务、养老科技和智慧养老服务、养老公共管理、其他养老服务、老年用品及相关产品制造、老年用品及相关产品销售和租赁、养老设施建设等 12 个大类。《养老产业统计分类(2020)》充分考虑了提升养老服务质量等养老产业发展的政策要求和养老产业新业态、新模式,涵盖了第二产业、第三产业中涉及养老产业的全部内容。以上 12 大类产业或行业,都是与医养结合机构养老服务活动未来发展息息相关的。

从广义理解,养老服务的产业边界是以保障和改善老年人生活、健康、安全以及参与社会发展,实现"六有"(即老有所养、老有所医、老有所为、老有所学、老有所乐、老有所安)为目的,为社会公众提供各种养老及相关产品(货物和服务)的生产活动集合,包括专门为养老服务或老年人提供产品的活动,以及适合老年人的养老用品和相关产品制造活动。但是,受行业或产业外部条件以及国家政策的贯彻落实等因素影响,目前医养结合机构养老服务活动中,发展比较成熟的产业分别是养老照护服务(表1-3)、老年医疗卫生服务(表1-4)、老年健康促进与社会参与(表1-5)等3类,其他更多分类产业仍在开发和完善中过程。

表1-3　养老服务的产业统计分类(1-养老照护服务)

名称	服务内容及范围	国民经济行业分类代码及名称（2017）
居家养老照护服务	指家庭成员或雇用人员对居家老年人进行生活照料、康复、护理等服务的活动,以及养老服务机构或其他社会主体(企业,社会组织等)向居家老年人提供的上门服务活动,如助餐、助行、助急、助浴、助洁、助医、日常照料等,不包括社区上门服务	6242* 外卖送餐服务 8010* 家庭服务 8090* 其他居民服务业 8219* 其他清洁服务 8521* 社会看护与帮助服务
社区养老照护服务	指养老服务机构依托社区养老服务设施向社区老年人提供的日托、全托等服务;社区养老服务机构、社区嵌入式的养老服务设施和带护理型床位的社区日间照料中心等机构提供的照护服务;依托社区综合服务设施和社区公共服务综合信息平台、呼叫服务系统和应急救援服务机制为老年人提供的全托、月托、上门等为主的精准化专业化生活照料、助餐助行、助浴助洁、助医、紧急救援、精神慰藉等照护服务;社区邻里互助、助老食堂、助老餐桌、老年社区(全周期养老综合体)提供的社区养老照护服务	6210* 正餐服务 6220* 快餐服务 6241* 餐饮配送服务 6299* 其他未列明餐饮业 8090* 其他居民服务业 8514* 老年人、残疾人养护服务 8521* 社会看护与帮助服务
机构养老照护服务	指各级政府、企业和社会力量兴办的养老院、老年福利院、老年公寓、老年养护院、敬老院、光荣院、农村幸福院、养老大院、农村特困人员供养服务机构等养老机构为在机构集中养老的老年人提供的养护和专业化护理服务;内设诊所、卫生所(室)、医务室、护理站的养老机构提供的医养结合服务;公办养老机构及公建民营养老机构为经济困难失能(含失智)老年人、计划生育特殊家庭老年人提供无偿或低收费托养服务;失智老年人照护机构提供的服务,不包括机构为居家老年人提供的上门服务	8416* 疗养院 8511* 干部休养所 8512* 护理机构服务 8514* 老年人、残疾人养护服务

表1-4　养老服务的产业统计分类(2-老年医疗卫生服务)

名称	服务内容及范围	国民经济行业分类代码及名称（2017）
老年预防保健和健康管理	指医院、基层医疗卫生机构、专业卫生机构等医疗卫生机构以防止和减少老年人损伤、疾病及其后遗症和并发症的数量或严重程度,提高老年人健康水平为目的,开展疾病预防、营养、中医养生等非诊疗性健康服务,以及预防保健、健康咨询、健康状态辨识、健康危险因素的干预以及家庭医生、老年疾病档案管理等健康管理服务,包括老年人中医治未病、家庭医生签约服务,不包括养老机构内设诊所、卫生所(室)、医务室、护理站提供的服务	7244* 健康咨询;8411* 综合医院 8412* 中医医院;8413* 中西医结合医院;8414* 民族医院;8421* 社区卫生服务中心(站);8422* 街道卫生院;8423* 乡镇卫生院;8424* 村卫生室;8431* 疾病预防控制中心;8432* 专科疾病防治院(所、站);8491* 健康体检服务;8492* 临床检验服务;8499* 其他未列明卫生服务

续表

名称	服务内容及范围	国民经济行业分类代码及名称（2017）
老年疾病诊疗服务	指医院、基层医疗卫生机构、专业卫生机构等医疗卫生机构，以减轻老年人疾病或损伤的症状和严重程度，阻止威胁生命或正常生活功能为首要目标的门诊、住院等诊疗服务，包括老年人中医药疾病诊疗服务	8411* 综合医院；8412* 中医医院；8413* 中西医结合医院；8414* 民族医院；8415* 专科医院；8421* 社区卫生服务中心（站）；8422* 街道卫生院；8423* 乡镇卫生院；8424* 村卫生室；8425* 门诊部（所）；8432* 专科疾病防治院（所、站）；8434* 急救中心（站）服务
老年康复和医疗护理服务	指为老年人提供的以达到、恢复或维持最佳的身体、感官、智力、心理和社会功能水平为目的的康复服务，为需要长期照护的老年患者提供的以减轻疼痛、减少健康状况恶化的专业化护理服务，包括老年中医康复、偏瘫肢体综合训练、认知知觉功能康复训练等老年康复医疗护理服务	8415* 专科医院；8416* 疗养院8421* 社区卫生服务中心（站）8422* 街道卫生院；8423* 乡镇卫生院8513* 精神康复服务8514* 老年人、残疾人养护服务
老年康复辅具配置服务	指为老年人、老年残疾人提供假肢、矫形器、轮椅车、助行器、助听器等康复辅具适配服务的活动，不包括医疗、康复机构的康复辅具适配服务	8522* 康复辅具适配服务
安宁疗护服务	指安宁疗护中心或其他具备安宁疗护服务能力的机构通过控制老年患者疾病终末期或临终前痛苦和不适症状提供生理、心理等方面的照料和人文关怀等以提高生命质量，帮助老年患者舒适、安详、有尊严离世	8515* 临终关怀服务
其他未列明	指医养结合或康养服务等未列明的老年医疗卫生服务	8499* 其他未列明卫生服务

表 1-5　养老服务的产业统计分类（3- 老年健康促进与社会参与）

名称	服务内容及范围	国民经济行业分类代码及名称（2017）
老年运动休闲和群众体育活动	指为老年人提供的运动休闲服务和老年人参与的公益性群众体育活动，包括广场舞、棋牌类等健身活动和游乐场体育休闲活动等	8870* 群众文体活动；8919* 其他体育组织；8930* 健身休闲活动；9020* 游乐园
老年体育健康服务	指国民体质监测与康体服务，以及科学健身指导、运动康复按摩、体育健康指导等服务，不包括由各类医院、疗养院等提供的运动创伤治疗、康复、保健等服务	8992* 体育健康服务
老年文化娱乐活动	指主要由老年人参与的文艺类演出、学习培训、比赛、展览、鉴赏等文化娱乐活动，以及博物馆、图书馆等机构开展的养老相关的各类文化娱乐活动	8831* 图书馆；8850* 博物馆；8870* 群众文体活动；9011* 歌舞厅娱乐活动；9019* 其他室内娱乐活动；9052* 体育表演服务
老年旅游服务	指依托旅游资源、休闲疗养机构等，面向老年人游客开展的健康和旅游融合服务，包括以体育运动为目的的旅游景区服务，为老年人提供健康疗养或医疗旅游的旅行社相关服务，如向顾客提供咨询、旅游计划和建议、日程安排等服务，不包括以医疗机构、康复护理机构、疗养院为主要载体开展的医疗康复服务部分	7291* 旅行社及相关服务786* 游览景区管理

续表

名称	服务内容及范围	国民经济行业分类代码及名称（2017）
老年养生保健服务	指以老年人保养、调养、颐养生命为目的的保健服务和休闲养生活动，包括运动养生保健服务、保健按摩服务、足疗服务、汗蒸服务、理发及美容服务、其他健康保健服务，不包括以医疗机构、康复护理机构、疗养院为主要载体开展的医疗康复服务部分	8040* 理发及美容服务 8051* 洗浴服务 8052* 足浴服务 8053* 养生保健服务
老年心理健康服务	指以集中式入户等多种形式，了解老年人常见心理问题，开展心理健康评估及服务	7244* 健康咨询
老年志愿服务	指老年人志愿参与基层民主监督、社会治安、公益慈善、移风易俗、民事调解、文教卫生、全民健身等志愿工作，医疗卫生、文化教育、农业科技等老专家、老知识分子参与东部援助西部、发达地区援助落后地区等志愿服务	8529* 其他不提供住宿社会工作

数据来源：养老产业统计分类（2020），国家统计局，2020。

二、医养结合机构中养老机构的投资类型与运营模式

（一）投资类型

根据机构的资金来源及管理方式的不同，医养结合机构中的养老机构分为公办机构、公建民营机构、社会资本投资机构等类型。

1. 公办机构　公办机构主要是由国家财政全资出资建设、运营和维护。机构的日常管理工作主要是由民政部门负责。服务对象主要是失能失智、三无、五保户等低收入脆弱群体，主要目的是充分发挥公办机构的托底作用，常见的有乡镇敬老院、社会福利院、光荣院等。该类机构的服务主要体现国家意志下的福利性特征。

2. 公建民营机构　公建民营机构是指政府通过承包、委托、联合经营等方式，将政府拥有所有权但尚未投入运营的新建养老设施运营权交由企业、社会组织或个人的运营模式。许多普惠型医养结合机构的养老服务基本上采取了这种服务模式。普惠型医养结合机构不仅可以提供长期或全天候的、全面的照顾服务，还可以提供专业化的医疗、护理和康复服务。

3. 社会资本投资机构　社会资本是相对于政府财政资金而言的。社会资本是指非政府主体（个人、民营企业、社会组织等）所拥有的资金或资源，用于投资经营，或提供养老服务。《"十四五"国家老龄事业发展和养老服务体系规划》要求综合运用规划、土地、住房、财政、投资、融资、人才等支持政策，引导各类主体提供普惠养老服务。社会资本投资机构是养老服务供给的重要组成形式。

4. 其他类型

（二）运营模式

根据机构的收费标准和营利性质，医养结合机构中的养老机构运营模式通常分为非营利性、混合型、营利性三种类型。

1. 非营利性运营模式　具有福利性质和国家保底的养老服务通常不以营利为目的，资金投入主要来源是依靠政府财政或者公益募捐的方式，组织性质属于事业型单位或民营非企业，如敬老院、社会福利院等。该类机构的服务对象主要是享受国家一定数额的经济补助、支付能力较低的普通老年群体。

2. 混合型运营模式　混合型运营模式是目前国内医养结合机构常见的运营模式，具有普惠型社会福利制度的特点。此类模式既有福利的性质，又有营利性的机会。机构的资金投入来源通常具有政府或者慈善机构的背景，如很多公建民营项目，政府出资建设或提供土地，民营企业或社会组织负

责经营或共同建设，政府持有所有权，企业持有经营权。在经营管理方面，根据入住老年人的服务需求和能力等级不同，采取不同的收费标准和服务内容，收费标准以机构所在地大部分老年人的平均收入水平作为参照。此类运营模式，部分保留了机构的福利事业属性，同时也促进了公益机构的运营效率增添了活力。

3. 营利性运营模式　营利性运营模式主要是从满足持续增长的老年群体多层次、多样化的服务需求出发，依据市场机制采取多种定价标准，提供特需的养老服务内容。营利性运营模式的资金投入来源主要是依靠企业自筹、项目的建设、招商引资等市场融资方式，是典型的自建自营类型。此类服务模式的定价方式采取的是以市场形成价格为主的收费管理机制，服务收费标准和项目提供内容由服务机构的经营者自主确定。例如，大型房地产商出资兴建和管理的老年公寓，该模式以租赁或购买形式提供老年住宅，通过打造环境优美、配套设施齐全的居住场所以及各种优质的医养服务项目吸引中高端收入的老年群体入住。入住者不仅需要交纳一定的押金，每月还需交纳租金和管理费。该类型的医养结合机构日常运营主要是通过服务收费获取收益。

三、医养结合机构的服务模式

随着政府不断加大政策扶持力度，全国各地均对医养结合模式开展了深入的实践，形成了"医内办养""养内办医""医养合作""社区辐射型"和"互联网+"等多种服务模式。其中，"医内办养""养内办医""医养合作"模式主要以机构养老为主，"社区辐射型"模式主要以居家社区养老为主。

（一）"医内办养"型医养结合机构服务模式

目前"医内办养"型服务模式主要是相关医疗机构为实现医疗资源整合，转型成为面向老年人提供医疗、康复、护理、疗养、养老服务的专门机构。"医内办养"型医养结合机构服务模式的优点是能够为患有多种慢性病的老年人提供专业化和综合性的医疗服务，缺点是高等级医院开设老年病科或提供长期护理服务的内生动力不足，且在长期护理险制度尚未健全的情况下，老年人往往依赖于住院治疗以解决部分医疗费用，造成"压床"现象严重。

（二）"养内办医"型医养结合机构服务模式

"养内办医"型服务模式是指基于机构的设施和床位都较为合适的养老机构或社会福利院，按国家医疗机构相关建设标准，配备专业医护团队与设施设备，通过设置医院、护理院、护理站、诊所、门诊部、医务室、卫生所（室）等多种形式，为老年人提供在生活照料服务之外，补充提供医疗、康复、护理及慢性病监测等医疗服务。"养内办医"型医养结合机构服务模式的优点是解决了养老机构老年人的就医问题，避免老年人频繁往来于医疗机构与养老机构。缺点是养老机构开展医疗卫生服务会增大机构的人力成本及运营压力，导致该类机构收费水平高于普通养老机构。

医养结合作为一种适合我国国情的新型养老服务模式，符合高龄、多病共存、失能、失智老年人群的刚性养老服务需求。顺应老龄化社会发展趋势，推动医养结合高质量发展，还需要进一步推进政府多部门协同工作机制，健全整合型医养结合服务体系，完善医养结合专业服务质量行业监管，探索建立多元化的健康养老筹资及支付机制，加快医养结合专业人才培养，全面推进医养结合信息化建设。

第三节　医养结合机构的服务内涵和外延

为适应当地老年人群体日益增长的医养服务需求，某二级医院计划将一个病区转型为医养结合专区，为失能失智老年人提供医养结合服务，筹建团队主要为原病区的医护人员。由于对医养结合机构的科室设置、人员配备、设施设备配备、药品配备要求以及服务项目、服务流程等相关管理规定不熟悉，该团队计划由院长带队先到国内几个知名医养结合机构进行调研，交流机构建设和发展经验，然后再根据本院实际情况制定医养结合专区建设方案。

请问

1. 医养结合机构的服务主体和服务对象分别是什么？
2. 医养结合机构的服务流程与医疗机构的服务流程有什么区别？
3. 我国医养结合机构的发展目前还存在哪些问题？

世界卫生组织（WHO）在 2015 年发布的《关于老龄化与健康的全球报告》中，将健康老龄化定义为发展和维护老年人健康生活所需的功能发挥的过程。为实现健康老龄化目标，我国提出了医养结合策略，强调老有所养、老有所医，是一种有病治病、无病疗养，医疗卫生和养老服务相结合的模式，优势在于整合医疗和养老两大资源，为老人提供多层次、多元化的医养服务。

一、医养结合机构的服务内涵

一般来说，医养结合机构的服务内涵主要包括 5 个方面的元素，分别为服务目标、服务主体、服务对象、服务内容及服务流程。

（一）医养结合机构的服务目标

医养结合的核心问题是实现健康老龄化。医养结合机构服务的目的是整合养老服务与医疗卫生服务资源，打破两者之前割裂发展的局面，让老年人更加方便快捷地享受到养老、医疗、康复、护理等专业服务，提高老年人的获得感、幸福感和安全感，从而提升晚年生命质量。

（二）医养结合机构的服务主体

医养结合机构的服务主体包括直接服务主体和间接服务主体。

1. 直接服务主体　直接服务提供者是指提供具体服务项目的组织和人员，包括医养结合机构中的医疗机构和养老机构，以及机构中的服务人员。

2. 间接服务主体　间接服务主体是指参与医养结合机构服务过程中的其他相关组织和人员，包括民政、卫健委、医保中心、街道、社区等政府部门，也包括家庭成员、社会性组织中的服务志愿者，甚至还包括在养老产业中提供养老服务的营利性机构和人员。

《关于推进基本养老服务体系建设的意见》鼓励社会力量（包括企业、社会组织、个人等）参与提供基本养老服务。从医养结合机构发展现状看，我国医养结合机构参与服务供给的主体，已经逐渐从单一部门转化为多元化主体。

（三）医养结合机构的服务对象

医养结合机构的服务对象是法定意义上的年满 60 周岁及以上的老年人群体。其重点服务人群是失能、慢性病、高龄、残疾的老年人，这部分老年群体对于机构提供的健康教育、预防保健、疾病诊治、康复护理、安宁疗护等服务需求十分强烈，是医养结合服务的主要对象。

（四）医养结合机构的服务内容

医养结合机构主要根据老年人能力等级评估或护理需求评估结果，针对能自理、半失能和完全失能等不同能力状态的老年人,结合其健康状况、养老意愿和服务购买能力等因素,制订个性化照护计划并提供服务。医养结合服务内容分为养老服务和医疗服务两部分。其中,养老服务主要包括生活照料、膳食服务、清洁卫生服务、洗涤服务、文化娱乐服务、心理精神慰藉等服务,体现老有所养、老有所乐;医疗服务主要包括健康教育、健康管理、常见病(多发病)诊疗、定期巡诊、危重症转诊、急诊救护、康复护理、安宁疗护等全周期、全方位、多层次的服务。

(五)医养结合机构的服务流程

根据国家卫生健康委 2019 年发布的《医养结合机构服务指南(试行)》推荐的服务流程,医养结合机构具体服务流程包括服务接待、老年人入院体检、老年护理需求评估、老年人能力评估、中医评估(具备中医服务资质的机构要求开展)、制订服务计划、签订服务协议、建立服务档案、提供医养结合服务等几个阶段(图 1-1)。各医养结合机构可根据机开展服务的实际情况进行适当调整。

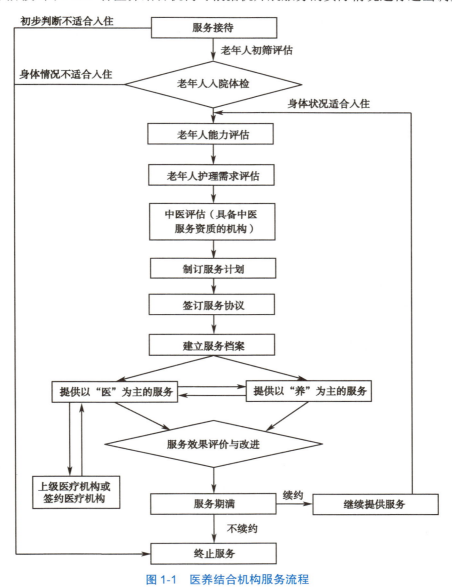

图 1-1　医养结合机构服务流程

二、医养结合机构的基本要求

(一)科室设置要求

医养结合机构中的医疗机构,其科室设置、人员配备、设施设备配备、药品配备应当根据医疗机构的类型,相应地符合《医疗机构基本标准(试行)》《康复医院基本标准(2012版)》《护理院基本标准(2011版)》《护理中心基本标准(试行)》《康复医疗中心基本标准(试行)》《安宁疗护中心基本标准(试行)》《养老机构医务室基本标准(试行)》《养老机构护理站基本标准(试行)》《诊所基本标准》《中医诊所基本标准》《中医(综合)诊所基本标准》《中西医结合诊所基本标准》等各类医疗机构基本标准的要求。

(二)设施设备要求

医养结合机构中的养老机构,在设施设备配备方面适用《养老机构基本规范》(GB/T 29353)、《养老机构服务质量基本规范》(GB/T 35796)、《老年人照料设施建筑设计标准》(JGJ450)等国家和行业标准的要求,提供康复服务的医养结合机构应当配备老年人常用的康复器具。

(三)服务人员配置要求

根据医养结合机构开展的服务项目范围,机构的服务人员一般包括医师、护士、药师等专业技术人员、医疗护理员或养老护理员,以及康复治疗师、公共营养师、心理咨询师、社会工作者等相关人员。同时,还需要有餐饮服务人员、保洁人员、特种设备安全管理和作业人员、消防设施操作员等后勤保障人员。针对不同类型工作人员的资质要求,在《医养结合机构服务指南(试行)》和《医养结合机构管理指南(试行)》有明确规定。

三、医养结合机构的运营挑战与发展趋势

(一)医养结合机构的运营挑战

1. 服务供需不匹配 医养结合机构是对传统养老机构服务模式的创新,是满足老年人群多层次、多样性医养服务需求的新型养老模式。服务供需不匹配是目前困扰医养结合机构发展的主要问题之一。调研发现,服务供需不匹配主要表现为一方面现有的服务供给不能完全满足老年人各种各样的需求;另一方面,许多医养结合机构远远没有达到"一床难求"的景象,入住率不高的问题还困扰着机构的运营与发展。影响因素主要包括以下几点:

(1)对服务人群的定位不准确。许多机构都将服务对象定位于中高端收入的老年人群,收费标准超出许多老年人及其家庭的支付能力,导致服务对象范围偏小。

(2)过度注重规模和硬件设施建设。部分机构建设前期,对当地老年人群的服务需求调研不充分、把握不准确,盲目扩大机构规模和投入硬件设施建设,导致机构建设与运营成本升高,收费价格偏高。

(3)服务内涵建设不足。部分机构开展的医疗、护理、康复等专业服务项目和质量不能满足机构住养老年人的服务需求,对于高龄、失能失智、多病共存的老年人吸引力不足。

2. 资金投入不足 医养结合机构的建设需要大量的资金投入来进行基础设施建设、设备配置、专业人才培训等。但是,"未富先老"的基本国情导致政府持续投入略显不足;长期护理保险制度的发展还滞后于医养结合服务发展的需要;医保支付与养老服务之间的无障碍对接尚未形成;许多医养结合服务项目还未能纳入医保支付范围,导致养老机构不愿意开展医疗服务。医养结合机构的运营成本高、利润低、投资回报周期长,致使社会资本投资兴趣不高,难以有效引入社会资本。医养结合机构要得到长足发展急需建立完善的筹资机制,发挥政府的主导作用以及市场和民营机构在筹资方面的优势,提高各方参与的积极性。

3. 专业人才队伍不稳定 与一般养老机构相比,在医养结合机构中提供医养服务的专业人才需要拥有更多的专业知识和技能,提供更规范化的服务,对工作人员的整体素质要求更高。人才队伍不稳定、护理人员数量不足、专业水平不高,已经成为制约医养结合机构发展的重要因素。首先,从事该行业的人员普遍年龄偏大、文化程度偏低,缺乏基本的护理知识和专业技能,医养结合机构现有的培训远不能满足医养服务的需求。其次,由于老年服务行业起步发展晚,高等院校医养结合专业人才培养体系还不成熟,当前高等院校培养的养老专业人才数量有限。再次,薪酬待遇与工作强度不对等、职业发展晋升空间狭窄,导致医护人员从事养老服务的积极性不高。最后,从事该行业人员

的社会尊重度和职业认同度低。加快医养结合服务与管理专业人才培养迫在眉睫。

（二）医养结合机构的发展趋势

1. 延伸医养服务至居家社区　相关调研显示，我国大部分老年人倾向于居家社区养老模式。国家将进一步规范医疗机构与养老机构签约合作，增加居家社区医养结合服务供给，提升医养结合服务能力和质量。以居家社区老年人群的养老服务需求为导向，探索居家社区医养结合服务衔接机制，既符合我国实际现状，也是医养结合机构未来的发展方向。加强信息化建设，通过互联网、移动平台、物联网设备技术等信息化手段对医养服务资源进行整合，构建居家 - 社区 - 医养结合机构协同发展的服务网络，搭建线上线下、智慧远程、医养服务大数据平台，对老年人的身体健康状况和日常生活状态进行数据收集和分析，进一步明确不同层次、不同类型居家社区医养结合机构的功能定位以及服务供需对接机制，实现更精准高效地为居家社区老年人提供医养服务，是医养结合机构服务延伸的重要方式。

2. 加强医养服务专业人才培养与储备　一是要进一步优化机构内医疗护理人员与养老护理人员的职称评审与晋升机制，从职业发展规划上为从业人员创造更好的环境，才能够吸引人才、留住人才、发展人才，逐渐形成稳定的专业人才队伍。二是深化与职业院校和高等院校的校企合作"双元育人"模式，开展订单式医养服务专业人才培养，形成稳定的高学历专业人才培养和输送模式。三是加强与医疗机构的合作，进一步放开医护人员多点执业的限制，在符合行业监管原则和服务安全、质量要求的基础上，进一步探索灵活机制和放宽限制，创造更好的有利于医护人员便利服务、有效对接的机制环境。四是通过多种形式，强化对机构现有员工的专业知识培训和服务技能培养，建立符合医养结合服务事业发展的人才梯队。

3. 建立完善服务标准化体系　深化医养结合服务内涵，加强"医疗"和"养老"服务的有效衔接和深度融合，需要医养结合机构在政府主管部门统一监管下，整体推进养老服务和医疗服务的发展。以政策文件、行业标准和相关服务规范为指导，结合医养结合机构的服务对象、服务内容和服务人员特点，从运营模式、服务管理、服务规范、质量评价等层面，建立健全医养结合机构的基础标准、服务标准、保障标准体系建设。细化专业人员配置、设施设备配置、安全管理、健康档案管理、能力评估与护理需求评估、医疗护理服务、养老服务、康复服务、安宁疗护等服务规范与服务流程，逐步完善医养结合机构的标准化体系建设，更好地指导医养结合机构日常工作的开展。

积极发展医养结合型养老服务模式是我国养老服务体系建设发展的必然趋势。深入推进医养结合，健全医养结合标准体系，提升医养结合服务质量，是满足老年人多层次多样化的服务需求，增强老年人获得感和满意度的重要途径。解决医养结合高质量发展面临的问题，建立和完善医养结合服务体系，需要更多高学历的医养照护与管理人才投身医养结合行业建设。

🖐 **知识拓展**

整 合 照 护

整合照护（integrated care）又译为整合照料，最初兴起于 19 世纪 70 年代的西方国家。2018 年，WHO 对老年人整合照护（integrated care for older people，ICOPE）的定义为，根据人们整个生命过程的需要，在卫生保健和长期护理系统中不同层次和地点的照护内部和之间，对跨越健康照护连续体的服务进行整合。整合照护的主要原则包括三个方面：

1. 全面性　关注生活不同领域的问题和护理需求，如身体、认知、心理、社会和环境等。
2. 多学科性　来自多个学科及部门的卫生和社会护理人员参与。
3. 以人为中心　以老年人的能力、需求和偏好为中心，鼓励老年人及其非正式照顾者积极参与决策和规划护理过程。

（睦　睦　张　健）

思考题

1. 如何在保证公益性的前提下实现医养结合机构营利？

2. 各种类型医养结合机构服务模式的优缺点是什么？

3. 通过了解国内外医养结合机构的发展现状，结合我国医养结合的政策，您对我国医养结合机构的发展有哪些建议？

第二章
医养结合机构的组织架构

为适应我国医养结合机构发展需要,健全和规范医养结合机构的组织架构是提升医养结合服务品质和服务能力的关键因素。本章围绕医养结合机构的运营模式、服务流程、保障力量、管理机制等方面提出机构的组织架构构建思路,着力推动医养结合机构的科学规范管理,明确医养结合机构现代管理的发展方向和途径。

第一节　医养结合机构组织架构设计

案　例

某综合医院新建了医养结合院区,分管副院长作为该项目的筹备负责人,目前的主要任务是立即进行医养结合机构有关资质的注册,并作出机构的发展布局规划。

请问

1. 如果您作为该医养结合机构筹备负责人,应该怎么注册(备案)机构资质?
2. 作为综合医院办的医养结合机构,应该采用哪种类型的管理架构?

组织是由人们对于合作的需要而产生的。组织管理是为了组织的运营建立更好的协作系统的手段。医养结合机构是以医疗和养老服务为主,由医生、护士、护理员、行政后勤人员等不同岗位角色,以及行政管理、业务管理、后勤保障、财务管理等部门组成。如何通过组织管理手段,保障医养结合机构有序高效地运行,是机构管理者的重要任务。

一、组织管理概述

(一)组织管理的概念

1. 组织　组织是指人们为了达到一项共同目标而建立的组织机构,是综合发挥人力、物力、财力等各种资源效用的载体。

2. 组织管理　组织管理是管理活动的一部分,也称组织职能。组织管理就是通过建立组织架构,规定职务或职位,明确责权关系,以使组织中的成员互相协作配合、共同劳动,有效实现组织目标的过程。

（二）组织管理理论的发展阶段

1. 古典管理 古典管理形成于 19 世纪末 20 世纪初。代表人物有美国的弗雷德里克·温斯洛·泰勒（Frederick Winslow Taylor）、法国的亨利·法约尔（Henri Fayol）和德国的马克斯·韦伯（Max Weber）等。这一阶段的前期，泰勒等人重点探讨了组织内的企业管理理论，后期以韦伯为代表的管理理论重点探讨了组织内部的行政管理。古典管理以"经济人"理论为基础，认为人们工作是为了追求最大的经济利益以满足自己的基本需求。为了满足人们工作的经济利益，古典管理学者们提出科学管理方法以追求组织的生产效率和合理化，强调要建立一套标准化的原则来指导和控制组织及其成员的活动。

2. 行为科学管理 行为科学管理产生于 20 世纪 20 年代初。代表人物有美国的乔治·埃尔顿·梅奥（George Elton Mayo）、弗雷德里克·赫茨伯格（Frederick Herzberg）等。行为科学管理学派认为，人是有多种需要的"社会人"，满足人的多种需要，在组织内建立良好的人际关系，是提高组织效率的根本手段。这一阶段的理论重点研究了组织中的非正式组织、人际关系、人的个性和需要等。

3. 现代组织管理 现代组织管理产生于 20 世纪中叶。学派甚多，主要有以美国切斯特·巴纳德（Chester I Barnard）为代表的社会系统论、以赫尔曼·西蒙（Hermann Simon）为代表的决策理论，以弗里蒙特·E·卡斯特（Fremont E.Kast）为代表的系统与权变理论和以埃尔伍德·斯潘塞·伯法（Elwood Spencer Buffa）为代表的管理科学理论等。这一阶段理论的特点是吸收了古典组织管理理论和行为科学管理理论的精华，并且在现代系统论的影响下有了新的发展。现代组织管理学者把组织看成一个系统，认为要实现组织目标和提高组织效率，取决于组织系统内各子系统及各部门之间的有机联系。

4. C 管理模式 C 管理模式就是构建一个以人为核心，遵循自然组织普遍法则，能够不断修正、自我调节、随机应变的智慧型组织，并将中国人文（为人处世之道）与现代管理学（做事高效高量之法）相互融合，进行企业人性化管理的一种新型企业组织管理运营模式。这种以人为运营核心的、具有更大的能动性和更强的应变能力的企业组织，简称为"智慧型组织"。由于它是继金字塔形机械式组织（A 管理模式）、学习型扁平式组织（B 管理模式）之后出现的第三种组织模式，并且是在先进的现代管理学的基础上，融入了中华优秀传统文化智慧的组织类型，因而取 China 的第一个字母 C，将这个智慧型组织命名为"C 管理模式"。以人为核心是构建智慧型组织的基本，是 C 管理模式的关键。"以人为本"运营智慧性组织是 C 管理模式的原则。"道法自然"，遵循自然组织的普遍规律和基本法则是 C 管理模式的特征。

（三）组织管理的管理目标

组织作为管理的主体时，它们的建立和活动都是为实现一定的目标服务的。组织管理的目标是为了让组织能朝着更好的方向、更加高效地运作。简单来说，就是在既定组织目标的指引下，组织成员互相进行沟通，各尽其责，实现组织目标，共享组织发展带来的成果。要使医养结合机构运行过程中合作的人员产生比个体总和更大的力量，更高的工作效率，管理者应根据岗位要求与人员特点设计工作岗位。通过授权和分工，将适当的人员安排在适当的岗位上，用制度明确各个成员的职责与关系，保证管理系统中的每一件事情都有人做，每一项任务的具体要求和工作程序都有人贯彻和执行，从而使整个组织协调运转。

（四）组织管理的工作内容

组织工作和组织活动在于合理地向分系统和成员分配工作，调整各个分系统的关系。组织管理需要明确组织中有些什么工作，谁去做什么，工作者承担什么责任，具有什么权力，以及与组织架构中上下左右的关系如何。当组织内部因素变动或外部生存环境变动而引起组织的不适应时，组织的职能就在于经过调整而重新适应，以便统一组织的各种行为，组织管理的工作内容就是消除不断产生的各种无序状态，使之保持系统的有序性。

1. 确定要实现组织的目标所需要的所有活动，并按专业化分工的原则进行分类，按类别设立相应的工作岗位。

2. 根据组织的特点、外部环境和目标需要,划分工作部门,设计组织机构和结构。

3. 规定组织架构中的各种职务或职位,明确各自的责任,并授予相应的权力。

4. 制订规章制度,明确组织架构中纵横各方面的相互关系。建立健全机构管理的政策制度化,才能实施可操作性的管理。

(五)组织管理的主要特点

1. 围绕组织目标进行。组织目标是组织存在和发展的基础,组织管理就是为了有效地协调组织内的各种信息和资源,提高组织的工作效率,以期顺利地达到组织目标。

2. 动态的协调过程。组织管理既要协调组织内部人与人的关系,又要协调组织内部人与物的关系。由于组织内外环境的不断变化,需要及时进行动态调整。

3. 组织管理是一种有意识、有计划的自觉活动。

二、组织架构设计的理论依据

任何组织都是由作为组成要素的人按照一定的结构建立起来的系统。基于人的主观局限性,组织必须具有纵向的上下层次关系和同层次之间的横向或交叉关系。上下层次是一种权力和责任分配的关系,横向层次则是一种专业分工的关系。权责关系与专业分工关系在本质上还是权力与责任的问题,是管理系统中的每一件事都能做好的保证。管理系统中的每一个岗位和部门必须权责一致,权力过小担不起应负的职责,权力过大虽然能保证任务的完成,但也会导致不负责任的权力滥用,甚至影响到整个系统的运行。就整个组织的运行而言,它既要有对内的封闭性,又要有对外的开放性,保持一种封闭与开放的辩证统一,才能实现组织的持续发展。

(一)组织架构的本质

组织架构的本质是为了实现组织战略目标而进行的分工与协作的安排。组织架构的设计要受到内外部环境、发展战略、组织生命周期、技术特征、组织规模、人员素质等因素的影响,并且在不同的环境、不同的时期、不同的使命下有不同的组织架构模式。只要能实现组织的战略目标,增加对外竞争力,提高运营效率,就是合适的组织架构。医养结合机构的组织架构是一个机构组织的整体结构,是在医养结合机构管理要求、管控定位、管理模式及业务特征等多因素影响下,在机构内部组织资源、搭建流程、开展服务、落实管理的基本要素。

(二)组织架构的设计

组织由许多分系统所组成,并由可识别的界限和其环境系统划分开来。组织架构设计是通过对组织资源(如人力资源)的整合和优化,确立组织某一阶段的最合理的管控模式,以实现组织资源价值最大化和组织绩效最大化。通俗地说,就是在人员有限的状况下通过组织架构设计提高组织的运行效率。根据权变理论的思想,医养结合机构的组织架构设计需要考虑以下几个方面的影响因素:

1. 外部环境 医养结合机构面临的环境决定了其组织架构的特征。就像沙漠的干旱和风沙决定了骆驼需要驼峰储存水分和养料,海水的高阻力决定了鱼儿的流线型身躯。

2. 发展战略 组织架构是医养结合机构发展战略实施的主体,战略不同组织架构必然随之调整。

3. 生命周期 在医养结合机构发展的不同阶段,随着组织规模的扩大和能力的改变,组织架构也需要相应变革来适应组织的发展。在创业阶段,机构需要快速反应来保证生存,组织架构要求简单,围绕主要职能来设置部门,如果组织架构过于臃肿、部门过多,就会造成流程割裂、效率低下,机构的生存会受到威胁。当机构发展壮大时,如果仍然粗略地设置组织架构,就会造成重要职能薄弱或缺失,机构就会缺乏相应的能力,发展将受到影响。

4. 技术特征 组织的活动需要利用一定的技术和反映一定技术水平的特殊手段来进行。技术以及技术设备的水平,不仅影响组织活动的效果和效率,而且会作用于组织活动的内容划分、职务设置,会对工作人员的素质提出要求。例如,机构内的信息化管理,必将改变组织中的财务、人力资源、行政等部门的工作形式和性质。有些机构业务技术力量较强,他们以业务技术创新和发展作为机构发展的根本,这时候组织架构关键是考虑业务技术发展问题,组织设计也以业务技术及其发展创新为主。当技术能够为机构带来高额利润时,业务技术管理成为机构组织架构设置的核心问题,是组织架构设置的主线。在多数医养结合机构中,主要利润点来源于服务,组织架构的设置应更多地考虑诸如服务管理、成本控制、质量管理等因素,并将其作为组织架构设计的主线。这类惯性高的工作可以考虑采用标准化协调与控制结构,组织架构具有较高的正式性和集权性。

5. 组织规模 组织规模是影响组织设计的重要因素。机构的规模不同,其内部结构也存在明显的差异。随着医养结合机构规模的不断扩大,服务的内容日趋复杂,人数逐渐增多,专业分工不断细化,部门和职务的数量逐渐增加。这些都会直接导致组织架构复杂性的增加。机构规模越大,需要协调与决策的事务将会越多,管理幅度也会越大。但是,管理者的时间和精力是有限的。这一矛盾将促使机构增加管理层级并进行更多的分权,组织的层级结构、部门结构与职能结构都会发生相应的变化。而机构规模的扩大会相应地增加组织运作的刚性,降低其灵活性,从而要求机构进行规范管理。大规模的医养结合机构将会制定详细的规章制度,并通过严格的程序和书面工作来实现对员工及部门的标准化管理,这种类型的医养结合机构一般采用机械性的组织架构。

6. 人员素质 人力资源是组织架构顺利实施的基础。在组织架构设计中,对人员素质的影响考虑不够会产生较严重的问题。员工素质包括价值观、智力、理解能力、自控能力和工作能力。当员工素质提高时,其本身的工作能力和需求也会相应发生变化。对于高素质的员工,管理制度应有较大的灵活性。例如,弹性的工作时间、灵活的工作场所、较多的决策参与权以及有吸引力的薪资福利计划等。人力资源状况的对机构的层级结构会产生一定的影响。例如,管理者的专业水平、领导经验、组织能力较强时,可以适当地扩大管理幅度,管理层级相应减少。同时,人力资源状况也会对机构的部门结构产生影响,例如实行事业部制,就需要有比较全面领导能力的人选担任事业部负责人;若实行矩阵结构,项目负责人要求具有较高的威信和良好的人际关系,以适应其责多权少的特点(图2-1)。

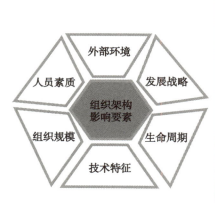

影响要素	要素定义
外部环境	包括组织发展所面临的社会环境及产业环境,是组织发展决策的外界压力来源
发展战略	组织需要实现的战略目标,主要表现为业务发展战略,是影响组织结构、权责分配的核心因素
生命周期	组织从诞生到转折的一个自然连续的时间过程
技术特征	用来使组织投入转变为组织产出的工具、技能和行动,分为机构、部门两个层面
组织规模	组织所拥有的人员数量,以及这些人员之间的相互作用关系
人员素质	组织中现有人员队伍的胜任力水平,主要包括背景条件、专业知识和关键能力高低

图 2-1 组织架构设计权变理论

(三)组织架构类型

最常见的组织架构形式包括金字塔形组织和扁平式组织。

1. 金字塔形组织

(1)直线制:直线制是一种最早也是最简单的组织形式。它的特点是机构各级行政单位从上到下实行垂直领导,下属部门只接受一个上级的指令,各级主管负责人对所属单位的一切问题负责。机构不另设职能机构(可设职能人员协助主管人工作),一切管理职能基本上都由行政主管自己执行。

直线制组织架构的优点是结构比较简单,责任分明,命令统一,缺点是要求行政负责人通晓多种知识和技能,亲自处理各种业务。在业务比较复杂、机构规模比较大的情况下,把所有管理职能都集中到最高主管一个人身上，这种高度集权于最高主管的形式显然是难以适应机构管理要求的。因此，直线制只适用于规模较小，服务内容比较简单的机构。

（2）职能制：职能制组织架构是各级行政单位除主管负责人外，还相应地设立一些职能机构。例如在院长下面设立职能机构和人员，协助院长从事职能管理工作。这种结构要求行政主管把相应的管理职责和权力授权给相关的职能机构，各职能机构有权在自己业务范围内向下级行政单位发号施令。因此，下级行政负责人除了接受上级行政主管人指挥外，还必须接受上级各职能机构的领导。

职能制的优点是能适应现代企业业务技术比较复杂，管理工作比较精细的特点，能充分发挥职能机构的专业管理作用，减轻直线领导人员的工作负担。缺点是妨碍了必要的集中领导和统一指挥，形成多头领导，不利于建立健全各级行政负责人和职能科室的责任制。另外，在上级行政领导和职能机构的指导和命令发生矛盾时，下级可能无所适从，影响工作的正常进行，容易造成纪律松弛，服务管理秩序混乱等内容。

（3）直线 - 职能制：直线 - 职能制也叫服务区域制。它是在直线制和职能制的基础上，取长补短，吸取这两种形式的优点而建立起来的。这种组织架构形式把管理机构和人员分为两类：一类是直线领导机构和人员，按命令统一原则对各级组织行使指挥权；另一类是职能机构和人员，按专业化原则，从事组织的各项职能管理工作。直线领导机构和人员在自己的职责范围内有一定的决定权和对所属下级的指挥权，并对自己部门的工作负全部责任。而职能机构和人员，则是直线指挥人员的参谋，不能对直接部门发号施令，只能进行业务指导。目前，大多数医养结合机构都采用这种组织架构形式。

直线 - 职能制的优点是既保证了医养结合机构管理体系的集中统一，又可以在各级行政负责人的领导下，充分发挥各专业管理机构的作用。其缺点是职能部门之间的协作和配合性较差，职能部门的许多工作要直接向上层领导报告请示后才能处理，一方面加重了上层领导的工作负担，另一方面也造成办事效率低下。为了克服这些缺点，可以在机构内部设立各种综合委员会，或建立各种协作制度，以协调各方面的工作，起到沟通作用，帮助高层领导出谋划策。

（4）事业部制：事业部制是一种高度（层）集权下的分权管理体制。它适用于规模庞大、品种繁多、技术复杂的大型企业。事业部制是分级管理、分级核算、自负盈亏的一种形式，即一个机构按覆盖区域或按服务老人类型分成若干个事业部，从服务设计、耗材采购、人员配置、成本核算、服务实施，一直到宣传推广，均由事业部及所属医养结合机构负责，实行单独核算，独立经营，总部只保留人事决策、预算控制和监督职权，并通过利润等指标对事业部进行控制。也有的事业部只负责指挥和组织管理，不负责服务和推广，实行组织管理和服务推广分立，但这种管理型事业部正在被服务型事业部所取代。

（5）模拟分权制：这是一种介于直线职能制和事业部制之间的组织架构形式。许多大型医养结合机构，被具有连续性服务特征的服务内容所限，难以分解成几个独立的事业部，又由于机构的规模庞大，以致高层管理者感到采用其他组织形式都不容易管理，这时就出现了模拟分权组织架构形式。所谓模拟，就是要模拟事业部制的独立经营、单独核算，而不是真正的事业部，实际上是一个个"服务单位"。这些服务单位有自己的职能机构，享有尽可能大的自主权，负有"模拟性"的盈亏责任，目的是要调动各服务单位的服务积极性，达到改善机构医养结合服务经营管理的目的。需要指出的是，各服务单位由于医养结合服务上的连续性，很难将它们完全分开。以具有连续性服务特征的慢性病管理服务为例，机构内部在开展疾病诊疗服务的同时，养老服务并没有停顿和中转。因此，它们之间的经济核算，只能依据机构内部的价格，而不是市场价格，也就是说这些服务单位没有自己独立的外部市场，这是与事业部的差别所在。

模拟分权制的优点除了调动各服务单位的积极性外，还能解决机构规模过大不易管理的问题。高层管理人员将部分权力授权给服务单位，减少了自己的行政事务，从而把精力集中到机构发展战略问题上来。其缺点是不易为模拟的服务单位明确任务，从而造成考核上的困难，并且各服务单位领导人不易了解机构运行全貌，在信息沟通和决策权力方面也存在着明显的缺陷。

（6）矩阵制：在组织架构上，把既有按职能划分的垂直领导系统，又有按服务项目划分的横向领导关系的结构，称为矩阵组织架构。矩阵制组织是为了改进直线职能制横向联系差，缺乏弹性的缺点而形成的一种组织形式。它的特点表现在围绕某项专门任务成立跨职能部门的专门机构上。例如，组成一个专门的服务项目小组去从事创新服务开发工作，在研究、设计、试验、实施各个不同阶段，由有关部门派人参加，力图做到条块结合，以协调有关部门的活动，保证任务的完成。这种组织架构形式是固定的，人员却是变动的，需要谁，谁就来，任务完成后就可以离开。项目小组和负责人也是临时组织和委任的，任务完成后就解散，有关人员回原单位工作。因此，这种组织架构非常适用于横向协作和攻关项目。机构可用来完成涉及面广的、临时性的、复杂的重大服务项目或管理改革任务。

矩阵结构的优点是机动、灵活，可随项目的开发与结束进行组织或解散。由于这种结构是根据项目组织的，任务清楚，目的明确，各方面有专长的人都是有备而来，容易激发员工的工作热情，促进了项目的实现。此外，它还加强了不同部门之间的配合和信息交流，克服了直线职能结构中各部门互相脱节的现象。

矩阵结构的缺点是项目负责人的责任大于权力，因为参加项目的人员都来自不同部门，隶属关系仍在原单位，只是为"会战"而来，所以项目负责人对他们管理困难，没有足够的激励手段与惩治手段，这种人员上的双重管理是矩阵结构的先天缺陷。由于项目组成人员在任务完成以后，仍要回原单位，因而容易产生临时观念，可能对工作产生一定影响。

2. 扁平式组织　扁平式组织是通过大量的个人学习特别是团队学习，形成的一种能够认识环境、适应环境、进而能够能动地作用于环境的有效组织。也可以说是通过培养弥漫于整个组织的学习气氛，充分发挥员工的创造性思维能力而建立起来的一种有机的、高度柔性的、扁平的、符合人性的、能持续发展的组织。学习型组织为扁平化的圆锥形组织架构，上述金字塔式的棱角和等级没有了，管理者与被管理者的界限变得不再清晰，权力分层和等级差别的弱化，使个人或部门在一定程度上有了相对自由的空间，能有效地解决机构内部沟通的问题，因而学习型组织使机构在面对市场的变化时，不再是机械的和僵化的，而是"动"了起来。不过，随着社会经济一体化发展和社会分工的趋势化，在不断分析问题、解决问题的过程当中，学习型组织"学习"的本质对人的要求将越来越高。

三、医养结合机构组织架构设置原则

医养结合机构组织架构设置应遵循相应的原则，努力打造行业品牌，以创造良好的社会价值和企业效益，保持可持续发展的强劲势头。

（一）遵循管理学的基本原理和方法

从宏观层面，按照医养结合机构的行业建设、经营与发展规律，构建自己的组织管理体系架构对机构进行管理。从微观层面，根据老年人的需求，依据国家政策法规进行具体的服务管理。

（二）安全第一原则

医养结合机构面对的是体弱多病的老年人群体，稍有不慎或工作疏忽，就有可能酿成入住老年人的意外伤害与事故，引来纠纷，造成损失。因此，做好安全管理是医养结合机构工作的重点，包括老人安全和医养结合机构工作人员的安全。

（三）服务优先原则

医养结合机构办院的宗旨和目的就是全心全意为老年人服务的，没有可靠的服务质量，难以吸引和留住老年人，医养结合机构也将面临困境，甚至无法生存。因此，医养结合机构的组织架构设计应以服务工作为主线。

（四）以人为本原则

医养结合机构的组织架构设计与管理应充分考虑人的因素。既要考虑为了方便老人健康、居住和生活，营造一个温馨、舒适、安全的居住环境，对每一位老年人提供体贴入微的人性化服务，又要对员工严格要求、人文关怀，调动员工工作积极性。

（五）依法管理原则

医养结合机构的组织架构只有依法依规管理才能使医养结合机构健康发展，才能赢得政府的支持和社会信任。

（六）持续发展原则

用可持续发展的理念进行员工培训、人才培养、设备更新、管理创新和文化建设，才能实现医养结合机构在技术和文化上的持续领先，创出医养结合机构品牌。

四、医养结合机构的申请审批

医养结合机构中的医疗机构，应当依法通过医疗机构执业许可设置审批或在卫生健康行政部门（含中医药主管部门）备案。医养结合机构中的养老机构，应在民政部门进行备案。医养结合机构提供膳食服务的应当取得食品经营许可证。新建医养结合机构，可同时提出申请举办医疗机构和养老机构，根据其类型、性质、规模向卫生健康、民政或市场监督管理部门提交申请。

（一）医疗机构的申请、审批程序

1. 设置审批　新建三级医院、三级妇幼保健院（妇幼保健计划生育服务中心）、急救中心、急救站、临床检验中心、中外合资、合作医疗机构、港澳独资医疗机构需申请设置审批，由各级行政许可实施部门按照以下职责权限予以办理。

2. 执业登记

（1）办理程序：申请人向相应行政许可实施部门提出执业登记申请，受理后应进行公示。符合要求的及时组织现场审核，审核合格的，发放《医疗机构执业许可证》，同步进行医疗机构电子系统注册。审核不合格的，将审核结果以书面形式通知申请人。

举办互联网医院的，按照国家和所在省市关于互联网医院管理的有关规定进行执业登记。

（2）申请材料

1）《医疗机构执业登记申请书》。

2）《设置医疗机构批准书》，限三级医院、三级妇幼保健院（妇幼保健计划生育服务中心）、急救中心、急救站、临床检验中心、中外合资、合作医疗机构、港澳独资医疗机构。

3）医疗机构用房产权证明或使用证明。

4）医疗机构建筑设计平面图。

5）资产评估报告。

6）医疗机构规章制度目录。

7）医疗机构法定代表人或者主要负责人以及卫生技术人员名录和有关资格证书、执业证书复印件。

8）开展放射诊疗的，应当提供《放射诊疗许可证》或与有资质的放射卫生服务机构签署的协议。

9）新申请执业登记的实体医疗机构拟同时增加"互联网诊疗"服务方式或申请"互联网医院"作为第二名称的，应按照有关规定提交相关申请材料。

10）门诊部、卫生所、医务室、卫生保健所和卫生站还应当提供附设药房（柜）的药品种类清单。

（二）养老机构的备案

根据机构性质不同，新建养老机构的备案流程也不同（图2-2、图2-3）。

1. 新建民办非营利性养老机构，依照《民办非企业单位登记管理暂行条例》规定，依法向县级以上地方人民政府民政部门申请社会服务机构登记。县级以上地方人民政府民政部门负责行政审批的窗口统一对外，受理举办者提交的申请材料，并征求养老服务部门的意见。民政部门批准成立登记的民办公益性养老机构，由民政部门承担业务主管单位职责，内部可明确由社会组织登记部门履行养老机构登记管理具体职责，养老服务部门履行业务主管单位具体职责。非民政部门（如行政审批局）批准成立登记的民办非营利性养老机构、营利性养老机构，民政部门要及时与省级共享平台或者省级部门间数据接口对接，掌握相关信息。

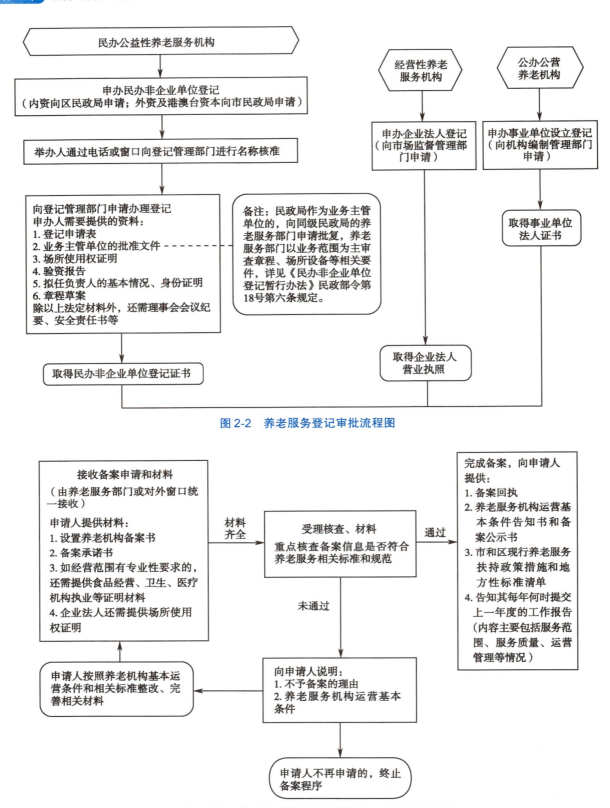

图 2-2 养老服务登记审批流程图

图 2-3 养老服务机构备案申请流程图（辖区民政局养老服务部门）

2. 新建经营性养老服务机构，依法向县级以上市场监督管理部门申请法人登记。市场监督管理部门核发营业执照后，将有关市场主体的名称、类型、住所（经营场所）、法定代表人（负责人）、经营范围、联系人及其联系方式等信息，上传至省或市统一的市场主体登记审批信息共享平台。依法向县级以上地方人民政府民政部门申请备案。

3. 新建公办公益性养老机构,依法向机构编制管理部门申请,取得法人证书,再依法向县级以上地方人民政府民政部门申请备案。

4. 养老机构、社区养老服务驿站等养老服务机构完成法人登记后即可开展服务活动,并应当向所在地的县级以上地方人民政府民政部门备案,真实、准确、完整地提供备案信息及相关材料,填写备案书和承诺书。

(三)医疗机构设立养老机构

医疗机构增加养老机构的申请,主要分为以下三种类型:

1. 社会力量举办的非营利性医疗机构申请增加养老机构的,应当依法向县级以上民政部门备案,应当依法向其登记的县级以上民政部门办理章程核准、修改业务范围,并根据修改后的章程在登记证书的业务范围内增加"养老服务"等职能表述。

2. 社会力量举办的营利性医疗机构申请内部设置养老机构的,应当依法向县级以上民政部门备案,再依法向其登记的县级以上市场监管部门申请变更登记,在经营范围内增加"养老服务"等表述。

3. 公立医疗机构申请设立养老机构的,应当依法向县级以上民政部门备案,应当依法向各级编办提出主要职责调整和变更登记申请,在事业单位主要职责及法人证书"宗旨和业务范围"中增加"养老服务、培训"等职能。

(四)养老机构设立医疗机构

养老机构设立医疗机构的申请,主要分为以下几种类型:

1. 养老机构申请内部设置诊所、卫生所(室)、医务室、护理站的,实行备案管理。申办人应当向所在地的县级卫生健康行政部门备案。

2. 养老机构申请举办二级及以下医疗机构(不含急救中心、急救站、临床检验中心、中外合资合作医疗机构、港澳台独资医疗机构),设置审批与执业登记"两证合一",卫生健康行政部门不再核发《设置医疗机构批准书》,在受理医疗机构执业登记申请后,经公示、审核合格后发放《医疗机构执业许可证》。

3. 养老机构申请设立三级医疗机构的,应当向所在省级或地市级卫生健康行政部门提交申请,卫生健康行政部门依法核发《设置医疗机构批准书》。申办人收到《设置医疗机构批准书》后,申请医疗机构执业登记并提交相关材料。卫生健康行政部门审核合格后,发放《医疗机构执业许可证》。

4. 养老机构设置医疗机构,属于社会办医范畴的,按照有关法律法规,营利性医疗机构应当到市场监管部门进行登记注册,社会力量举办非营利性医疗机构应当到民政部门进行社会服务机构登记。

医养结合机构的组织架构设置是与机构发展阶段密不可分的,了解掌握组织架构设置的有关管理学知识,结合机构本身的类型和服务,严格按照审批注册备案规定的营业范围及要求,才能做到科学设置医养结合机构的组织架构。

第二节　医养结合机构组织工作的基本职能

案　例

作为综合医院举办的医养结合机构,即将正式启动运营,分管副院长需要尽快建立组织架构及职责分工。但应该抽调医院哪些人员参与医养结合机构的服务工作,哪些岗位又该从社会招聘养老专业人才,对此分管副院长进行了广泛的意见征求,并到多家医养结合机构参观学习。

请问

1. 作为综合医院办医养结合机构,分管副院长需要建立健全哪些部门,哪些部门可以由医院原有部门兼职管理?

2. 医养结合机构需要综合医院的哪些专业人员？

3. 医养结合机构需要招聘哪些与养老服务有关的职业人员？

医养结合机构主要为老年人提供以健康为中心的老年照顾和健康维护服务，职能部门一般包含医务部、养老部、财务部、后勤部、客服部等，可根据规模大小制定等级标准，形成相应的职责，为医养一体化服务奠定组织基础。本节介绍医养结合机构的整体组织工作职能，对于部门名称、职务名称只作借鉴。

一、医养结合机构的职能部门组成与职责

医养结合机构组织架构图如图 2-4 所示。

1. 院长　战略决策。

2. 副院长　协助院长分管行政、业务、后勤保障等工作，具体管理有关职能部门。

3. 院办公室　行政、人事、工会、团委、行风建设、应急管理、信息化、纪律管理等。

4. 医务部　医疗、健康评估、健康管理、医技、药房、康复、心理慰藉、医疗科教研等。

5. 养老部　护理、生活照料、院感、文体娱乐、医养照护科教研。

6. 客服部　接待咨询服务、入住手续办理、健康宣教、居家医养、市场推广、对外宣传、投诉、纠纷和建议收集处理等。

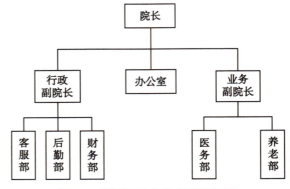

图 2-4　医养结合机构组织架构图

7. 后勤部　招标采购、营养膳食、基建、维修、安全、保洁、绿化等。

8. 财务部　运营管理、收款、结算、保险、审计、资产管理等。

另外，养老部所属的医养业务科室根据机构实际可设立活力老人专区、慢病康复老人专区、失能半失能老人专区、失智老人专区及疗养专区等；医务部所属的临床业务科室可设立老年综合内科、老年综合外科、急救与重症医学科、康复科、心理咨询科、安宁疗护病房等，以及影像科、检验科、药剂科等（部门名称、职能分配只作参考）。

二、各部门岗位职责

（一）院长岗位职责

1. 负责组织所办医养结合机构贯彻落实有关法律法规、规章和政策措施、规划标准，参与相关行业规划和标准的研究拟订，组织制定机构发展规划并组织实施。

2. 推进所办医养结合机构管理体制和运行机制改革，建立并完善现代管理制度。

3. 承担资产保值增值的责任，优化资源配置，加强品牌建设，提高运行效益，对资产使用和处置进行监督管理。

4. 负责建立并完善绩效考核评价体系并组织实施。

5. 承担医疗、医技、养老、护理、药事等服务质量管理的责任，组织机构加强行风建设、优化服务流程、规范服务行为，妥善处理医养服务纠纷和事故。

6. 负责督促、指导机构依法承担基本医疗、养老服务和突发事件的医疗救护。

7. 推进科技、教育培训和人才队伍建设，以及重点学科建设和科技成果的推广、转化、应用。

8. 负责建立并完善与现代管理制度相适应的选人用人机制，按照干部管理权限对领导班子和干部队伍进行考核任免，推进人事制度改革和收入分配制度改革。

9. 负责加强机构党的建设、对外宣传、精神文明建设和安全稳定工作。

10. 负责统筹推进网络安全和信息化建设工作。

11. 负责加强对基本建设的管理和指导。

12. 完成党委、政府及卫生健康、民政部门交办的其他任务。

（二）副院长岗位职责

1. 业务副院长

（1）在院长领导下，分管全院的业务系统管理工作。

（2）负责组织落实全院各项业务工作计划，定期督促检查工作制度和操作规程的执行情况。

（3）负责组织及检查老人生活照护、医疗护理、康复保健、社工服务等业务工作，定期分析各类业务指标，提高医养服务质量。

（4）负责组织全院各类业务人员和护理员的业务技术学习。

（5）负责全院的业务统计、老人健康档案工作。

（6）负责全院老年人的预防保健和卫生宣教工作。

（7）完成上级及院长交给的其他工作任务。

2. 行政副院长

（1）在院长领导下，分管全院的行政系统管理工作。

（2）配合院长做好办公室有关管理工作。

（3）负责组织落实全院各项行政工作计划，定期督促检查工作制度和操作规程的执行情况。

（4）负责满意度调查，收集市场信息，全面提高医养服务质量。

（5）负责全院各项后勤保障服务及安全保障工作管理。

（6）负责机构运营管理效能的提升。

（7）负责对内对外联络。

（8）完成上级及院长交给的其他工作任务。

（三）办公室岗位职责

1. 在院长领导下，做好干部宣传教育工作，做好各项工作计划及工作总结，并负责贯彻、落实、按时完成院内的各项工作任务。

2. 协助院长做好外来视察、参观人员接待工作。

3. 制定全院员工的考核制度，做好员工的奖惩工作。

4. 按时完成员工的出勤统计及工作量的统计工作。

5. 制订全院员工的储备计划，并具体负责执行。

6. 办理员工的调入、调离、辞职、辞退、退休、晋升及请销假的手续。

7. 负责全院员工的档案管理工作。

8. 负责做好工会及团委管理工作。

9. 负责突发应急管理制度的制定及实施工作。

10. 负责全院信息化建设及智慧养老工作。

11. 负责行业作风建设、廉政建设工作。

12. 完成院领导交给的其他工作任务。

（四）医务部岗位职责

1. 负责全院的医务管理工作

（1）根据医养结合机构的工作计划，结合临床、医技、药事、康复、心理慰藉等管理实际，制订业务发展规划及工作计划，并负责具体组织实施，定期总结。

（2）负责制定、修改、完善各项医务核心制度、规章制度及医务管理方案，并监督执行及考核。

（3）负责全院各类医务数据和质控指标的分析，负责全院质量管理体系的策划、维护、指导、实施监督及持续改进。

（4）深入临床、养老科室，做好科室间协调工作，负责组织老人的巡诊工作，协调重大急、危、重患者的抢救，全院病例讨论及院内外会诊等工作。

（5）负责病历及健康档案书写质量，协助归档病案质量管理。

（6）负责组织监督合理用药、合理检查，规范医师诊疗行为。

2. 负责临床、医技、药事、康复、心理慰藉等学科建设规划和组织管理。

3. 负责医疗技术管理工作。

4. 负责突发性公共卫生事件、突发医疗事件的应急管理。

5. 负责医养服务风险防范和安全管理。

6. 进行医疗业务的外部联络与实施。

7. 负责制定医疗技术人员的业务培训和技术考核计划，并落实。

8. 具体负责医疗技术人员的依法执业和执业资格管理，协助人事部门对医疗、医技人员配置计划和调配方案管理。

9. 负责组织对老年人的入住健康评估和定期健康评估工作。

10. 负责入住老年人的健康查体、日常健康维护及健康促进工作。

11. 协助组织院感和各类传染病防控及管理工作。

12. 负责组织科教研管理。

13. 协助组织医保管理。

14. 协助组织处理纠纷、投诉工作。

15. 完成上级行政部门及院领导交办的其他事宜。

16. 遵守医德规范，严格执行《八项行业纪律》《医疗机构工作人员廉洁从业九项准则》以及行风管理相关规定。

（五）养老部岗位职责

1. 在院长的领导下，负责领导全院的护理、老年人照料工作，组织制定全院各科室护理、养老照料人员配置方案，批准后组织实施，不断改善服务质量。

2. 制定照护工作制度、操作流程，并组织落实，履行监控职能，保证照护工作的顺利进行。

3. 负责制订全院的医养照护工作计划，批准后组织实施，定期考核，按期总结汇报。

4. 深入科室了解掌握护理、养老照料人员的思想工作情况，教育照护人员改进工作作风，加强医德医风建设，改善服务态度。督促检查照护制度、常规的执行和完成照护任务的情况，检查护理、生活照料、文体娱乐质量，严防差错事故的发生。组织照护人员进行三基三严培训、学习业务技术，定期进行技术考核，开展照护科研工作和技术革新，不断提高照护技术水平。

5. 指导照护主管做好病房、门诊、养老区的科学管理、消毒隔离和物资保管工作。

6. 组织检查护生、进修生的实习工作，指导各级照护人员严格要求学生，做好传、帮、带。

7. 确定全院照护人员的工作时间和分配原则，根据具体情况对全院照护人员进行长期或临时调配。

8. 审查各科室提出的有关照护用具使用情况的意见，并与有关部门联系协同解决问题。

9. 主持和召开全院照护主管会议，分析全院照护工作情况，并定期组织全院照护主管交叉检查，互相学习，不断提高照护质量。

10. 提出对照护人员的奖惩、晋升、晋级、任免以及调动的意见。

11. 教育全院各级照护人员热爱照护专业，培养良好的作风，关心他们的思想、工作、学习和生活，充分调动照护人员的积极性。

12. 作为医养结合机构质量管理组织主要成员，承担相关工作。

13. 建立健全医养结合机构感染管理组织与部门，配备专（兼）职人员，并认真履行职责，建立与完善感染突发事件应急预案,不断优化应急管理程序与措施。

14. 对医务、照护人员的消毒、隔离技术操作定期考核,将感染管理指标的完成情况,纳入定期科室医养服务质量管理与考核的范围,并定期通报。

15. 建立医养结合机构感染控制的在职教育制度,定期对员工进行预防院内感染的培训工作。

16. 负责规范消毒、灭菌、隔离与医疗废物管理工作,严格执行无菌技术操作、消毒隔离工作制度,加强重点部门的医院感染管理与监测工作。

17. 按照规定对医疗废物进行有效管理,并有医疗废物流失、泄漏、扩散和意外事故的应急方案。

18. 组织安排养老区老年人的文体娱乐及有关社工(志愿者)服务活动。

(六)客服部岗位职责

1. 负责向咨询入住的老年人介绍医养结合机构楼区环境、服务功能、服务设施、服务价格及各项管理制度和工作流程。

2. 组织开展面向服务对象的积极养老观念和健康保健科普宣教工作。

3. 组织参加各项展览、义诊活动,向社会广泛推介医养结合机构。

4. 负责医养结合机构自有宣传媒介的管理及社会新闻媒体的对外宣传工作。

5. 时刻关注同行业的服务、价格体系,取长补短,掌握养老市场的国家政策、动态,为机构战略决策提供可参考的数据和依据。

6. 定期开展满意度调查,面向服务对象收集宝贵意见,反馈相关部门,并协助解决,提高服务品质。

7. 负责老年人健康等级评估,接待和处理医养服务纠纷和投诉,组织差错、事故的调查讨论、经济赔偿、医疗鉴定及法律事务处理等问题的解决,提出处理意见。

8. 拓展和组织面向社区及家庭的居家医养工作。

(七)后勤部岗位职责

1. 在院长领导下,做好全院的后勤保障管理服务工作。

2. 负责组织拟定全院各项后勤保障工作制度,并定期督促检查执行情况。

3. 负责全院的物资、设施、设备的招标采购工作。

4. 负责督促后勤部门保证全院所需物资供应工作。

5. 负责餐饮管理,为员工及服务对象提供膳食服务,提供营养配餐、个性化套餐及特医食品的供应。

6. 协助院长抓好本院消防、保卫工作。

7. 负责基建、维修管理工作。

8. 负责督促检查全院的清洁卫生和环境绿化工作。

(八)财务部岗位职责

1. 在院长的领导下,负责全院的财务管理和运营管理工作。

2. 认真执行《会计法》,遵守各项财务制度,做好会计工作。

3. 负责年终编制财务预算,年初进行财务决算,并及时报送有关部门。

4. 负责各项会计事务处理,做到准确,数字真实,凭证完整,装订整齐,记载清晰,日清月结,报账及时。

5. 及时、正确地编制各类会计报表,保证所提供的会计信息合法、准确、及时、完整。

6. 财务开支,坚持一支笔审批制度,对违反财务制度的收付凭证,拒绝登账,并及时向领导反映。

7. 加强内控制度,对印章、空白支票实行印票分开保管制度,杜绝印、票由一人保管的现象。

8. 负责增收节支工作的督导检查。

9. 负责协助入住老年人做好财务委托管理及遗嘱处理。

10. 配合做好各项审计工作。

11. 负责全院的财产物资的管理工作。

12. 负责医保结算工作。

13. 负责为入住老年人办理长护险申请及结算工作。

14. 协助老年人做好社会商业保险和意外险的办理工作。

医养结合机构组织管理的终极目标是为机构的正常健康运行建立更好的协作系统，使其更加高效运转，创造更大社会效益。同时，也能使员工在愉快的工作后能获得更好的经济成果和个人发展。构建适应医养结合机构发展需求的组织架构是机构组织管理的重要工作内容。

第三节　医养结合机构组织文化

> **案　例**
>
> 目前，某医养结合机构正常运营起来了，组织架构建立、人员配备到位及设施设备完备，开局顺利。但医和养的服务内容及理念有所不同，医院办养老，如何传承传统"孝"文化，引导员工建立"关爱今天的老人就是关爱明天的自己"的理念，形成自己独特的医养结合机构组织管理文化，分管副院长需在这个新的课题上进行分析研究和确立。
>
> **请问**
>
> 1. 医护专业人员改行医养结合养老服务之后，在服务理念上需要有哪些改变？
>
> 2. 你能想到哪些医养结合机构应该具有的服务理念口号？
>
> 3. 你对医养结合机构统一尊称入住的老年人为"长者"是赞成还是反对？说明理由。

医养结合机构组织文化建设对于医养结合机构的长期发展起着举足轻重的作用，有利于机构制定长期的发展战略，更是辅助实施战略规划与布局的有效工具。组织文化让管理者正确引导机构的发展方向，员工有明确工作目标，能增强机构全体人员的使命感、归属感、荣耀感及幸福感，为实现机构的发展目标而共同努力奋斗。

一、医养结合机构组织文化概述

（一）医养结合机构组织文化的定义

组织是为了有效实现目标而设立的人员分工和协作关系。不同的组织架构，反映出不同的文化底蕴和特色。从广义上理解，医养结合机构组织文化是指医养结合机构的共有价值观与指导观念，是一种能使各个部分互相协调一致的传统和现实活动的自觉遵循，是给人们提供崇高的意义和大展宏图机会的活动，是进行道德性的领导等，是物质财富和精神财富的总称。从狭义上理解，医养结合机构组织文化是指在长期经营管理活动实践中形成的，医养结合机构组织成员的共有价值标准、行为准则、经营哲学、管理制度及具有相应特色的行为方式。医养结合机构的组织文化既与民族传统文化密切相关，又与医养行业紧密融合，是医养结合机构的高层管理者、参与者、操作者在服务过程中，所创造形成的以人为核心的文化心态、观念形态及行为规范。

（二）医养结合机构组织文化的特征

医养结合机构组织文化是伴随时代的进步、社会文明发展及行业体制的完善，在机构的发展过程中逐渐积淀而成，它代表着该组织的灵魂，是医养结合机构组织自身特定环境的有效载体，具有个性鲜明的价值观、共同的精神取向和群体意识。医养结合机构组织文化具有以下几方面的特征：

1. 独特性　每个组织都有其独特的组织文化，这是由不同的国家和民族、不同的地域、不同的时代背景以及不同的行业特点所形成的。医养结合机构组织文化重点就是"人性化"管理，以人为本，通过人性化管理，形成医养结合机构管理服务人员与老年人群相互依存、相互维系的关系，有利于合理规避各方面的因思维方式、工作方法、服务质量、观点立场、社会效应等因素产生的负面综合影响，凸显其独特的社会责任和担当。

2. 稳定性 组织文化是在长期的发展中逐渐积累而成的，具有较强的稳定性。一个组织中，精神文化又比物质文化具有更多的稳定性。医养结合机构组织文化的形成，已经成为全社会焦点关注的问题，满足老年人的服务需求、增加社会参与互动、完善机制管理要素等是医养结合机构组织文化建设的最终目标。

3. 继承性 医养结合机构的组织文化是我国现代精神文明建设的一个部分。既继承中华民族优秀文化传统，传承中华文化尊老、敬老、爱老的"孝文化"和"敬佑生命""人命至重，贵逾千金""医乃仁术""无德不医""大医精诚"的传统医学文化精华，又吸收借鉴当代各国文化精华。

4. 时代性 医养结合机构组织文化作为新时代社会发展的产物，是在一定的历史文化、现代科学技术和现代意识影响下形成和发展起来的，是时代精神的反映和具体化。受当地政治、经济形势和社会环境发展变化的影响，医养结合机构组织文化也会根据内外环境的变化进行发展和变化。

5. 人文性 医养结合机构的一切活动都是以人为中心。作为医养结合机构管理者要倡导发挥群策群力，提倡建立和谐、亲密、理解、支持、鼓励、鞭策、互助、信任、融洽的团队精神，注重员工的自尊、自强、自我实现等高层次的成熟逻辑性强的心理需求，形成积极向上、团结拼搏、和谐共存的优秀团队。通过机构的组织文化建设，员工把机构良好的文化气息内化于心、外化于行，自觉践行"以老年人为中心"的核心理念，成为组织文化的实践者、践行者、推崇者，有效促进良好机构文化的质效。

6. 创新性 医养结合机构组织文化是医疗实践、养老管理活动中长期培养形成和不断充实发展起来的。国内外医养结合机构先进的科学管理文化具有自我更新的强大再生力，它以无形的魅力推动和引导医养结合机构组织体系发挥更大创新潜能，不仅体现出服务与管理模式的创新，更重要的是相关体制和制度的创新。

7. 传播性 医养结合机构组织是知识密集、技术含量高、社会效益影响面广的单位，更是精神文明传播的窗口。医养结合机构通过宣传自身特有的服务管理方法和科学的经营模式、价值观念、发展目标、职业规范、道德理念、经营战略等，可以产生良好的社会效应，向外部社会辐射，帮助树立医养结合机构的良好形象，促使医养结合机构、社会相关组织、老年人及家庭成为一个相互信任、相互支持、相互推动的有机整体，促进全社会的精神文明建设。

（三）医养结合机构组织文化的功能

医养结合机构组织文化对机构管理活动具有双重作用。组织文化一般存在导向、凝聚、约束、激励、辐射、调适等潜在的正能量，能随着价值观的不断渗透和内化，产生符合组织所确定的目标、方向，发挥更大效能作用。同时，组织文化也存在着一定的制约作用，当组织的共同价值观与提升组织效率不匹配，组织的体制变更、管理制度不再适应时代变迁等条件形成时，则会产生制约机构发展的问题。通过广泛宣传、树立典型、加强员工培训、及时修订规范规章制度等措施，医养结合机构可以在一定程度上克服该负面效应。

1. 强化组织成员对组织的认同感 组织文化形成的过程，实际上是价值观转变为全员所有的过程，通过培育员工的认同感和归属感，建立起员工与组织之间的相互信任和依存关系，使个人的行为、思想、感情、信念、习惯以及沟通方式与整个组织有机地整合在一起，形成相对稳固的文化氛围，凝聚成一种无形的合力，以此激发出组织员工的主观能动性，并为组织的共同目标而努力。

2. 提高组织对环境的适应性 组织文化能从根本上改变员工的旧有价值观念，建立起新的价值观念，使之适应组织外部环境的变化要求。组织文化帮助组织指导员工的日常活动，一旦组织文化所提倡的价值观念和行为规范被成员接受和认同，员工就会不自觉地作出符合组织要求的行为选择。反之，员工则会感到内疚、不安或自责，从而自动修正自己的行为，使其能快速地适应外部环境因素的变化。

3. 塑造组织形象　组织文化是社会文化的一部分,它的形成是一个复杂的过程,是组织在不断的发展过程中所形成的文化沉淀,通过无数次的辐射、反馈和强化。随着实践的发展而不断地更新和优化,推动组织文化从一个高度向另一个高度迈进。它集中概括和体现了组织的宗旨、价值观和行为规范,有利于塑造组织的良好声誉和企业形象,扩大组织的社会影响。

二、医养结合机构组织文化的类型

医养结合机构组织文化内涵丰富,分类标准复杂多样,按照不同的分类标准,可以将组织文化划分为不同的类型。

(一)根据在组织文化中所起的作用分类

医养结合机构可以作为一个整体,形成一套整体的组织文化。医养结合机构由各个部门、科室组成,每个部门、科室也会拥有自己的文化。从这个角度看,组织文化可以分化为主文化和亚文化。

1. 主文化　主文化是指一定时期内在组织中占主导地位,为组织中多数人所接受的文化。主文化是一个组织的核心理念的体现,构成了组织文化的主流。

2. 亚文化　亚文化是指组织中的一部分成员所面临的共同问题、情境和经历,由于组织内部的部门设计或在地理分割基础上形成的组织文化。亚文化包含两个方面的内容:一是相当于组织的副文化,即组织在一定时期内形成的非主体、非主流的组织文化;二是相当于组织的亚群文化,即组织文化的次级文化,例如医养结合机构内部的护理部,有护理人员所特有的一些价值观,它既包含了机构主文化中的核心理念,又包含了护理人员所特有的价值观。

主文化对组织中大多数成员的价值观、行为方式、思维方式影响较大。亚文化是仅为组织中一部分成员所接受的文化。亚文化一般并不与主文化相抵触或对抗。主文化与亚文化的区分不是绝对的,两者都在发生变化,也可能转化。亚文化有时也可以转变为占主导地位的主文化。

(二)按照组织文化对其成员影响力的大小分类

不同的组织文化对成员产生的影响并不相同。按照组织文化对其成员影响力的大小,可以将其分为强文化和弱文化。

1. 强文化　强文化是指组织的核心理念被组织成员强烈认同并广泛共享的文化。组织成员的活动受核心理念的指导并围绕它进行。在组织中,接受核心理念的人越多,对核心理念的信念越坚定,组织的文化就越强。

2. 弱文化　弱文化是指组织没有典型的可指导全体员工行为的核心管理文化。组织所拥有的文化因素多来自社会,文化特点不鲜明、主题价值不突出。社会多元文化被成员广泛认同,导致社会文化的影响力超过组织自身文化的影响力。在弱文化状态下,组织文化缺乏核心理念,难以形成较高的文化凝聚力和战斗力。

对于同一个组织来说,强文化和弱文化是可以并存的。强文化对组织成员的行为产生影响较大,因为这种高度的认同感会在组织内部创造一种有力的行为控制气氛,使组织成员对组织目标及运作方式取得高度一致的看法,从而在组织中造就高度的内聚力、忠诚感和组织承诺。如果一个组织表现出弱文化的特征,组织成员分不清楚什么是重要的、什么是不重要的,对什么是核心理念没有一致的认识,就无法达到行动一致。

三、医养结合机构组织文化的管理应用

医养结合机构组织文化结构分为物质文化、行为文化、制度文化、精神文化。这四个层次是相互联系、相互影响、相互作用、相互渗透的关系,形成了一个严密、系统、有机、互相联系和相辅相成的统一整体。其中物质文化是制度文化的基础。制度文化是行为文化贯彻执行的保证,又是精神文化的载体和体现。精神文化是组织文化的最高的集中反映和灵魂,对整个文化建设具有导向和统摄作用。

（一）物质文化的管理应用

1. 物质文化的内涵 物质文化又称显性文化、平面文化，是医养结合机构以实体的物质形式表现出来的，各种物质条件要素构成的具体体现。如机构内的建筑物的布局、院落设计及附属设施、环境的美化等直观的环境要素，以及医养设备的配置、生活环境的营造、活动娱乐场所的布置、文件档案资料的保管等，是医养结合机构不可或缺的物质基础。

2. 物质文化的应用

（1）建筑外观设计：高大崭新、设计独特的医养结合机构建筑外观，给人以赏心悦目的美感，更展示出深厚的文化建设，以及强劲的发展实力，可以让员工产生归属感和领域感，让社会公众产生信任感和温馨感。从房顶、门楼、窗户、厅堂、办公区、医养区、庭院、道路、大门、工作人员的服饰等总体统一规划设计，构造的协调、色彩的温馨，增添中华民族风韵，融入地方审美特色，达到因地制宜、合理搭配、独具特色，增添人们归属感，提升社会认同。特别是标志性建筑物，更要独具匠心，独树一帜，成为人们心中不可磨灭、长久性的标志，营造服务于老年人的良好工作氛围。

（2）机构标识展现：医养结合机构的标识是组织文化建设的表征，充分体现出医养结合机构组织文化鲜明个性的标志，包括组织的徽章、加入组织的铿锵誓言、组织的院旗、院歌；员工的服饰、仪容仪表、生活用品简称的喷绘等，大到基础设备、小到碗筷盆碟，都要突出医养结合机构精心服务社会、爱心奉献老年人的象征性印记、符号及图案的要素。

（3）文化设施配置：医养结合机构的文化服务设施是体现医养结合机构组织文化的最直接、最明显的物质载体，如显示医养结合机构的服务信息的 LED 游离字幕电子屏、固定在门诊大厅的信息电子公示屏、电梯内电子屏、宣传橱窗、走廊展示板、办公室标牌、室内娱乐有线电视、有线广播等，均为医养结合机构组织文化的重要宣传工具，是向员工和老年人直接传播文化的有效途径和方法，更是线上线下向社会公众宣传医养结合机构组织文化的有效窗口。

（二）行为文化的管理应用

1. 行为文化的内涵 行为文化属于实践文化，又称现象文化，是医养结合机构组织文化实践过程中产生的活动文化。主要表现在服务态度、服务技术、服务风尚及在医养结合机构的宣传教育、群体活动、文体活动中产生的文化现象。展现出员工精神面貌的时代感和先进性，动态反映出组织的精神号召力、向心力及执行力，是医养结合机构核心理念的具体体现。

2. 行为文化的应用

（1）发挥领导带头作用：医养结合机构的领导层或高级管理者，其领导能力方式、决策计划、人力资源管理、纵横协调、突发事故的风险管控、组织作风及人格魅力等因素，影响着医养结合机构组织的整体经营情况。领导者是医养结合机构的工程师、设计者，主要起着传播、倡导、督促、教育和榜样的示范作用。要求领导者在政治上有正确的立场和观点，有高尚的品德、具有强烈的事业心和拼搏进取的精神；树立宏观把控的战略观念，有较强的准确分析、解决问题的能力，以及科学的管理能力。在机构文化建设中，领导者要注重对组织文化的培育，"以人为本"为医养结合机构员工创造良好的工作环境和氛围，以共同的愿望、目标和价值观，指导员工自觉规范行为。

（2）评选典型模范人物：医养结合机构组织系统的模范典型人物一般是员工选举或认同的在专业岗位上表现突出、作出较大贡献的劳动者。通过评选在工作实践活动中政治思想稳定，敢于忠诚担当、团结拼搏、无私奉献的典型代表，树立员工学习的榜样，也是医养结合机构组织文化核心理念的人格化和形象化体现。

（3）规范员工行为：医养结合机构的员工行为决定了单位的整体精神面貌和文明程度。按照战略性、人本性、动态性、全方位性等要求，坚持实事求是、精简高效、结构合理、因事设岗的原则，严把员工准入关，进一步优化人员年龄、文化、专业层次结构，按需扩大协作团队。做到比例定员、效率定员、岗位定员、职责定员。强化岗前培训、在岗培训，以满足知识更新的需要，满足与时俱进的需要，由内到外提升员工整体素质和修养，保障老年人安全和服务质量。

（4）展现人文关怀：在日常工作中，主要关爱老人、关心员工。通过开展义诊、表彰、奖励、庆典及各种文娱乐活动和文化仪式；定期进行党建活动，各支部、部室组织的各项集体活动；组织员工与老年人趣味游戏、文艺演出为老年人和员工送上生日祝福和节日问候等内容丰富，形式多样的活动，让所有参与者深刻领会和真实感悟到医养结合机构组织文化的内涵及社会影响力。

（三）制度文化的管理应用

1. 制度文化的内涵　制度文化是医养结合机构将各种规章制度、规范和管理、行为准则表现出来的方式文化，是医养结合机构组织文化外化形态的行为基础。医养结合机构是一个技术密集程度较高的单位，同时也是一个经济实体，它要求员工的个体行为受到规范，成为具有共性和行动统一的文化。制度文化的核心内容是医养结合机构组织体制建设，包括组织领导层的组成、结构工作模式等，领导体制直接影响组织机构的设置，制约着组织管理的各个方面。

2. 制度文化的管理应用

（1）完善制度建设：组织管理制度是指医养结合机构为保证日常工作的良性运行，获得最佳的社会和经济效益所制定的各种带有强制执行的文件、条例、规定、制度、规范。优秀的医养结合机构组织制度文化必然是科学完备、严谨统一、持续健康的一系列配套的先进科学管理制度，有利于医养结合机构和谐稳定、持续发展。

（2）落实管理制度：科学规范的管理制度需要落实到每个部门、每项服务、每个员工、每个环节，在机构的各项日常工作和服务过程中进行检验，不断修订完善，才能体现制度的科学性、先进性和可行性。制度的落实要求重视加强员工培训，让每个员工熟悉各项管理制度和服务规范，自觉遵守和维护制度。同时，机构需要建立督导机制，定期或不定期检查制度落实情况，及时发现问题并督促整改，树立严谨规范的工作氛围。

（3）建立激励机制：管理者需要根据机构的实际情况，将员工的能力、岗位、行为、成就与报酬统一起来管理，形成收入、业绩及社会贡献度相挂钩的上下浮动报酬机制，促进员工的良性竞争，做好员工的物质和精神奖励。建立公平公正公开的激励机制，坚持对技术含量高、风险责任大、工作强度大、工作业绩明显的员工分配优先原则，加大对管理骨干和技术骨干的分配力度，改善工作待遇和生活环境，更好地发挥员工积极性和创造性，增强医养结合机构的发展活力，全面提升品质竞争力和经济效益。

（四）精神文化的管理应用

1. 精神文化的内涵　精神文化属于思想意识形态，主要包括精神风貌、文化心理、道德规范、习惯风俗、经验哲学等，是物质文化、制度文化、行为文化在精神和心理上的反映，常通过员工的理想信念、价值标准、精神面貌、服务理念、行为取向、工作态度等直接表现出来。精神文化构成医养结合机构组织文化深层内化形态结构，表现极稳定的状态，是组织文化的核心。

2. 精神文化的管理应用　医养结合机构精神文化是医养结合机构在长期的经营管理活动中形成的具有医养组织个性特色的共同理念，是全体职员按照共同的价值理念和奋斗目标而创造的文化结晶，具有强烈的凝聚力和向心力，是组织文化发展的动力源泉。精神文化综合体现为医养结合机构的发展方向、发展愿景、服务水准、服务宗旨、服务人员行为准则等方面。加强机构的精神文化建设，需要不断加强员工职业道德教育，帮助员工树立正确的职业观、人生观、价值观和全心全意为人民服务的思想，提升员工的操作技能、灵活应变和应急处置能力，营造机构内部认真负责、积极向上、民主和谐的风尚，助推医养结合机构的协调发展。

医养结合机构组织文化的应用与管理，关键在于领导层的决策、中层人员的实施和操作人员的执行等，也得益于组织精神提炼、科学辩证运用、计划组织实施、人事管理驾驭程度等形成的无形软实力力量的协调和凝聚作用，是组织文化立体化、多方面、全覆盖性能的综合体现。

知识拓展

企 业 文 化

企业文化是企业在长期的生存和发展过程中所形成的,为企业多数成员所共同遵循的经营观念或价值观体系,包括价值标准、管理制度、行为准则、道德规范、文化传统、风俗习惯、典礼仪式及组织形象等内容。其中,企业价值观是企业文化的核心,制约和支配着企业的宗旨、信念、行为规范和追求目标。企业文化的管理倡导以人文本的软性管理理念,要求充分重视人的价值,充分调动人的积极性,发挥人的主观能动性,通过建立企业内部合作、友爱、奋进的文化心理环境,自动地协调企业成员的心态和行为,使其认同企业文化并逐渐内化,最终转化为自觉行动,从而提高企业全体成员的社会责任感和使命感,使企业和成员成为真正的命运共同体和利益共同体,增强群体凝聚力。

（董　键　肖善文）

思考题

1. 医养结合机构组织架构设置的原则是什么？
2. 医养结合机构组织文化的类型有哪些？
3. 简述医养结合机构的部门设置及岗位职责。
4. 简述组织文化在医养结合机构的具体应用。

第三章
医养结合机构的运营管理

学习目标

1. 掌握医养结合机构运营管理的基本概念和主要内容。
2. 熟悉医养结合机构运营管理体系构建。
3. 了解医养结合机构运营管理相关政策及发展趋势。
4. 学会医养结合机构运营管理策略制定和实施及评价。
5. 具有爱老、敬老、助老的职业素养。

医养结合机构不仅是我国新型养老模式的载体,也是融合了卫生和养老服务推进"健康中国"行动的重要组成部分。本章以科学管理理论为指导,从运营管理概念、理论及发展,运营管理工具和方法,医养结合机构运营管理体系建构,运营管理策略等进行阐述,推动医养融合的实现和养老服务的优化升级,促进医养结合机构可持续发展。

第一节 医养结合机构运营管理概述

案 例

某市干部疗养医院成立于 1979 年,位于郊区,交通不便,就医人数稀少。2006 年该院结合自身发展优势,顺应老龄社会需求,坚持特色化差异化发展,率先探路"医养结合",打造"医疗康复为基础,专业照护显特色,机构社区广覆盖,社会关爱聚能量"的特色服务模式,走出了一条"医养结合"创新之路。该院在老年医疗和专业照护方面形成的专业优势和丰富经验,成功地吸引了大量老年患者前来就医。目前,该院 1 200 张床位已供不应求,经济效益和社会效益得到了显著提升,该院的医养结合工作得到了国家及省市政府的高度评价。

请问

1. 您认为这个案例中的医养结合机构有哪些具体的经验和做法可以推广?
2. 结合本案例中医养结合机构改革前后的变化,谈谈您对机构运营管理的理解。

运营管理是现代企业管理中的重要组成部分,掌握运营管理的相关知识和技能,对于医养结合机构从业人员来说至关重要。了解什么是运营管理,并由此深入,层层推进,是医养结合机构管理者应对机构运营过程中的问题和挑战的重要课题。

一、运营管理概述

(一)相关概念

1. 运营　运营活动是一个"输入→转换→产出"的过程,即投入一定的资源,经过一系列、多种形式的转换,使其价值增值,最后以某种形式的产出提供给社会的过程,体现了企业在社会存在的基本功能和客观必要性。

(1)输入包括人力、设备、物料、资金、信息、技术、能源、土地等多种资源要素。

(2)转换过程就是劳动过程和价值增值过程。这个过程既包括物质转化过程(即投入的各种物质资源进行转换),也包括管理过程(即通过计划、组织、实施、控制等一系列活动使上述的物质转换过程得以实现)。这种转换过程还可以是多种形式的,如有形产品的转换过程通常被称为生产过程,无形产品的转换过程通常被称为服务过程,两者统称为运营过程。

(3)产出包括有形产品(如服装、电视、电脑、汽车、食品)和无形产品(如超市、银行提供的收银服务)两大类。

2. 运营管理 运营管理是企业经营过程中最基本的管理职能之一,是管理者基于企业经营目标,对各种资源有效利用并且在过程中对运营系统进行组织、计划、控制和改进,为社会提供具有竞争力的产品和服务。

(二)运营管理的起源与发展

1. 运营管理的起源 运营管理的起源可以追溯到18世纪工业革命时期,并随着时间的推移逐渐发展成了管理学科的一个重要分支,其理论和实践对企业管理和经济增长具有巨大的影响。20世纪初,亨利·福特通过向生产线引进流水线作业、标准化零部件和大规模生产,将汽车生产的效率提高了10倍以上。

2. 运营管理的发展 运营管理最初是为了更加有效、高效地管理和控制生产和运输过程。随着时代的变化和经济的发展以及科技的进步,企业不仅要生产高质量的产品,还要更加注重降低成本、提高客户服务质量和满足不断变化的市场需求,这促进了运营管理的进一步演变和发展。

20世纪60年代,丰田佐吉将"精益生产"(lean production)的概念引入了制造业,打造了一套完整的生产控制体系。

20世纪80年代,体育制造商耐克公司和电子制造商苹果公司,通过创新性的产品设计和商标推广,不仅提高了自身的品牌价值,而且打造出独特的企业文化。

21世纪,运营管理越来越受到重视。全球化和信息技术的发展为运营管理提供了新的解决方案。企业利用资源计划系统、客户关系管理系统、供应链管理系统等信息技术实现全面的电子商务管理,提高运营效率、降低成本、满足顾客需求。随着环境保护意识的不断提高,许多企业也开始关注绿色运营管理,采取一系列可持续发展的措施来减少环境污染和资源消耗。

总之,现代运营管理已经成为企业成功的关键之一。它伴随着整个管理发展史同步发展,并不断地适应市场变化,包括新兴技术、全球化、可持续发展等因素,并通过创新和提高效率来推动企业的发展。

(三)运营管理的目的及意义

运营管理是对"投入—变换—产出"过程的管理。运营管理主要任务是建立一个高效的产品和服务的制造系统。所谓高效就是以较少的投入得到较多的产出。投入包括人力、物力、财力和时间,产出的是产品和服务,即以最少的人力、物力和财力的消耗,迅速地生产满足用户所需要的产品和提供优质服务。通过科学的管理和技术工具的应用,运营管理可以提高企业的运作效率和生产效益,提升产品或服务的质量,降低成本和风险,为企业的长期发展提供支持和保障。随着服务业的发展,运营管理不仅应用于传统制造业解决运作管理问题,也越来越多地应用于解决金融、旅游、商业、房地产和医疗健康等各个领域运作管理问题,发挥着越来越重要的作用。

(四)运营管理的主要内容

运营管理内容主要包含运营系统设计管理、运营系统运行过程管理、运营系统改进管理三个部分。

1. 运营系统的设计 运营系统的设计主要包括企业产品和服务的设计、流程分析、选址规划、设施布置和工作系统设计等问题。运营系统的设计一般在设施建造阶段进行。但是，在企业扩大规模、新增产品或者服务变化时，也会遇到运营系统设计的问题。良好的运营系统的设计是企业高效率、高质量运行的前提条件。

2. 运营系统的运行　运营系统的运行主要包括企业的作业计划、库存管理、质量管理、项目管理等问题，涉及计划、组织与控制等方面。即在设计好的运营系统框架下，通过合理分配人、财、物等各种资源，科学安排系统各环节、各阶段的工作任务，妥善协调系统各方面关系，有效控制系统的运营过程，确保系统的正常运行及物流、信息流、价值流的畅通。

3. 运营系统的改进　运营系统的改进主要包括企业的准时生产、精益生产、流程再造等问题。运营系统的改进是根据环境因素的变化，对运营系统进行相应调整，改进生产现场和生产组织方式，使其能够适应环境的变化，提供更具竞争力的产品和服务。运营系统的计划、管理和控制要落实到生产现场，通过加强生产现场的协调与组织，消除无效劳动和浪费，排除不适应生产活动的异常现象和不合理现象，使运营管理过程的各要素更加协调，不断提高劳动生产率、经济效益和社会效益。

二、医养结合机构运营管理概况

（一）医养结合机构运营管理的概念

医养结合机构运营管理是指对医疗和养老资源、服务进行统筹规划、组织、协调、监督及控制的过程。是应用运营管理理论、方法和工具，科学制定机构战略目标，合理配置资源、精细管理服务流程，为老年人提供高效率、高质量的服务，同时提高机构核心竞争力。医养结合机构运营管理通常包括人力资源管理、财务管理、后勤保障管理、外包服务管理、医疗服务管理、照护服务管理、康复服务管理等多个方面的工作。运营管理对于医养结合机构的可持续发展和社会价值的最大化起着重要作用。

（二）医养结合机构运营管理的目的和意义

在医养结合机构中，医疗和养老两个方面得到同样充分的关注和重视，医养结合机构的运营，主要是为了给予老年人更全面、更深入的健康保障。

1. 运营管理的目的　医养结合机构运营管理的主要目的是通过运营管理体系的搭建，贯彻"以人为本"的服务理念，整合并统筹协调医疗卫生和养老服务资源，充分发挥医疗和养老服务资源整体运行效能，更好地满足老年人养老过程中对健康问题不同阶段的不同需求。通过运营管理，不断推进全面、深度的医养融合，促进资源运营成本降低，达到资源投入 - 产出效率效益最优化，从而实现社会养老资源利用最大化。

2. 运营管理的意义　医养结合机构运营管理的意义在于提高医养结合服务的质量，降低社会保障成本，促进养老与医疗健康服务的深度融合，更好地满足老年人健康养老服务需求。医养结合机构运营管理能够将医疗和养老资源有效结合，是医疗保险制度的拓展应用，是养老服务模式的创新。医养结合机构通过运营管理体系建设，整合资源、优化服务流程，可以推动医疗、照护、康复、养老等各领域资源的共享和优势互补；可以为老年人提供更加全面、精准、有针对性的医养结合服务，让老年人享受更加健康、有质量的晚年生活；可以提高机构的运营效率与效益，实现医养结合机构的可持续发展。总之，医养结合机构运营管理对于高质量医养结合服务体系的建设有着重要意义。

（三）医养结合机构运营管理的主要内容

医养结合机构是整合了医疗和养老资源的服务型组织。因此，医疗、养老服务情况是运营管理关注的重点，要根据服务情况实时反馈和调整，不断提升服务品质。医养结合机构的运营管理与经营活动，涉及其战略、财务、绩效、信息技术等各个方面，且随其内涵和外延的不断发展而发展。下面从医养结合机构不同战略经营层面，整理归纳其运营管理主要内容。

1. 经营活动的战略层面　包括运营战略分析、运营管理体系建设。运营战略分析是为机构的发展指明方向；而运营管理体系建设则服务于运营战略。

2. 经营活动的系统和流程设计层面　包括服务流程优化、资源配置与调度。通过对医疗和养老资源合理有效的配置，服务流程持续优化，确保为老年人提供高品质的服务，实现服务价值最优化。

3. 经营活动的计划、组织与控制层面　包括各项具体经营活动、项目的计划、组织与质量控制。

4. 经营活动的持续改进层面　包括绩效考核与评价、绩效薪酬、精细化管理等。运营管理通过绩效持续改善和服务质量的持续改进，对经营活动持续改进，达到保障老年人健康服务需求、提升老年人获得感和幸福感目标的同时，尽可能降低机构运营成本，为机构可持续发展创造条件。

（四）医养结合机构运营管理相关政策解读

医养结合作为一种新型的养老服务模式，得到了党和政府的高度重视和支持。自 2013 年以来，国家相继出台了系列关于医养结合机构管理的政策文件，明确了医疗和养老机构开展医养结合服务的重要性和必要性，鼓励医养结合服务产业的投资和创新，推动医养结合的发展和完善，对老年人的健康养老提供了保障和扶持，为医养结合的发展提供了巨大的动力，并将在未来持续推进医养结合的发展和完善。

1. 强化结构性转变，倡导医疗、康复与养老服务融合　当前，我国老年人慢性疾病、失能、失智、精神疾病等问题增多，需要医疗、康复和养老服务紧密结合，才能达到更高质量的健康养老服务要求。政策引导和支持中医药服务机构、医疗机构、康复医疗机构与养老服务机构共建医养结合机构，通过资源共享提高集中式、社区式、家庭式医养服务效能，满足老年人医疗和养老结合服务需求。

2. 提升医养结合服务质量，加强科技与信息化应用　政策鼓励在医养结合机构中推广和应用现代科技，例如智能化监控、便捷的老年人通信、运营质量评估等工具，为老年人提供高效、便捷、贴心的服务。同时，统筹运用信息化、大数据和物联网技术，提升医养结合服务管理水平。

3. 完善医养结合机构运营管理体系，提高机构质量和服务品质　加强对医养结合机构的规范管理，完善政府监管机制，推动医养结合机构规范化、科学化发展，进而提高老年人的生活质量和服务体验。

三、医养结合机构运营管理的发展趋势

（一）我国医养结合机构发展面临的外部环境变化

1. 老龄化呈现快速化、高龄化、空巢化等特点　随着我国经济结构的转型升级和人们生活条件的不断改善，预期寿命不断提高，我国已进入老龄化快速发展阶段。据相关研究预测，到 2035 年左右，60 岁以上老年人口将突破 4 亿，在总人口中的占比将超过 30%，进入重度老龄化社会；至 2050 年，我国 60 岁及以上老龄人口将进一步增加至 4.8 亿，占到全国总人口的 39%。人口老龄化和老龄人口高龄化趋势都在逐步加深。

2. 老龄人口对医疗健康服务提出更高需求　随着社会经济水平的提高，人们的生活方式、环境和饮食习惯的巨大变化，对人们的健康状况造成直接影响。据统计，从 1990 年到 2020 年，我国的传染病发病率和病死率都呈下降趋势，慢性病的发病率和病死率在过去的 30 年里持续上升，如：1990 年传染病病死率为 11.1%，到 2020 年下降至 3.3%。1990 年慢性病病死率为 78.3%，到 2020 年上升至 88.5%。主要慢性病包括心血管疾病、癌症、糖尿病和慢性呼吸系统疾病。这些疾病的增加与不良的生活方式、环境污染和老龄化等因素密切相关。随着慢性病的增加，医疗健康服务需求逐渐上升，特别是患有慢性病的老年人对生活照料、长期照护和医疗健康服务等方面的需求大幅增长，对医养结合服务的多元化、个性化提出了更多、更高的需求。

3. 人口老龄化地域差异和城乡倒置现象明显　我国地域广阔，不同地区的人口老龄化程度差异很大。从全国看，中国东部地区的经济发展水平较高，人均预期寿命较长，因此东部大部分地区的人口老龄化程度相对较高。除了地理方位的相关差异，我国人口老龄化还存在较大的城乡差异，城镇化的持续推进加剧了农村的人口老龄化程度。2020 年末，我国 60 岁及以上的老年人口中，农村占比为 23.81%，城市占比为 15.82%，农村比城市的老龄化程度高出 7.99 个百分点。预计在 2050 年之前，

我国农村人口老龄化程度将持续高于城市。与城市相比,农村的经济发展水平、社会保障水平和社会服务水平相对落后,农村应对人口老龄化有更多困难,农村养老面临更严峻挑战。

4. 疫情对医养结合机构运营带来影响　2020 年新冠疫情暴发后,疫情期间养老机构的经营管理受到资金和人力资源两方面的考验。采取医养结合模式能有效缓解养老机构就医配药难题,为老年人保障基础的医疗服务。相关研究提出应推动养老机构与周边医疗卫生机构开展签约合作,推进家庭医生与养老机构老人签约服务等。进一步开放和鼓励各类主体参与医养结合服务体系建设,允许其遵循市场化运营方式,推动老龄事业和老龄产业协同发展。

5. 医养服务需求旺盛导致医养结合机构爆发增长　医养结合机构服务专业化程度高,不仅为老人提供养老服务,还提供医疗健康服务,真正践行"老有所养"和"老有所医"的理念,可以满足老人专业、精细、定制化的需求。《国家中长期人口发展规划纲要(2021—2035 年)》提出要加快推进医养结合机构建设,加强老年人日常照料、医疗护理、康复治疗等服务,发挥医疗、养老、康复等机构的综合性服务功能。截至 2024 年末,全国共有两证齐全(具备医疗卫生机构资质,并进行养老机构备案)的医养结合机构 8 427 家,机构床位总数超过 200 万张(表 3-1)。

表 3-1　2019—2024 年医养结合机构数量

年份	两证齐全的医养结合 机构数量 / 家	两证齐全的医养结合机构 床位数 / 万张
2019 年	4 795	—
2020 年	5 857	158.5
2021 年	6 492	175
2022 年	6 986	190
2023 年	7 800	200
2024 年	8 427	200+

数据来源:国家卫生健康委员会官方网站。

(二)我国医养结合机构的发展趋势

随着中国老年人口的不断增长和健康保障需求的增加,医养结合模式成为未来老年服务的重要发展趋势。医养结合机构的发展立足于全人群和全生命周期两个着力点,通过整合医疗、康复、养老等服务资源,要为失能和非失能老人的健康问题提供相应的健康指导和健康保障。面对我国老龄人口数量众多且增长速度较快的现实情况,以及政策和市场环境的不断完善,未来医养结合机构运营管理发展和变化趋势也日益明显,主要表现在以下几个方面:

1. 定位精准化　医养结合机构在业务发展过程中,需要根据市场需求和自身实际情况进行定位和精准发展,避免盲目扩张和过度竞争,这是适应市场竞争与老年人需求变化的必然趋势。在医养结合机构发展的过程中,进行市场细分,机构精准化定位能够更好地满足不同老年人的服务需求和健康管理需求,提高机构的效益和竞争力。医养结合机构需要在服务内容、服务方式、服务对象等方面进行差异化的定位,符合老年人的需求特点和健康状况,提供更加专业、人性化的服务。例如,一些医养机构针对老年人群的服务需求变化,逐渐将业务重心从纯养老服务向医疗护理服务叠加发展,探索机构新的发展方向。

2. 服务多样化　随着老年人服务市场的需求不断增加,医养结合机构的服务也不再局限于单一的医疗或生活服务,而是逐渐向多元化、综合化发展。医养结合机构通过整合医疗、康复、养老等服务资源,拓展服务领域,为老年人提供全方位、多元化的健康服务。在基本医疗护理的基础上,扩大服务范围,建立全面的专业服务体系,如健康管理、生活照料、康复护理、文化娱乐、社区服务和智能生活等,从而满足多样化的老年人需求。

3. 环境人性化　为老年人营造一个舒适、温馨、人性化的环境是医养结合机构服务体系的重要理念,医养结合机构在环境建设和服务体验方面将逐渐向人性化、温馨化方向发展。医养结合机构的环境设计应充分考虑到老年人的身体健康特点,配备无障碍通道、专业辅助设施等,为老年人提供便捷和舒适的服务,并且通过细致入微的服务和心理疏导,使老年人的身心健康得到全面关注,逐渐建立和完善人文关怀型服务系统。

4. 技术智能化 技术智能化是践行智慧医养的重要体现,是医养结合机构快速发展的新引擎。医养结合机构向技术智能化深入发展,创新应用各种先进科技,必将为医养结合机构提供更高效、更智能的医养结合服务和管理手段。在医疗方面,实现自动化检测、安全监测等;在康复方面,提供定制的康复方案、智能康复设备等;在生活服务方面,提供各种智能化产品和服务等。疫情加速了医养结合行业的数字化转型,加强了对人工智能、云计算、大数据等技术的应用。许多医养结合机构加强了线上服务能力,开展了远程医疗、线上咨询等服务,同时加快了数字化管理的步伐。

5. 机构区域化 医养结合机构以其独特的服务模式和全方位的医疗和养老的资源融合,在社会保障体系中扮演着重要的角色。部分医养结合机构逐渐将发展重点转向区域化服务模式,与区域内、外的医疗机构、养老机构、康养社区等建立紧密医养结合联合体。利用区域优势资源,共同打造区域化医养康养生态圈,构建跨机构、跨区域的居家、社区及机构医养结合服务模式,在业务合作、资源配置、成本共担、价值共享等方面横纵贯通,实现优势互补,提高医养结合服务的覆盖面和资源协同利用效率。

未来医养结合机构运营管理将呈现多元化、精准化、人性化、智能化和规模化的变化趋势,这些变化和调整,将为促进老年人健康养老、幸福养老提供更加优质、全面、温馨的健康服务。

第二节 医养结合机构运营管理体系

案 例

某医养结合机构(以下简称"机构")为改善经营状况,采取了以下措施:一是机构成立专门的运营管理团队,对市场需求、竞争态势进行了深入分析,并制定了一套切实可行的经营策略,包括市场定位、服务项目、定价策略等;同时根据不同产品的市场需求量重新规划了床位及人力资源,为效益产品提供了更多床位资源;明确了各部门的工作职责和目标,确保各部门在执行过程中能够协同高效地完成任务。二是机构实行严格的内部管理,采取KPI绩效考核(关键绩效指标考核法),围绕业绩目标,针对各岗位梳理了增量业务绩效考核点和岗位基本业务绩效考核点,确保各部门工作进度和质量符合预期。同时,对客户投诉、建议等进行跟踪处理,及时调整优化服务流程;加强随访管理,对已有客户的计划外离院进行标准化随访,及时了解客户需求,减少流失率。三是对于新推出的服务项目,机构进行定期评估,分析项目的效益和客户满意度,以便对项目进行调整和优化。

经过以上措施的实施,机构的入住率逐渐提高,老年人满意度得到显著提升,经营状况明显好转。

请问

1. 在科学决策阶段,机构采取了哪些手段收集市场信息,并如何分析市场需求和竞争态势?在这一过程中运营管理的决策支持功能是如何体现的?

2. 在过程控制中,机构是如何确保服务质量和客户满意度的持续改进?

3. 在新项目实施过程中,应该如何进行评估?如何进行产品定位和资源规划?

随着我国医养结合机构的快速发展,各个机构之间的竞争也不断加剧。越来越多的医养结合机构管理者认识到高质量的运营管理对机构可持续发展的重要意义和价值。而掌握医养结合机构运营管理核心功能和管理方法，熟悉如何构建医养结合机构运营管理体系，是提升医养结合机构运营管理水平的基础和前提。

一、医养结合机构运营管理的核心功能

运营管理经历了漫长的发展，在不同的时代和不同的环境下以各式各样的形式出现，为医养结合机构的运营管理奠定了基础。在不同的时空背景下，始终有一部分运营管理的核心功能保持不变，这也为医养结合机构运营管理及可持续发展提供了重要支持。通常来讲，医养结合机构运营管理有科学决策、牵头组织、过程控制、项目评价、专项优化、多向协调等功能，而在功能发挥作用的过程中又以不同的职能体现出来。值得注意的是，在医养结合机构，运营管理的某些核心功能，不仅面向内部运营管理，同时也关注外部业务发展，通常会在机构定位和业务设计等事务上体现其科学决策的功能。

（一）科学决策

医养结合机构运营管理为医院和养老机构从整体到局部，从业务战略规划到老年病专科床位数设置的不同层面都提供定量的科学分析，以详尽的、多维度的数据实现对不同决策优劣的描述。与非科学决策相比，科学决策通过数据描述和工具评估，将抽象复杂的决策对象量化，转而以可直观感受对比的形态展示，为决策者提供客观公正的决策条件，摒除举手表决式的感性决策方法。医养结合机构常见的决策支持事务有如下几类：

1. 设备购置决策支持 在拟采购医疗设备时，管理者如果没有科学决策支持，对是否购买缺乏量化依据，不清楚如何评估设备能带来的价值。在此背景下，管理者的决策很容易受到设备使用科室影响，也很容易受现金流的影响，从而匆忙下结论。运营管理的科学决策功能则对设备购置的"投入-产出"情况作出评估分析，为管理者决策是否采购设备提供依据。

2. 床位资源优化 医养结合机构在不同区域或不同科室床位资源出现盈余时，往往需要调配多种资源，将有限的资源分配给最需要的区域或科室。运营管理的科学决策功能则在分配前量化床位使用率评估产出效益，并结合资源消耗情况，老年人需求量等指标，利用一系列适用的评估模型，得出建议分配床位和床位优先分配的方案。

3. 科室人员调配需求 医养结合机构由于其特殊性，并非都以科室为单位进行成本核算，导致不同功能模块的负责人对其所属部门的资源情况了解度不够，而已有的绩效分配方案可能并不能有效体现绩效总额和人力数量的关系，导致部门负责人或会超出实际需求地增加工作人员。作为决策支持的实践者，运营管理团队可围绕医养结合机构各个模块的工作量，资源数量，提前设置科学的定岗定编人数；当面对部门发起的人员增加需求时，评估部门需求人力数，以测算准确的人员缺口，为最终是否增加人力提供决策支持。

（二）牵头组织

牵头执行专项事务改革时，需要一个牵头部门负责计划组织和调度资源，而对此最了解的人员或部门才能充分调配资源，分析流程，推动改革，能够清晰地规划改革的步骤，为相关部门布置具体的任务。这类牵头组织的功能也是运营管理的核心功能。运营管理团队在工作中会频繁作为横纵沟通的桥梁，与各职能科室及临床科室都保持紧密有效的沟通，过往科学决策支持工作以及由此建立的信任也是牵头组织工作开展的基石。例如，某医养机构开展布类清洗相关流程成本控制的精细化管理时，运营管理团队将发起围绕清洗流程涉及多个功能单元的现状调研，并根据人力成本和流程耗时等因素，结合不同病区老年人情况，以时间消耗和价值链为核算依据再造清洗流程，此时就需要其部门与多部门协商沟通，并需掌握多个功能板块的核心数据。

（三）过程控制

过程控制是医养结合机构运营管理的核心功能之一。在医养结合机构经营运行的过程中，围绕医疗和养老服务工作的多个角度，运营管理团队将建立一系列绩效考核指标，以全面预算和全成本

核算为基础全面开展绩效评价工作,同时不断在实施过程中对项目的运行评价纠偏,确保目标达成。例如,年度收入预算下放到具体科室后,将按月追踪细分业务目标的完成情况,如发现某些指标超出阈值,即采用沟通、考核、提出改进建议等手段开展 PDCA 闭环管理,避免在运行过程中结果偏离既定目标。又例如,运营管理团队围绕呼吸机使用效率提升专项行动,不仅对护理人员进行了详细培训,更利用物联网系统详细分析各病区呼吸机使用情况,监督漏费和轻症患者达到使用标准而呼吸机使用度不够的情况,及时提出改善建议和措施,确保项目顺利完成。

(四)项目评价

项目评价的功能有一部分已在决策支持上体现。总的来讲,项目评价即是对医养结合机构医疗质量、时间消耗、成本效益、风险预测方面进行量化评估,对常态化运行的流程以及专项的流程实现全方位评估和监控,找到问题并加以解决,确保医养结合机构运行流程中的科学性、标准化程度以及有效性。例如,为确保医养结合机构服务质量,运营管理团队对一线养老护理员服务进行多维度考评,考评指标以《养老机构服务质量基本规范》为参考并结合该医养结合机构实际情况制定。其中量化考评指标,如"面部清洁次数 / 人 / 月、协助行动次数 / 人 / 月、体位转换服务次数 / 人 / 月"等,将考核结果应用到绩效中。

(五)专项优化

医养结合机构的运营管理不仅是对标准流程的评估管控,更应结合外部环境的变化和内部需求的变化,积极主动牵头发起改革优化。因此,专项优化同样是医养结合机构运营管理的核心功能。运营管理团队因为对机构的内部运行情况高度了解,有详细的数据和良好的沟通渠道分析各内部流程,能在院科组各层面洞悉流程的弊端和问题要害,从而主动打破常态发起改革。

二、医养结合机构运营管理的方法和工具

随着医疗技术不断进步以及运营模式专业化、联合化发展,要使医养结合机构的各项工作在可控的情况下正常运转,并不断提高医疗和医养结合服务质量,没有科学管理的方法和工具是难以进行的。因此,很多运营管理方法和工具在医养结合机构领域得到广泛应用并取得效果,以下介绍几种常用的方法和工具。

(一)运筹学

运筹学是一种应用数学方法,通过建立数学模型,使用科学的方法分析和解决现实问题,通常包括规划论(线性规划、非线性规划、整数规划、动态规划、多目标规划)、网络分析、排队论、对策论、决策论、存储论等分支庞大的理论与方法体系。通过系统性、科学性和定量性的方法,为管理决策提供最佳解决方案。医养结合机构运营管理通常可使用运筹学的工具合理配置资源。

1. 规划论 规划论是一种研究规划和规划实践的学科,旨在探讨规划如何被应用于解决现实问题,如城市发展、环境保护、社会服务等。规划论不仅关注规划的方法和技术,还关注规划背后的社会、政治和经济环境,并探讨规划如何与其他领域(如政治、经济、环境等)相互作用。规划论可应用于医养结合机构的战略规划、资源规划、空间规划等方面,通过规划方法,制订长期规划和短期计划,不断优化机构发展和管理体系。

2. 网络分析 网络分析是一种用图论和数学模型分析项目进度、资源分配、各个任务间关系等问题的方法。医养结合机构可以通过网络分析解决物资运输调度、路线选择等问题,以提高医养结合机构的效率和服务质量。

3. 排队论 排队论是一种分析等待行列或服务系统中顾客或顾客流的数学方法。它通常包括等待时间、服务时间、服务能力等因素,可以帮助管理者优化服务流程、减少等待时间和提高服务质量。医养结合机构需要解决老年人就医时等待和服务时间的问题,通过排队论方法,可以分析和优化就医流程、医生工作安排和医疗资源分配,提高满意度和服务质量。

4. 对策论 对策论是一种研究博弈和冲突的数学方法,通常包括两个或多个参与者、每个参与

者有不同的利益和策略选择。它可以帮助管理者制定最优的策略,协调参与者的利益关系和解决冲突问题。医养结合机构需要制定市场营销策略,通过对策论方法,可以研究竞争对手的行为和市场环境,制定最优的价格策略和营销策略,提高市场竞争力和盈利能力。

5. 决策论 决策论是一种研究决策过程的数学方法,通常包括确定决策目标、评估决策结果、选择最优决策等环节。它可以帮助管理者在不确定性和风险环境中作出最优决策,提高组织的决策效率和决策质量。医养结合机构在面临不确定性和风险环境时,可以通过决策论方法,研究市场趋势和风险因素,确定投资目标和投资策略,减少投资风险和提高投资回报率。

6. 存储论 存储论是一种研究存货管理的数学方法,通常包括存货成本、存货数量、订货数量等因素。它可以帮助管理者优化存货管理和库存控制,降低存货成本和提高资金利用率。医养结合机构需要管理存货和库存,通过存储论方法,可以分析和优化存货管理和库存控制,确保货源充足、库存合理,提高资金利用率和经营效益。

(二)系统模拟仿真

系统模拟仿真是一种利用计算机模拟真实系统的行为和性能的方法,以预测系统的行为和性能,评估不同决策和方案的效果。它是一种重要的决策支持工具,主要包括模型建立、数据采集、模拟运行、数据分析、结果展示等 5 个方面。系统模拟仿真技术在解决医养结合机构的资源规划与配置的问题中同样得到了广泛应用。目前应用于医养结合机构运营领域的仿真方法主要有 4 种类型,分别是离散事件仿真、系统动力学、蒙特卡洛模拟、基于智能体仿真。这些仿真方法都可以模拟医养结合机构的运营过程、服务流程和资源分配等方面的情况,帮助管理者分析和优化医养结合机构的运营和管理。

1. 离散事件仿真 该方法是一种基于事件和状态变化的仿真方法,用于模拟系统中离散的事件和活动。在医养结合机构的运营中,该方法可以模拟就诊、医生排班、药品采购等过程,以优化医养结合机构的资源分配和流程,提高服务质量和效率。该方法可以帮助管理者识别和解决医养结合机构的瓶颈和矛盾,制定最佳的调度方案和决策策略。

2. 系统动力学 该方法是一种描述系统演变过程的动态过程的仿真方法。它可以分析系统中各个因素之间的相互作用和影响,如医疗资源的供需关系、患者流动性等,以预测系统的行为和性能,并提出优化建议。在医养结合机构的运营中,该方法可以帮助管理者识别和解决医养结合机构的结构性问题和复杂性问题,为战略决策和经营管理提供支持。

3. 蒙特卡洛模拟 该方法是一种基于概率和随机性的仿真方法,用于模拟不确定性和风险因素对系统的影响。在医养结合机构的运营中,该方法可以模拟市场竞争和风险因素的影响,如患者数量和类型的变化、医疗技术和设备的更新等。帮助管理者评估决策方案的风险和不确定性,优化医养结合机构的经营策略和风险管理。

以某医养结合机构计划引进一种新型医疗设备,以提高医疗服务的质量和效率为例。由于这种医疗设备的投资和运营成本较高,需要进行风险分析和成本效益分析。该机构决定采用蒙特卡洛模拟来进行分析:

(1)机构收集相关的数据和参数,包括该设备的购置费用、维护费用、使用寿命、每年的使用次数、每次使用的费用、预期的患者使用量等信息,并对这些参数进行概率分布分析。

(2)使用蒙特卡洛模拟方法,生成大量随机数,并通过这些随机数对每个参数进行模拟。

(3)将模拟结果进行统计和分析,得到引进该医疗设备的成本效益指标,如投资回收期、净现值等,并进行方案比较和优化。

通过蒙特卡洛模拟分析,该医养结合机构得出结论,如果引进该新型医疗设备,可以提高医疗服务质量和效率,但需要投入较高的成本。然而,通过模拟和分析,该机构也得出了一些重要结论,如哪些参数对成本效益指标影响最大,如何在不同市场需求和竞争态势下进行调整和优化等,从而为医养结合机构的决策制定提供了科学的依据。

从上面这个案例可以看出,蒙特卡洛模拟在医养结合机构中具有广泛的应用,可以帮助管理者进行成本效益分析、风险评估、市场需求预测等,提高运营管理的科学性和有效性,为老年人提供更优质的医疗服务。

4. 基于智能体仿真 该方法是一种基于多智能体系统的仿真方法,用于模拟系统中多个智能体的行为和决策,如医生、护士、患者等。在医养结合机构的运营中,该方法可以模拟智能体之间的互动和影响,如医生排班、诊疗流程等,以优化医养机构的服务质量和效率。该方法可以帮助管理者研究医养机构内部的决策和交互关系,制定合理的调度方案和优化策略。

以上四种仿真方法都可以帮助医养机构进行全面、深入的运营管理分析和优化,提高医养结合服务的质量和效率。在实际运用中,医养机构可以根据自身的特点和需求选择不同的仿真方法,同时结合其他管理科学方法和工具,进行更加有效的运营管理分析和决策制定。

（三）数据科学分析

数据科学分析是一种利用计算机技术、统计学、机器学习等方法来处理和分析大量数据的科学方法。在医养结合机构中,数据科学分析可以帮助管理者更好地理解和管理医疗和养老资源、优化服务流程、提高医疗和养老服务质量和效率,从而更好地满足老年人的需求。具体来说,数据科学分析在医养结合机构中的应用包括以下几个方面:

1. 数据分析 医养结合机构可以通过对老年人的医疗记录、健康数据等进行数据科学分析,来深入了解病情和健康状况,并制定更加个性化和有效的医疗健康服务方案。

2. 资源分配和调度优化 医养结合机构可以通过数据科学分析来分析医疗养老资源的供需关系、医疗设备的使用情况、医生、护士、护理员等的排班等信息,从而制定更加合理和有效的资源分配和调度方案,提高医养结合服务的效率和质量。

3. 风险管理和决策支持 医养结合机构可以通过数据科学分析来评估市场竞争和风险因素的影响,制定风险管理策略和应对措施。同时,数据科学分析也可以提供决策支持,帮助管理者制定更加明智和有效的经营决策和管理策略。

4. 医疗养老服务质量和效果评估 医养结合机构可以通过数据科学分析来评估医疗和养老服务的质量和效果,如医疗服务的满意度、治疗效果的评估等。这可以帮助医养结合机构及时发现问题和改进方案,持续提高医疗和养老服务质量和效果。

（四）其他工具

医养结合机构在运营管理中,还需要应用很多种管理工具互相配合才可以完成,如 Excel、Visio、BI、MATLAB 等,分别应用于数据记录、整理、统计分析及图表绘制等,为运营管理提供数据支持,为医养结合机构管理提高效率。

三、医养结合机构运营管理体系构建

（一）组织建设

医养结合机构应围绕院科两级建立契合的运营管理组织。机构负责人应全面负责医养结合机构运营管理工作,总会计师协助做好全面预算和全成本管理等工作统筹,各分管领导应确保所属分工部门分工协助运营管理工作开展。

1. 成立运营管理委员会 运营管理委员会主要负责建立完善机构运营管理组织框架体系的各项制度,制定运营管理的任务和目标,整理详细的指标和规划,负责审核运营管理部产生的各类评估评价报告,负责把控运营管理部的工作开展方向。

2. 运营管理部职能 成立的运营管理部门要发挥机构运营管理的核心功能,其主要职能包括但不限于制定运营管理工作制度,组织计划完成运营管理各项分析评价报告;提出流程优化、资源配置、绩效考核指标的建议;协调组织各项机构内部运营管理任务实施,确保目标达成;形成院科两级沟通协调渠道,为精细化管理提供微末端抓手;深入开展各类专项工作运行效果评估。

3. 搭建专业的运营管理团队 搭建配备具有公共卫生管理、统计管理、财务管理、物价管理、人力资源管理、计算机科学与技术、工业工程、运营管理、医疗、护理、照护等专业知识背景的人员所组成的运营管理团队，承担经营助理或绩效助理工作。组织运营管理团队人员进行系统化运营管理学习，充分参与运营管理实践工作，到具有成熟运营管理经验的机构学习运营管理相关技能。选用的经营助理应满足多任务工作，具有对数据和信息的高度敏感性，具有高效工作能力，能保持长期的学习能力。

（二）信息化建设

1. 数据仓库的建立 为了顺利开展运营管理工作，医养结合机构的运营管理部应围绕业务及流程情况，建立专用的运营数据仓库。通过运营仓库逐步实现对业务的描述、评估、分析、决策等功能。通过信息化建设，将感性的模糊的资源逐步转化为可量化的、可描述的数据指标。利用数据仓库充分存储和规整不同类型的指标及数据，满足数据管理和信息的跨系统调用。运营数据仓库包括人力资源数据、收入明细数据、成本明细数据、住院患者病案数据、门诊患者挂号就诊明细数据、空间环境数据、设备设施明细数据等。数据仓库的建立需要大量的时间和人力，也需要能满足需求理解数据意义的信息技术开发人员协助方可完成。

2. 运营管理指标集 运营管理指标集是指经科学研究制定的能从多个维度和方向反映机构运营情况、综合服务能力的指标集合。运营管理指标集的建立，要求指标的提取标准化、常态化，实时形成数据报表，为运营管理工作提供依据（表3-2）。运营管理的指标集通常分为以下两种类型。

（1）反映机构运营情况的指标集合：通常包括业务能力、经济效益、资源规模、成本效益等维度。

（2）反映机构综合服务能力的指标集合：通常包括服务范围、医疗服务效果、护理服务效果、满意度、环境及设施提供情况、安全情况、特殊岗位人员配备情况等维度。

同一个指标维度，需要从不同方向对其描述。例如卫生经济效益，可以从床日费用、次均费用、各项费用占比、收支结余比等多种方向描述。同一个指标也可以根据需求，从院、科、组、医师等不同层级中进行深入描述。除此之外，运营管理指标集合根据精细化管理程度，还可结合岗位 KPI 考核内容，提供科室或岗位工作评价相关的指标集，例如重度失能老人占比、老人跌倒率、机构入住率、退住率、重点设备使用率等。

表 3-2 医养结合机构部分常见运营指标举例

人力资源指标	床位资源指标	工作量指标	工作效率指标	医疗与养老服务衔接相关指标	经济指标	满意度指标
医师人数	核定床位数	在院人数	平均住院日	医疗机构预留床位数	出院次均费用/人	住院满意度
护理人数	开放床位数	在院重度失能、失智人数	床位使用率	建立转诊绿色通道	日均费用/床	门诊满意度
养老护理员人数	开放总床日数	在院中度失能、失智人数	床位周转率	紧急医疗救助响应时间/次	非药物、耗材费用/床/日	员工满意度
行政后勤人数	实际占用总床日数	在院轻度失能、失智人数	入住率		总收入	
护床比					总支出	
医床比						

说明：上述指标参考医疗和养老机构运营管理相关资料。

3. 医养结合机构资源管理系统的建立 医养结合机构应建立以人、财、物为核心的全生命周期管理体系，形成完善的资源管理系统。这一体系中应包含组织架构、人力资源信息系统、设备资产系统、空间资源管理系统、指标管理系统等。资源管理系统与数据仓库间需配置适合的数据接口，通过资源管理系统使用数据，利用数据仓库维护和管理数据。

4. 信息开发团队及信息需求提出者　数据仓库的建立，资源管理系统的持续优化，以及机构在发展进步中必然出现的新增系统需求和专项业务改造工作都需要机构的信息化团队具有一定系统开发能力。因此，组建一支适合机构自身情况的信息开发团队是医养结合机构信息化建设的刚性需求。医养结合机构可根据自身情况采取培养、招聘以及外包的形式建立团队。信息开发团队的职能是完成机构内部信息系统需求的实现，而信息系统的需求则由运营管理部在发挥专项优化职能时发现和提出。运营管理部在信息系统的开发过程中充当了类似产品经理的角色。

（三）运营分析

运营分析是运营管理部基本日常工作，以业务运行报告的形式向医养结合机构院级和各个独立的服务区域（以下简称"院区两级"）提供基础数据展示以及异常指标原因分析，特殊运行情况汇报的载体。院区两级运营分析通常是对拟定的工作量指标、经济效益指标、工作效率指标变化情况的分析。分析时应根据业务服务的情况按照院级、服务区域、医疗组等不同层级具体区分。常态化的院区两级运营分析应是医养结合机构的科室管理者和机构管理层了解掌握机构动态的重要媒介，是管理机构运行情况的重要抓手。院区两级运营指标的分析会借鉴一些常见的数据对比分析方法，数据的分析也不仅限于趋势的描述，更重要的是对指标异常变化背后原因的挖掘。

（四）设备管理

1. 设备购置论证分析　设备效益分析是机构进行投资决策的重要分析，通过设备效益分析，能了解设备边际效益、年度损益平衡点、设备投资回收期、毛利润等重要信息。边际效益、损益平衡点、投资回收期是财务管理的重要知识点，在此运用到医养结合机构的业务分析中，也是运营管理部业财融合工作开展的体现。

2. 常用设备使用评估　医养结合机构在常态化运行后，不仅需要对新增设备进行投入使用评估，同时也需要对现有设备进行使用评估。通常运营管理重点评估的现有设备包括大型设备（如 X 线电子计算机断层扫描和磁共振成像），以及临床常用设备（如呼吸机和监护仪）等。运营管理部将持续评估设备使用效率，服务区域的资源配置量，动态调配通用设备，为机构内部资源的合理分配提供决策支持。

（五）人力资源配置

人力资源作为医养结合机构内部最重要的资源，不仅是重要的成本，也是产出效益的资源，为了在保证医疗安全的情况下最大化发挥人力资源的效能，运营管理部需要对人力资源进行合理配置。这些配置包括并不限于全机构定岗定编设置，新增业务人员，动态调整调配人员数，远期人员储备等。

（六）机构的绩效管理

1. 绩效管理的定义　绩效管理是医养结合机构运营管理工作中实施改革和保障目标达成的重要管理手段。本节所述绩效管理更强调其在运营管理体系中发挥的作用，以及绩效管理在医养结合这一特定机构中如何与业务相结合。医养结合机构绩效管理是指机构的管理者通过依照与员工形成共识的特定方向，激励和指导员工取得这些方向的优异成绩，进而实现机构目标的管理方法。绩效管理一方面提高员工的工作能力，指出明确的努力方向，另一方面也间接实现了机构的目标，提高了整体成绩。

2. 绩效管理的内容　从概念的描述上可以看出，绩效管理有两个重要内容：一是机构需与员工在目标达成形式与目标值设定上形成共识；二是重视绩效指导和员工提升的过程。绩效管理是不断循环完善的过程，绩效管理的本质是 PDCA 循环，意指通过计划 - 实施 - 检查 - 改进的过程，在明确目标前，实现员工和机构的共同提高。

3. 绩效管理的实施　医养结合机构运营管理部作为改革发起者，计划组织实施牵头部门，为实现目标的顺利达成，需要抓住绩效指挥棒的功能，因此通常医养结合机构会赋予运营管理部绩效管理的职能。医养结合机构绩效管理包括目标制定、组织架构和运营模式规划、岗位分析与评价、绩效管理、薪酬方案设计。

（1）目标制定：医养结合机构需要根据机构战略和客户需求制定相应的目标，例如大力发展特需客户占比、提高每床日费用、提高在当地医养结合服务市场占有率等。

（2）指标体系设计：医养结合机构需要确定合适的指标，例如床位使用率、人均工作量、客户满意度等，以确保指标具有可衡量性和可操作性。这些目标既要考虑公益性，又要考虑机构的效率、效益，在以医疗质量和客户服务相约束的背景下，提高机构的核心竞争力。目标的设定需要自上往下层层下达。因此，绩效方案中具体目标的设置也应根据目标层层设计，从机构整体到服务区域再到个人。

（3）在组织架构和运营模式规划：需要通过合理的设置，保障内部运转的高效和目标达成的便利。架构设计和运营模式设计是以目标的落实为指引的，能不断调整以支撑机构不同阶段的战略发展目标，也是绩效管理体系发挥作用，员工和机构能持续提升的基础。

（4）岗位分析与评价：是组织架构和运营模式更细一级的分工，通过岗位的合理设置，具体工作目标的设置，从末端保障目标的实施。同时，对岗位的准确评价也是保障岗位职责得到落实的有效手段。

（5）绩效管理的评价：绩效管理涉及的评价方法常用的有目标管理法、目标与关键成果法、关键绩效指标法、平衡计分卡、360°绩效考核法、卓越绩效模式。医养结合机构的方方面面都需要绩效管理的介入，正是有了绩效管理，预算管理和成本管理才能落地。

（6）薪酬设计：薪酬设计是绩效管理结果的运用，医养结合机构需要将岗位评价的结果，绩效管理的结果有机运用到薪酬方案上，而薪酬方案也通过公平性和激励性引导员工往正确的方向迈进。在医养结合机构，多劳多得，多承担多得是薪酬方案设计的常见考量点。

> **知识拓展**
>
> ### 医养结合机构服务的基本竞争战略
>
> 基本竞争战略是由美国战略管理学家迈克尔·波特提出，包括成本领先战略、差异化战略、集中化战略三种战略。成本领先战略即是机构服务把成本控制在比竞争者更低的程度；差异化战略即是在机构服务中形成独树一帜的特色，让顾客感受到与其他竞争者相比，具有更多的价值；集中化战略即是机构致力于服务某一特定细分市场、某一特定产品或者某一特定地理范围。医养结合机构可以选择其中一种作为机构的主要战略。

第三节　医养结合机构运营管理策略

案　例

某医养结合机构位于常住人口约150万的市中心某区，投入运行已3年。该机构拥有6层楼共100张床位，分为4个病区，每个病区25床，设置为三人间、双人间。有员工共计23人，其中管理人员5人、专业技术人员3人、养老护理员10人、工勤人员5人。有2台无创呼吸机，4台心电监护仪，5台脉氧仪。为老人提供普惠性医养结合服务，其中医疗服务由本机构签约的2名护理人员为一部分客户提供如静脉给药、安全指导等基本护理项目。最近，在该机构附近5km内新开设两家养老机构，分别有床位150张和176张，主要提供失能老人托管养老服务。另外附近3km内的一家社区卫生服务中心，新增加10张床位的普惠型医养结合住院病区。

该机构运营至今床位使用率在 30% 左右；最近出现退住人数增加、工作人员离职后到其他机构等现象，机构运行面临的困难持续增加。

请问

1. 如何描述机构面临的困境？产生困境的原因是什么？
2. 该机构应该如何制定突破困境的运营策略？具体策略是什么？

在医养结合机构的发展过程中，良好的运营管理策略是机构正常运转和可持续发展的保证。一方面，良好的运营管理策略可以提高医养结合机构的服务效率和质量，提升用户满意度和口碑影响，从而吸引更多的用户和投资；另一方面，科学的运营管理策略可以有效地降低机构的经营风险和运营成本，提高机构的管理效率和利润率，增强机构的竞争力和市场占有率。因此，医养结合机构的管理者应当注重制定科学合理的运营管理策略，从而促进机构的良性发展。

一、运营管理策略简介

（一）相关概念

1. 策略　策略是指企业达成"战略定位"的一种清晰路径，即以目标为导向的计划、决策和行动方案，是一个连贯、统一的、综合的决策模式。策略的核心是定义一个企业在做什么，或者将要做什么。策略的制定需要考虑外部环境的变化、内部资源和能力的优化，同时需要根据具体的情况和目标选择合适的策略和实施方式。策略在具体某个项目里面，也可以理解为一种战术、手段、方法，如在服务行业就是为顾客提供满意的服务与解决方案等。

2. 运营管理策略　运营管理策略是一个企业或机构为达到特定的业务目标，在运营过程中制定的一系列具体措施和方法。其范畴涵盖了企业或机构内部的资源规划和优化，以及外部市场需求和竞争状况的应对，涉及企业或机构的多个方面，如组织架构调整、流程优化、成本管理、绩效评价、市场营销、人员管理等。制定运营管理策略的主要目的是提高效率、降低成本、提高服务质量、增强市场竞争力等，从而使企业或机构获得可持续发展。在宏观层面，运营管理策略是企业或机构经营战略的具体化、落地化执行路径；在微观层面，运营管理策略是企业或机构运营总体目标下，实现运营管理的方案与过程。

3. 医养结合机构运营管理策略　医养结合机构运营管理策略是指以达成机构相应目标为导向，以可控的物质和非物质资源为基础，开展的系统性、综合性管理活动。

（二）医养结合机构运营管理策略的内涵

医养结合机构运营管理策略的形式可以是具体举措的实施，也可以是多项举措和管理工具的综合应用，要依据不同情况综合评估而定。医养结合机构的运营管理策略要求能够深度融合医疗和养老服务，而不是简单的医疗和养老服务叠加。不仅要充分发挥医疗和养老资源的优势互补性，适应老年人不同阶段的健康养老需求，提供个性化、专业化、整体化的医疗养老结合服务，满足老年人全方位健康养老需求，同时通过对资源投入、产出的过程进行科学、精细化管理，实现资源效益最大化。

二、医养结合机构运营管理策略的制定

（一）运营管理策略制定的原则

医养结合模式是促进公平、提高老年人生活质量和幸福感的公益性民生事业。因此，医养结合机构作为医养结合服务模式的载体，在运营管理策略的制定和运行过程中应遵循以下管理原则。

1. 公益性原则　公益性原则是运营管理策略的制定和实施应遵循的主要原则。通过策略的制定和实施，不断提高资源的投入和产出的效率，达到自身可持续发展和实现社会公益之间的平衡。

2. 目标导向性原则 经营管理策略的制定应紧紧围绕医养结合机构目标体系设定,并根据不同层级的目标制定相对应的管理策略。目标导向性是运营管理策略制定的前提。

3. 需求明确性原则 资源投入是运营管理策略的制定和实施的关键保障,要求对目标进一步分解和细化,明确实现每一项目标所需要的资源投入及资源投入和产出的合理性,避免造成浪费。

4. 适应性原则 运营管理策略的制定和实施不能一成不变,应根据市场需求、行业发展趋势、机构自身资源情况等变化,对运营管理策略进行相应的调整,确保资源投入的针对性、有效性。

5. 整体性原则 医养结合服务核心功能是将医疗和养老服务加以整合,并在社区、养老机构和医疗机构内加以实现。因此,医养结合机构运营管理策略应该具有融合性、整体性,将医疗、养老、康复等服务有机地整合在一起,提供全方位、专业化、个性化的服务。

医养结合机构运营管理策略的各个管理原则之间并不是孤立存在的,在制定和实施过程中应该遵从以下关系:运营管理策略的制定应以公益性为根本,以目标实现为结果导向;明确策略实施需要投入的资源及预期达到的社会和经济效益;在过程中结合内、外部政策、环境、管理需求等的变化实时反馈、改进,既保持对变化的敏感性,也要考虑策略的整体性,防止发生目标的偏移和资源的浪费。

(二)运营管理策略的制定方法

1. 目标制定 由于目标的表现形式较为多样化,在不同时间、空间、资源条件下,应该分别制定有针对性的目标,依据不同目标设定可量化的目标值。如,远期目标、中长期目标、阶段性目标在复杂程度和实施时间有所不同,远期目标宏观、抽象,而阶段性目标则微观和具体。根据目标属性不同,医养结合机构运营管理策略也自上而下分为战略层级、战术层级、作业层级三个层级(表3-3)。

(1)战略层级的运营策略:对应的是远期目标,如机构发展"五年规划"。

(2)战术层级的运营策略:通常对应的是阶段性目标,如实现年度收支平衡、提供机构入住率、大型设备年度投入产出的效益等。

(3)作业层级的运营管理策略:对应的是短期目标,通常较具体和灵活,要求操作性强等,如某项新业务、新技术的开展等。

表3-3 医养结合机构运营管理的目标制定

目标类型	目标值设定	资源耗费情况	管理属性
阶段性目标	1. 短期增值目标 2. 提高工作量 3. 费用增速控制 ……	+	微观、具体
中长期目标	1. 完成预算控制目标 2. 实现年度收支平衡 3. 内部收支结构优化 ……	+++	↓ ……
远期目标	以实现高质量可持续发展的一系列宏观举措	++++++	宏观、抽象

说明:"+"表示资源耗费量的多少。

2. 策略的选择 医养结合机构可以根据不同的管理目标分别制定和选择与之匹配的运营管理策略开展管理活动。以短期目标为例,比如要降低单位面积的物业管理费用,可以采用直接与服务供应商谈判的策略,重新核定岗位人数及薪资水平,此策略非常微观具体、针对性极强,能够在较短时间内取得成效。又如某医疗机构的主办方在兴办该机构时就确定了机构发展策略:一是规模要大;二是主要服务中低阶层百姓;三是要有学术研究能力,并引入企业管理模式。依据此策略,该机构在建院之初即定位为非营利性财团法人医院,以落实医疗平民化,提供充裕、经济、低成本、良好质量的医疗服务,造福社会一般民众为建院初衷。在"以人为本"的精神指导下,该机构不断改善作业流程及制度,开创许多医疗界先例,如禁收红包、废除住院保证金等,落实以患者为中心的服务理念,同时做到全面制度化、信息化管理,成为行业内机构管理的新典范。

三、医养结合机构运营管理策略的实施

医养结合机构运营管理策略实施流程主要包括目标制定、策略选择、资源投入评估、管理方法的应用、实施效果评价等5个环节。

(一)目标制定

制定要达到的管理目标,首先需要明确目标的维度和需要达到的目标值。目标值要具体可量化。由于目标本身具有多样性和综合性属性,如从目标的实施时间长短来看,可以分为阶段性目标、中长期目标、远景性目标;从复杂程度来看,可以分为宏观目标、微观目标等。目标制定后符合目标分解条件的,应进行目标分解细化。

(二)策略选择

制定目标后,需要选择与制定的目标定位相匹配的运营管理策略,即运营管理策略的制定一般应同目标的属性一致,尽量避免策略与目标的错位匹配。

(三)资源投入评估

对资源投入的合理性、可操作性、预期效果进行评估,并进一步明确需要投入的资源。运营管理策略要实施就涉及相应资源的投入,要运用管理方法、工具等对资源投入进行论证和评估,即对所需资源投入的合理性、可操作性、预期产出的社会和经济效益等进行综合评价,确保资源投入 - 产出达到效果。以医养结合机构专用康复设备采购为例,在资金投入评估阶段,除了考虑采购设备金额外,还要考虑收费项目及收费标准,预期业务量及收入、人工成本、设备维护和维修等支出成本,只有这样才能客观、完整体现资源投入 - 产出效果。

(四)管理方法应用

应用多种管理方法,同时结合实际情况,实施运营管理策略;过程中对照目标值及时反馈、纠偏。运营管理策略在实施过程中,要综合运用多种运营管理方法、管理工具,同时结合机构实际情况,进行实时地反馈、改善,避免目标的偏移造成资源投入浪费。

(五)实施效果评价

运营管理策略实施完成后,要对标目标值对资源投入效果进行评价,以评价结果为依据,落实相应奖惩措施。运营管理策略实施完成后,要对照设定的目标值开展资源投入使用的效果评价,并以评价效果为依据,按照制定的考核办法或制度,落实相对应的奖惩举措。而建立可量化、多维度的指标评价体系是开展评价的核心。不同类型项目、不同资源种类评价指标内容通常不同。一般分为产出指标(包括产出数量、时效、成本)、效益指标(包括社会效益、经济效益)、通用指标(如多方满意度、各项管理规范性)等。如某医养结合机构实施房屋设施改造项目,其实施效果评价可以通过一级指标、二级指标、三级指标评估而得出(表3-4)。在明确了评价指标的选取后,要采取一定方法,确定各个指标权重,目前常用方法有德尔菲法和层次分析法。

1. 德尔菲法 也称专家调查法。1946年由美国兰德公司创始实行,其本质上是一种反馈匿名函询法,其大致流程是在对所要预测的问题征得专家的意见之后,进行整理、归纳、统计,再匿名反馈给各专家,再次征求意见,再集中,再反馈,直至得到一致的意见。

2. 层次分析法 层次分析法是在20世纪70年代中期由美国运筹学家托马斯·塞蒂(T.L.Saaty)正式提出。是一种应用网络系统理论和多目标综合评价方法,提出的一种层次权重决策分析方法。它是一种定性和定量相结合的、系统化、层次化的分析方法。层次分析法特点是在对复杂的决策问题的本质、影响因素及其内在关系等进行深入分析的基础上,利用较少的定量信息使决策的思维过程数字化,从而为多目标、多准则或无结构特性的复杂决策问题提供简便的决策方法。

表 3-4　某医养结合机构房屋设施改造项目评估指标

一级指标	二级指标	三级指标
产出指标	1. 数量指标 2. 质量指标 3. 时效指标 4. 成本指标 ……	1. 房屋改造面积 2. 配套设施完善率 3. 绿化覆盖率 ……
效益指标	1. 社会效益指标 2. 环境效益指标 3. 工作效率指标 4. 可持续发展指标 ……	1. 能耗率 /m² 2. 无障碍设施覆盖率 3. 消防安全达标率 ……
通用指标	1. 满意度指标 2. 工作规范性指标 ……	1. 客户满意度 2. 科室满意度 3. 合同规范管理 4. 招标流程规范管理 ……

第四节　医养结合机构品牌建设策略

案　例

　　某医养结合机构在创立初期，由于缺乏明确的品牌定位和宣传策略，该机构在市场上的知名度较低，床位利用率并不理想，客户满意度也相对较低。为了改变这一局面，机构着力推进品牌建设工作。首先，成立了专门的品牌运营团队，对市场进行了深入的研究和分析，将自身的品牌定位于为周边老年人和慢性病患者提供高质量的医疗和照护服务。其次，机构对内部进行了一系列改革，包括优化服务流程、规范服务操作、加强员工技能培训等，以确保提供的服务质量能够与品牌形象相匹配。同时，机构也通过在媒体发布相关新闻、进社区开展公益活动、网络广告推广等多种形式对外部进行了有效的品牌宣传，逐步提升机构的公众知名度。经过一段时间的努力，机构的知名度大幅提升，床位利用率明显增加，客户满意度也得到了显著的提升。

请问

1. 在品牌建设过程中，该机构是如何确定自己的品牌定位的？

2. 该机构在进行品牌建设方面采取了哪些有效措施？

　　我国老年人口规模庞大，老年人群的服务需求尚未得到充分满足。到 2023 年我国养老产业规模约 12.8 万亿元。医养结合机构要在潜力巨大、竞争激烈的养老市场中脱颖而出，品牌建设成为医养结合机构竞争的关键因素。

一、品牌建设概述

（一）相关概念

　　1. 品牌　品牌是企业参与竞争的重要资源。世界市场营销学权威菲利普·科特勒教授将品牌定义为一种名称、术语、标记、符号或设计，或是它们之间的组合运用，其目的是使客户借此辨认某个或某群产品供应者的产品或服务，并使之与竞争对手的产品和服务区分开来。从本质上来讲，品牌是产品供应商向顾客长期提供的一组特定的利益和服务,在国内也俗称为"口碑"。好的品牌除了是产品质量的保证,还传达了利益、价值、文化、个性等更加复杂的综合信息。

2. 医养结合机构品牌 医养结合机构品牌是其在长期的医疗、养老服务等经营性或公益性活动中,向老年人提供的服务承诺和形成的产品特征,是社会、老年人对该机构价值取向的总和。它通常是以其主体——医养结合机构的正式冠名为形式,以医疗质量、养老服务特色和组织文化为载体,来体现该机构价值的一种无形资产。

(二)医养结合机构品牌的特点

医养结合机构品牌既是机构核心竞争力和价值的体现,也是医养结合机构与客户之间的关系和承诺,具有以下三个特点:

1. 医养结合机构品牌是基于服务的品牌 医养结合机构提供的是服务而非单纯的产品。由于服务具有无形性、不可存储性、不可标准化性、参与性等特征,这使得医养结合机构品牌更加依赖于服务质量、服务过程和服务人员等因素,也使得医养结合机构品牌更加难以建立和维护。

2. 医养结合机构品牌是基于信任的品牌 医养结合机构提供的是涉及客户生命健康和幸福感的服务。由于客户对医养结合机构有着高度的期待和依赖,这使得医养结合机构品牌更加需要建立和保持客户的信任和信赖,也使得医养结合机构品牌更加容易受到负面信息和舆论的影响。

3. 医养结合机构品牌是基于情感的品牌 医养结合机构提供的是涉及客户情感需求和精神需求的服务。客户对医养结合机构有着深厚的感情和情感,这使得医养结合机构品牌更加需要关注和满足客户的情感需求和精神需求,也使得医养结合机构品牌更加具有情感价值和社会价值。

二、医养结合机构品牌建设的内涵和意义

(一)医养结合机构品牌建设的内涵

医养结合机构品牌建设包含机构的名称、标志、口碑、形象以及机构的技术水平、服务质量、科研能力、社会地位等多方面因素。医养结合机构品牌建设的内涵主要包括四个方面:

1. 医养结合机构品牌文化 医养结合机构品牌文化是指医养结合机构所倡导和传承的理念、价值观、精神、风格等,是医养结合机构品牌建设的灵魂和核心。机构的品牌文化体现了医养结合机构对社会、客户、员工、自身发展等方面的态度和价值取向,既能影响医养结合机构的服务理念、服务模式、服务质量等,又能帮助塑造医养结合机构的品牌形象和品牌声誉。

2. 医养结合机构品牌识别 医养结合机构品牌识别是指医养结合机构所使用的名称、标志、标识、色彩、字体等,是医养结合机构品牌建设的外在表现和视觉符号。机构的品牌识别是医养结合机构与客户沟通和交流的重要工具,是医养结合机构区别于其他机构的标志和特征,影响客户对医养结合机构的认知和印象。

3. 医养结合机构品牌形象 医养结合机构品牌形象是指客户对医养结合机构的总体感受和评价,是医养结合机构品牌建设的结果和反馈。机构的品牌形象是客户对医养结合机构的服务质量、服务水平、服务态度、服务环境等方面的综合判断,也是客户选择和忠诚于医养结合机构的重要依据。

4. 医养结合机构品牌价值 医养结合机构品牌价值是指医养结合机构品牌所能带来的经济效益和社会效益,是医养结合机构品牌建设的目标和动力,体现了医养结合机构品牌对客户、对员工、对社会、对自身发展等方面的贡献和影响,也反映了医养结合机构品牌的竞争力和市场地位。

(二)医养结合机构品牌建设的意义

医养结合机构品牌建设是机构高质量发展的重要象征,对于满足社会中不断增长的老年人口的健康需求、更好地实现健康老龄化的社会目标具有重要意义。

1. 有利于塑造机构的良好形象 加强品牌建设可以促进医养结合机构不断提高自身的服务质量和服务水平,从而满足和超越客户的期望和需求,增加满意度和忠诚度。加强品牌建设可以塑造

医养结合机构的良好形象和声誉,提升医养结合机构在客户心目中的地位和认可度,增强医养结合机构与客户之间的信任和情感。

2. 有利于增强机构的市场竞争核心能力 加强品牌建设可以增强医养结合机构的核心竞争力和差异化优势,从而在激烈的市场竞争中脱颖而出,吸引更多的客户,提高机构的市场份额和利润率,实现可持续发展和规模扩张。

3. 有利于保护客户的权益 加强品牌建设可以提高医养结合机构的社会责任感和法律意识,遵守相关法规和行业规范,保障客户的权益和安全。加强品牌建设可以进一步强化医养结合机构对客户的关注和关爱,提供更加人性化和温馨化的服务,让客户感受到医养结合机构的情感价值和社会价值。

三、医养结合机构品牌建设的内容与方法

医养结合机构品牌建设是一项长期的系统工程,在运营策略制定时需要综合考虑多个方面的因素。

(一)明确定位

在制定医养结合机构的品牌建设策略时,明确定位是至关重要的第一步,包括确定机构的目标客户群体和服务定位及服务特色等。

1. 确定目标客户 目标客户群体的确定是整个定位过程的基础。机构需要深入了解和研究潜在客户的需求、习惯、预期以及他们面临的问题,以便能够提供更符合他们需求的服务。例如,一些机构可能会专注于高端的康养服务,这类服务主要面向那些寻求优质生活和高级别护理的人群。

2. 准确的服务定位 服务定位是机构根据自身的能力和资源以及市场需求,为自己在市场中确定的位置。通过准确的服务定位,确保自己的服务能够满足目标客户群体的具体需求,从而在竞争激烈的市场中占据有利位置。例如,机构是否提供认知障碍照护服务以及安宁疗护服务。

3. 打造服务特色 服务特色是机构在众多竞争者中脱颖而出的关键。特色服务的开展不仅能满足客户的特定需求,还能增强机构的竞争优势,帮助机构在市场中建立独特的品牌形象。例如,是否注重高端康养服务或者针对患有慢性病的老年人群,提供特定病种专业化的医疗、长期护理、康复治疗、健康管理等服务。

(二)塑造品牌形象

塑造独特且引人注目的品牌形象是医养结合机构在竞争中获得成功的重要手段,它可以增强客户对机构的认知和信任。医养结合机构可以通过机构的标志、口号、宣传资料、网站等元素塑造品牌形象,便于老年人和家属在众多机构中快速识别出来。这些元素需要易于记忆、简洁明了,并确保与服务定位相符合。例如,设计一个符合机构形象的标志,可以通过色彩、形状、字体等元素来传达机构的定位和特点。此外,品牌形象的塑造也应考虑与时俱进。随着社会的发展和需求的变化,机构应适时更新其品牌形象,以保持与市场需求的紧密联系。

(三)保障服务质量

医养结合机构的服务质量是品牌建设的基础。高质量的服务能够为机构赢得良好的口碑和声誉,决定着机构在竞争激烈的市场中的地位。在医养结合机构中,服务质量涵盖了医疗、护理、康复和健康管理等多个方面,是满足老年人的生活和健康需求,帮助他们维持和改善健康状况,提高生活质量的重要保障。

(四)打造专业团队

医养结合机构的专业团队是品牌建设的关键要素。机构打造一支高素质、专业化的服务团队,是服务质量和效果的保证。专业团队不仅要具备过硬的专业知识和技能,还要有良好的服务态度和沟通能力,能够根据老年人的不同需求和特点,提供个性化、人性化的服务。医养结合机构可以通过培训、考核、激励等方式,提升专业团队的能力和素养,打造一个有凝聚力、有活力、有影响力的服务团队。

（五）合理配置设施设备

医养结合机构配置适应服务开展需求的设施设备，提供温馨舒适的居住环境同样是品牌建设的重要因素。合理的设施设备配置和环境打造可以帮助提高机构的专业服务品质和效率。如现代化的医疗设备可以提供更准确、更及时、更便捷的诊断和治疗，满足老年人的医疗服务需求；而适老化的居住环境可以提供更安全、更便利、更友好的生活空间，让老年人感受到家庭般的温馨和舒适，从而吸引更多的老年人和家属选择该机构。

（六）搭建合作伙伴

医养结合机构通过与医院、社区服务中心、护理院、康复院等相关机构建立合作关系，实现资源的互补和共享，提高优质资源的合理配置和使用效率。通过合作，上述机构可以为医养结合机构提供专业的技术支持和指导，帮助机构提升服务质量和能力。同时，还可以在信息、技术、人才、资金等方面提供互补和协同，帮助机构优化服务流程和成本。医养结合机构通过建立良好的沟通和协调机制，与合作伙伴保持密切的联系和合作，有利于打造一个有资源、有优势、有影响力的品牌网络。

（七）履行社会责任

医养结合机构可以通过积极参与社会公益事业，履行社会责任，从而提高机构的社会形象和声誉，吸引更多的客户和员工。例如，医养结合机构可以通过开展关爱社区老年人健康相关活动，倡导医养结合的理念和模式，推广医养结合的经验和做法，促进社区老年人健康素养提升；鼓励员工参与志愿服务、爱心活动等，帮助提高员工的职业素养和道德水准；与政府、媒体、学术界等各方建立良好的合作关系，积极响应国家政策和社会需求，参与老年人健康和福利的制度建设和改革，为维护老年人的权益和尊严发声。

（八）展开宣传推广及引入服务营销策略

1. 宣传推广 医养结合机构可以通过多种形式和渠道宣传机构的服务和品牌形象，提高机构的知名度和美誉度，扩大机构的影响力和市场份额。机构常用的宣传推广方式有以下几种：

（1）利用网络平台，如微信、微博、抖音等，发布机构的服务介绍、活动花絮、老年人故事等内容，增加机构的曝光度和互动度，形成良好的口碑和传播效果。

（2）利用媒体资源，如电视、报纸、杂志等，发布机构的专题报道、专家访谈、成功案例等内容，展示机构的专业水平和社会贡献，提升机构的权威性和信誉度。

（3）利用线下活动，如开放日、讲座、展览等，邀请老年人和家属参观机构的设施设备、体验机构的服务项目、了解机构的服务理念和模式，增强老年人和家属的认知度和满意度。

2. 引入服务营销 服务营销是指更加凸显出以客户体验需求的市场营销策略，通过关注客户各方面的合理需求，进行针对性服务，以吸引、满足和留住客户，从而更好地实现交易的一种推广手段。引入服务营销策略也是医养结合机构品牌建设的重要手段。医养结合机构的服务营销策略主要包括：

（1）分析服务营销的环境和对象：通过分析医养结合机构所面临的市场环境、竞争环境、政策环境等，以及医养结合机构所针对的目标市场、目标消费者、目标需求等，以确定机构自身的服务营销目标、策略、计划等。

（2）设计服务营销的组合策略：服务营销策略包括服务产品、服务价格、服务渠道、服务促销等一系列内容。通过提供更加优质、个性化、全方位的医疗和养老服务，以更加合理、优惠、灵活的价格政策、渠道选择、促销方式等服务营销手段，吸引更多的客户选择和推荐医养结合机构。

（3）实施服务营销的过程管理：服务营销的过程管理包括服务前期、服务中期、服务后期等不同阶段的管理，目的是保证服务营销的有效性和高效性。服务前期管理要注重对客户进行有效沟通和信息传递，了解客户的需求和期望，制定合适的服务方案和预约安排各项服务。服务中期管理要注重为客户提供优质服务以及服务满意度测评，保证客户的生命健康和安全，满足客户的情感需求和精神需求。服务后期管理要注重对客户进行持续关注和回访，收集客户的意见和建议，进行服务改进和创新。

（4）评估服务营销的效果与反馈：通过对服务营销过程中产生的数据进行收集、分析、总结等，以评估服务营销的效果与反馈。评估服务营销的效果与反馈要注重对客户满意度、忠诚度、口碑等进行量化或定性分析，以了解客户对医养结合机构品牌价值主张的认同与认可程度。同时，要注重对医养结合机构市场份额、利润率、品牌影响力等进行量化或定性分析，以了解医养结合机构品牌竞争力与市场地位的变化与提升程度。

（九）持续改进

医养结合机构需要注重持续改进，包括服务流程、设施设备、人员管理等方面。机构需要不断地收集客户的反馈意见，并加以改进，持续提高服务质量和客户满意度，提升机构的知名度和美誉度。

1. 建立有效的评估机制　定期对机构的服务项目、服务效果、服务满意度等进行评估，分析评估结果，找出存在的问题和不足，制定改进措施和目标。

2. 建立完善的沟通渠道　通过访谈、满意度测评、收集意见建议等形式，加强与客户的沟通交流，了解他们的需求，采纳合理的建议和意见，及时解决客户的问题和困难，进而提高客户的信任和忠诚度。

3. 建立灵活的创新机制　鼓励员工和专家进行创新思维和创新实践，与时俱进引入新的技术和理念，开发新的服务项目和模式，提高服务水平和竞争力，为客户的健康和幸福贡献智慧和力量。

医养结合机构品牌建设策略需要强调的是，一个成功的品牌策略不仅仅是一个营销计划，而是一个长期的战略规划。在实施品牌策略的过程中，需要不断地进行市场调研和分析，以便及时调整和优化策略。同时，也需要注重品牌形象的塑造和维护，建立良好的口碑和信誉。最后，通过持续的努力和投入，医养结合机构可以实现可持续发展，实现长期的品牌价值提升并成为行业领先品牌。

（张　健　李瑶盖）

 思考题

1. 医养结合机构运营管理的目的及意义？
2. 医养结合机构运营管理策略为什么要坚持公益性原则？
3. 医养结合机构运营管理策略分为哪几个层级？
4. 运营管理策略效果评价指标权重可通过哪些方法确定？
5. 医养结合机构品牌建设策略包括哪些内容？

第四章
医养结合机构的人力资源配置

人力资源是医养结合机构各项活动开展的关键资源。机构的管理是通过计划、组织、领导和控制,协调以人为中心的机构资源与职能活动,以实现既定的机构目标的社会活动。通过合理科学的人力资源管理,依法依规建立规范化的人力资源管理制度,配置充足、合理的专业服务人员,是医养结合机构服务质量保障、提高市场竞争力的核心关键。

第一节 人力资源管理概述

> **案 例**
>
> 全国民政职业教育教学指导委员会发布的《老年服务与管理人才现状和需求专题调研报告》显示,在养老护理从业人员结构上,主要以女性为主,且年龄结构偏大,40岁以上的从业者占比39.1%,18~29岁的从业者仅占8.7%;护理人员受教育程度低,有大学及以上学历的仅6.8%,高中及以下教育水平人数比例占据91.3%。另外,养老从业人员流动性大,从业时间低于5年的占71.3%。另据第三方和用人方提供的数据,投身养老产业的毕业生第一年流失率为40%~50%,第二年为60%~70%,第三年为80%~90%。如何吸引人才、留住人才以及发展人才是很多医养结合机构面临的重要难题。
>
> **请问**
>
> 1. 医养结合机构应该如何制定人力资源发展规划?
> 2. 医养结合机构如何保障人力资源体系有效运作?

人力资源管理是通过对医养结合机构中人力资源的开发和利用,以实现机构经营发展目标的过程。人力资源管理通过采取现代化的管理手段,激发人作为资源的内部动力,提高工作效率,实现机构的经营业绩目标,以获得更高的资源产出和回报。在发展社会市场经济的背景下,医养结合机构要在激烈的养老服务市场中占据一席之地,必须高度重视机构中人的作用。

一、人力资源管理简介

（一）相关概念

1. 人力资源（human resource，HR）　人力资源是指一定时期内组织中的人所拥有的能够被组织所运营，并且对创造价值具有重要作用的教育、能力、技能、经验、体力等的总称。

2. 人力资源管理（human resource management，HRM）　人力资源管理是对人力资源获取、开发、保持和利用等方面进行的计划、组织、领导和控制的活动。它研究的是组织中调整人与人的关系、协调人与事的配合、调动人的积极性、实现组织和个人目标的理论、方法、工具和技术，包括一系列的管理过程和环节，如工作分析、人力资源规划、员工素质测评、招聘与选拔、培训与开发、职业发展、晋升与调配、绩效考核、保护与激励、工资与福利、工作场所的安全与健康、人力资源信息和诊断系统的管理等内容。

（二）人力资源管理的目标

任何组织的人力资源管理的目标都应定位于获取、开发本组织工作中需要的各类人才，建立管理者与员工之间的良好合作关系，以高效的管理和优质的服务满足组织发展的需要，并满足从业人员个人成长和发展的需求。

医养结合机构人力资源管理应该以实现机构的经营目标为中心展开，人力资源管理是机构管理中的重要组成部分，对于保障服务质量意义重大，也是决定运营成本的重要环节。高效的人力资源管理，可以提高机构服务水准、提高运营利润率。

（三）人力资源管理的职能

人力资源管理的目标需要通过它所承担的各项职能及相关活动来实现，人力资源管理的职能一般包括以下方面：

1. 工作分析　工作分析是指了解一项工作并以一种格式把与这种工作的有关信息描述出来，从而使其他人了解这种工作的过程，是采取科学的手段与技术，收集、比较、综合有关工作岗位的信息。为人力资源管理服务的管理活动，也是组织的一项基础性活动。工作分析要解决两个问题，即"某一工作岗位是做什么事情"和"什么样的人做这件事最合适"。因此，工作分析包括了两个方面内容：一是对组织内各职位所需要从事的工作岗位内容和承担的岗位职责进行详细的描述；二是确定对从事该工作岗位人员的在技能、知识、素质等方面的最低要求，包括了专业、年龄、学历、从业经历、持证和培训情况等内容。

2. 人力资源规划　人力资源规划是指对组织在一定时期内的人力资源需求和供给作出预测，并且根据预测的结果制订出平衡供需的计划等。

3. 人力资源获取　人力资源获取是指从组织内外招募、甄别、选拔和录用合格人员，包括通过各种途径和方式发布招聘信息，吸引相关人员来应聘；从应聘者中考核选拔出符合组织要求的人选。

4. 人力资源培训与开发　人力资源培训与开发是指为了保证员工拥有与工作岗位相匹配的知识和技能，并在此基础上进一步提高工作绩效，同时也使员工得以不断发展的一系列政策、方法和程序，包括培训的需求和计划，组织实施培训过程以及对培训效果进行评价。

5. 绩效考核　根据既定的标准对员工的工作结构、工作行为和工作态度作出评价，发现其工作的存在的问题并加以改进，包括制订考核计划、实施考核及反馈考核结果等活动。

6. 薪酬管理　薪酬管理包括确定薪酬的结构和水平，实施工作评价，制定福利和其他待遇的标准，进行薪酬的测算和发放等活动。

7. 员工关系管理　员工关系管理包括协调劳动关系、进行机构文化建设、营造融洽的人际关系和良好的工作氛围、开展员工的职业生涯规划等。

二、人力资源管理的重要性

人力资源管理是竞争优势的一种重要来源，是组织战略的重要组成部分，组织对待员工的方式会对组织绩效造成显著的影响。依靠员工在市场竞争中获得成功，意味着管理者必须改变他们对员工和工作关系的看法。人力资源是医养结合机构最重要的资产，并在组织成功中发挥着重要作用。改善人力资源管理实践能提高医养结合机构的市场价值，尤其是在管理过程中强调认同员工参与、提高员工所具备的知识、技能和工作能力；增强他们的工作动机、降低工作惰性；鼓励低绩效员工离职的同时，努力留住高绩效员工等工作实践，可以明显提高工作绩效。

三、人力资源管理的外界影响因素

除了高绩效工作实践，机构还可以开展其他特定的人力资源管理活动，以确保拥有高素质的员工来完成必要的工作，这些活动构成了人力资源管理过程。整个人力资源管理过程很大程度上受到外部环境的影响，包括社会经济、政策法规和人口趋势等因素。

（一）人力资源管理的社会经济环境

社会经济发展态势对于人力资源管理实践的影响巨大。尤其是数字化、信息化技术以及人工智能技术的广泛运用，一些传统的行业受到冲击，带来岗位数量减少、岗位能力要求的变化，组织的人力资源管理也要随之调整。随着我国人口老龄化持续加深，医养结合行业面临着很好的发展机遇，也增加了就业岗位，养老领域的人力资源活跃度会明显上升，对如何有效开展人力资源管理带来了深远的影响。

（二）人力资源管理的法律环境

医养结合机构的人力资源管理必须遵守国家现行法律法规的规定。机构管理者在选择聘用、晋升或者解雇员工时并不享有完全的自由，也不能完全自由地以他们所希望的方式来对待员工，必须在法律法规允许的框架内进行管理。尽管法律政策有助于减少就业歧视和不公平的工作实践，但是在某些时候也会减少管理者在人力资源管理决策上的自主权。因此，通过签订劳动合同来约束机构和员工之间的关系就是一个很好的选择。社保制度也要求机构在人力资源管理过程中注意员工聘用的规范性。对于专业技术岗位如医生、护士、康复治疗师等的聘用也需要遵守法律法规要求，须持证上岗也是人力资源管理应该予以考虑的问题。

（三）人力资源管理的社会环境

职业认可度直接影响到人力资源管理的方式和途径。由于传统观念、工作环境、岗位待遇、职业发展等因素影响，各类职业在社会民众中的接受度并不相同。例如从事护士、幼儿园教师等职业的大多为女性，而男性更容易接受医生、警察等职业。在养老服务行业，医养结合机构招聘医生、护士等医务人员难度较大，留住医护专业人员的难度更大。因此，在人力资源管理时，需要考虑要通过提高薪资待遇、表彰优秀典型、畅通发展路径等方式解决人力资源不足的问题。

对于医养结合机构管理者而言，人力资源管理的重要任务就是确保自身所在的机构拥有一支高质量的员工队伍，获得并留住有能力、有才华的员工是机构发展成功的重要因素。因此，即使已经设置了独立的人力资源管理部门，很多机构管理者还是会亲自参与应聘者面试、为新员工提供培训、开展员工工作绩效评价等工作。

第二节　医养结合机构医务人员执业管理

案　例

某高校护理专业学生小王在某医养结合机构实习。一天，小王在病房值班，一位住院老人的家属找到小王，说老人因身患癌症，疼痛得厉害，需要小王给老人注射盐酸哌替啶（杜冷丁）止痛。小王和家属说自己只是实习生，不能在没有带教老师的指导下进行医疗注射，而且杜冷丁属于特殊药品，需要有医生的处方。接着，小王就带着家属找到管床医生，请管床医生去给老人诊断。

请问

1. 结合本案例，请谈谈实习护理学生和护士在管理上有何区别？
2. 护理专业实习生如何才能获得独立上岗的资格？

随着社会经济的发展，居民生活条件和医疗水平持续提高，我国人均预期寿命不断增长，老年人的数量不断增加。老年人由于生理功能衰老导致身体机体功能下降，加之高龄化、空巢化，对于专业的医养康养服务需求也日益增加。《医养结合机构管理指南（试行）》要求，医养结合机构中的医疗机构人员配备应当根据医疗机构的类型，相应地符合各类医疗机构基本标准的要求。本节主要对医养结合机构中的医师、护士、药师、医疗护理员/养老护理员等专业人员管理进行简要介绍。

一、医师的执业管理

1998年6月26日，中华人民共和国第九届全国人民代表大会常务委员会第三次会议审议通过了《中华人民共和国执业医师法》（以下称《执业医师法》），并于1999年5月1日起开始实施。《执业医师法》是中华人民共和国成立以来颁布实施的第一部有关医师执业的法律。2021年8月20日，中华人民共和国第十三届全国人民代表大会常务委员会第三十次会议表决通过《中华人民共和国医师法》自2022年3月1日起施行，对于医师考试与注册、执业规则、考核培训、法律责任等作了明确规定。

（一）医师的概念

医师是指依法取得医师资格，经注册在医疗卫生机构中执业的专业医务人员，包括执业医师和执业助理医师。

1. 医师的职业素养要求 医师应当坚持人民至上、生命至上，发扬人道主义精神，弘扬敬佑生命、救死扶伤、甘于奉献、大爱无疆的崇高职业精神，恪守职业道德，遵守执业规范，提高执业水平，履行防病治病、保护人民健康的神圣职责。

2. 医师的职业保护 医师依法执业，受法律保护。医师的人格尊严、人身安全不受侵犯。

3. 医师资格证书的取得 医师资格考试成绩合格，取得执业医师资格或者执业助理医师资格，发给医师资格证书。

（二）医师执业注册

1. 医师注册 取得医师资格的，可以向所在地县级以上地方人民政府卫生健康主管部门申请注册。医养结合机构可以为本机构中的申请人集体办理注册手续。除有法律规定不予注册的情形外，卫生健康主管部门应当自受理申请之日起二十个工作日内准予注册，将注册信息录入国家信息平台，并发给医师执业证书。医师经注册后，可以按照注册的执业地点、执业类别、执业范围执业，在医养结合机构中从事相应的医疗卫生服务。中医、中西医结合医师可以在医养结合机构中的中医科、中西医结合科或者其他临床科室按照注册的执业类别、执业范围执业。未注册取得医师执业证书，不得从事医师执业活动。经考试取得医师资格的中医医师按照国家有关规定，经培训和考核合格，在执业活动中可以采用与其专业相关的西医药技术方法。西医医师按照国家有关规定，经培训并考核合格，在执业活动中可以采用与其专业相关的中医药技术方法。

2. 不予注册 有下列情形之一的，不予注册：

（1）无民事行为能力或者限制民事行为能力。

（2）受刑事处罚，刑罚执行完毕不满二年或者被依法禁止从事医师职业的期限未满。

（3）被吊销医师执业证书不满二年。

（4）因医师定期考核不合格被注销注册不满一年。

（5）法律、行政法规规定不得从事医疗卫生服务的其他情形。

受理申请的卫生健康主管部门对不予注册的，应当自受理申请之日起二十个工作日内书面通知申请人和其所在医养结合机构，并说明理由。

3. 注销注册 医师注册后有下列情形之一的,注销注册,废止医师执业证书:

(1)死亡。

(2)受刑事处罚。

(3)被吊销医师执业证书。

(4)医师定期考核不合格,暂停执业活动期满,再次考核仍不合格。

(5)中止医师执业活动满二年。

(6)法律、行政法规规定不得从事医疗卫生服务或者应当办理注销手续的其他情形。

有前款规定情形的,医师所在医养结合机构应当在三十日内报告准予注册的卫生健康主管部门;卫生健康主管部门依职权发现医师有前款规定情形的,应当及时通报准予注册的卫生健康主管部门。准予注册的卫生健康主管部门应当及时注销注册,废止医师执业证书。

4. 变更注册 医师变更执业地点、执业类别、执业范围等注册事项,应当依法到准予注册的卫生健康主管部门办理变更注册手续。医师从事下列活动的,可以不办理相关变更注册手续:

(1)参加规范化培训、进修、对口支援、会诊、突发事件医疗救援、慈善或者其他公益性医疗、义诊。

(2)承担国家任务或者参加政府组织的重要活动等。

(3)在医疗联合体内的医疗机构中执业。

5. 重新注册 中止医师执业活动二年以上或者法律规定不予注册的情形消失,申请重新执业的,应当由县级以上人民政府卫生健康主管部门或者其委托的医疗卫生机构、行业组织考核合格,并依法重新注册。

(三)医师执业的权利和义务

医师在执业活动中依法行使执业权利的同时,也必须严格履行和遵守规定的执业义务和规则。

1. 医师在执业活动中享有的权利 医师的执业权利是指取得医师资格,依法注册的医师在执业活动中依法所享有的权利。医师的执业权利包括:①在注册的执业范围内,按照有关规范进行医学诊查、疾病调查、医学处置、出具相应的医学证明文件,选择合理的医疗、预防、保健方案;②获取劳动报酬,享受国家规定的福利待遇;③获得符合国家规定标准的执业基本条件和职业防护装备;④从事医学教育、研究、学术交流;⑤参加专业培训,接受继续医学教育;⑥对所在医疗卫生机构和卫生健康主管部门的工作提出意见和建议,依法参与所在机构的民主管理;⑦法律、法规规定的其他权利。

2. 医师在执业活动中履行的义务 医师执业义务是指医师在执业活动中必须履行的责任。医师的执业义务包括:①树立敬业精神,恪守职业道德规范,履行医师职责,执行疫情防控等公共卫生措施;②遵循临床诊疗指南,遵守临床技术操作规范和医学伦理规范等;③尊重、关心、爱护患者,依法保护患者隐私和个人信息;④努力提高医学专业技术能力和水平,提升医疗卫生服务质量;⑤对患者及公众进行健康教育和健康指导;⑥法律、法规规定的其他义务。

3. 医师执业规则

(1)医师实施医疗、预防、保健措施,签署有关医学证明文件,必须亲自诊查、调查,并按照规定及时填写医学文书,不得隐匿、伪造或者销毁医学文书及有关资料。医师不得出具与自己执业范围无关或者与执业类别不相符的医学证明文件。

(2)对需要紧急救治的患者,医师应当采取紧急措施进行诊治,不得拒绝急救处置。因抢救生命垂危的患者等紧急情况,不能取得患者或者其近亲属意见的,经医疗机构负责人或者授权的负责人批准,可以立即实施相应的医疗措施。国家鼓励医师积极参与公共交通工具等公共场所急救服务;医师因自愿实施急救造成受助人损害的,不承担民事责任。

(3)医师应当使用经依法批准或者备案的药品、消毒药剂、医疗器械,采用合法、合规、科学的诊疗方法。除按照规范用于诊断治疗外,不得使用麻醉药品、医疗用毒性药品、精神药品、放射性药品等。医师应当坚持安全有效、经济合理的用药原则,遵循药品临床应用指导原则、临床诊疗指南和药品说明书等合理用药。在尚无有效或者更好治疗手段等特殊情况下，医师取得患者明确知情同意后，可以采用药品说明书中未明确但具有循证医学证据的药品用法实施治疗。

（4）医师应当如实向患者或者其家属介绍病情，但应注意避免对患者产生不利后果。医师进行实验性临床医疗，应当经医院批准并征得患者本人或者其家属同意。

（5）医师不得利用职务之便，索要、非法收受财物或者牟取其他不正当利益；不得对患者实施不必要的检查、治疗。

（6）遇有自然灾害、事故灾难、公共卫生事件和社会安全事件等严重威胁人民生命健康的突发事件时，县级以上人民政府卫生健康主管部门根据需要组织医师参与卫生应急处置和医疗救治，医师应当服从调遣。

（7）在执业活动中发现传染病、突发不明原因疾病或者异常健康事件、发生或者发现医疗事故、发现可能与药品、医疗器械有关的不良反应或者不良事件、发现假药或者劣药、发现患者涉嫌伤害事件或者非正常死亡以及法律、法规规定的其他情形，医师应当按照有关规定及时向所在医疗卫生机构或者有关部门、机构报告。

（8）执业助理医师应当在执业医师的指导下，在医疗卫生机构中按照注册的执业类别和执业范围进行执业活动。在乡、民族乡、镇和村医疗卫生机构以及艰苦边远地区县级医疗卫生机构中执业的执业助理医师，可以根据医疗卫生服务情况和本人实践经验，独立从事一般的执业活动。

（9）参加临床教学实践的医学生和尚未取得医师执业证书、在医疗卫生机构中参加医学专业工作实践的医学毕业生，应当在执业医师监督、指导下参与临床诊疗活动。

（四）医师的培训和考核

1. 医师的培训 国家建立健全住院医师规范化培训制度，健全临床带教激励机制，保障住院医师培训期间待遇，严格培训过程管理和结业考核。县级以上人民政府卫生健康主管部门和其他有关部门应当制订医师培训计划，采取多种形式对医师进行分级分类培训，为医师接受继续医学教育提供条件。医养结合机构应当为医师制订培训计划，组织医师参加业务培训。

2. 医师的考核 医疗机构或有关组织定期对医师所进行的考核，其结果将成为卫生主管部门和医疗机构对医师进行奖惩、职务晋升、职称评定等管理的依据。考核的内容包括医师的业务水平，工作成绩和职业道德三个方面。考核机构应当将考核结果报告准予注册的卫生健康主管部门备案。对考核不合格的医师，县级以上人民政府卫生健康主管部门应当责令其暂停执业活动三个月至六个月，并接受相关专业培训。暂停执业活动期满，再次进行考核，对考核合格的，允许其继续执业；对考核仍不合格的，由县级以上卫生健康行政部门注销注册，收回医师执业证书。

二、护士的执业管理

为了维护护士的合法权益，规范护理行为，促进护理事业发展，保障医疗安全和人体健康，《中华人民共和国护士条例》自 2008 年 5 月 12 日起施行，2020 年国务院对该条例进行了修订。条例共六章三十五条，主要内容有护士执业注册、权利和义务、医疗卫生机构的职责、法律责任等。2008 年 5 月 4 日，卫生部发布《护士执业注册管理办法》，并于 2008 年 5 月 12 日起施行。

（一）护士的概念

法律意义上的护士，是指经执业注册取得护士执业证书，依法从事护理活动，履行保护生命、减轻痛苦、增进健康职责的卫生技术人员。护士作为护理职业的从业人员，在医疗、预防、保健和康复工作中有着重要作用。

（二）护士的执业注册

护士经执业注册取得护士执业证书后，方可按照注册的执业地点从事护理工作，未经执业注册取得护士执业证书者，不得从事诊疗技术规范规定的护理活动。

1. 申请执业注册的条件 申请护士执业注册，应当具备下列条件：

（1）具有完全民事行为能力。

（2）在中等职业学校、高等学校完成国务院教育主管部门和国务院卫生主管部门规定的普通全日制 3 年以上的护理、助产专业课程学习，包括在教学、综合医院完成 8 个月以上护理临床实习，并取得相应学历证书。

（3）通过国务院卫生健康主管部门组织的护士执业资格考试。

（4）符合国务院卫生健康主管部门规定的健康标准（包括无精神病史；无色盲、色弱、双耳听力障碍；影响履行护理职责的疾病、残疾或者功能障碍）。

护士执业注册申请，应当自通过护士执业资格考试之日起 3 年内向拟执业地省、自治区、直辖市人民政府卫生健康主管部门提出申请；逾期提出申请的，还应当在符合国务院卫生健康主管部门规定条件的医疗卫生机构接受 3 个月临床护理培训并考核合格。

护士执业注册有效期为 5 年。护士执业注册有效期届满需要继续执业的，应当在有效期届满前 30 天，向原注册部门申请延续注册。

医疗卫生机构可以为本机构聘用的护士集体申请办理护士执业注册和延续注册。

2. 不予注册的情形　有下列情形之一的，应不予注册：

（1）不符合规定的健康标准的；

（2）被处暂停执业活动处罚期限未满的。

3. 重新注册的情形　有下列情形之一的，拟在医疗卫生机构执业时，应当重新申请注册：

（1）注册有效期届满未延续注册的。

（2）受吊销护士执业证书处罚，自吊销之日起满 2 年的。

中断护理执业活动超过 3 年，再重新申请注册的，还应当提交在省、自治区、直辖市人民政府卫生健康行政部门规定的教学、综合医院接受 3 个月临床护理培训并考核合格的证明。

4. 变更注册的情形　护士在其执业注册有效期内变更执业地点等注册项目，应当办理变更注册。但承担卫生健康行政部门交办或者批准的任务以及履行医疗卫生机构职责的护理活动，包括经医疗卫生机构批准的进修、学术交流等除外。

5. 注销注册的情形　护士执业注册后有下列情形之一的，原注册部门办理注销执业注册：

（1）注册有效期届满未延续注册。

（2）受吊销护士执业证书处罚。

（3）护士死亡或者丧失民事行为能力。

（三）护士的权利和义务

1. 护士的权利

（1）享受福利待遇的权利：护士执业，有按照国家有关规定获取工资报酬、享受福利待遇、参加社会保险的权利。任何单位或者个人不得克扣护士工资，降低或者取消护士福利等待遇。

（2）获得职业防护的权利：护士执业，有获得与其所从事的护理工作相适应的卫生防护、医疗保健服务的权利。从事直接接触有毒有害物质、有感染传染病危险工作的护士，有依照有关法律、行政法规的规定接受职业健康监护的权利；患职业病的，有依照有关法律法规的规定获得赔偿的权利。

（3）提升业务能力的权利：护士有按照国家有关规定获得与本人业务能力和学术水平相应的专业技术职务、职称的权利；有参加专业培训、从事学术研究和交流、参加行业协会和专业学术团体的权利。

（4）获得履行护理职责的权利：护士在执业中应获得疾病诊疗、护理相关信息的权利和其他与履行护理职责相关的权利。

（5）参与民主管理的权利：护士在执业中可以对医疗卫生机构和卫生主管部门的工作提出意见和建议。

（6）获得表彰奖励的权利：国务院有关部门对在护理工作中作出杰出贡献的护士，应当授予全国卫生系统先进工作者称号或者颁发白求恩奖章，受到表彰、奖励的护士享受省部级劳动模范、先进工作者待遇；对长期从事护理工作的护士应当颁发荣誉证书。

2. 护士的义务

（1）遵守法律、法规、规章和护理诊疗技术规范的义务。

（2）护士在执业活动中，发现患者病情危急，应当立即通知医师；在紧急情况下为抢救垂危患者生命，应当先行实施必要的紧急救护。

（3）护士发现医嘱违反法律、法规、规章或者诊疗技术规范规定的，应当及时向开具医嘱的医师提出；必要时，应当向该医师所在科室的负责人或者医疗卫生机构负责医疗服务管理的人员报告。

（4）尊重、关心、爱护患者，保护患者的隐私。

（5）参与公共卫生和疾病预防控制工作的义务。

（四）医养结合机构的护理管理要求

1. 人员配备要求 医疗卫生机构应当按照国务院卫生主管部门的规定，设置专门机构或者配备专（兼）职人员负责护理管理工作。医疗卫生机构配备护士的数量不得低于国务院卫生健康主管部门规定的护士配备标准。

2. 护士岗位要求 不得允许下列人员在医养结合机构从事诊疗技术规范规定的护理活动：

（1）未取得护士执业证书的人员。

（2）未依规定办理执业地点变更手续的护士。

（3）护士执业注册有效期届满未延续执业注册的护士。

在教学、综合医院进行护理临床实习的人员应当在护士指导下开展有关工作。

3. 卫生防护措施 医疗卫生机构应当为护士提供卫生防护用品，并采取有效的卫生防护措施和医疗保健措施。

4. 福利待遇要求 医疗卫生机构应当执行国家有关工资、福利待遇等规定，按照国家有关规定为在本机构从事护理工作的护士足额缴纳社会保险费用，保障护士的合法权益。对在艰苦边远地区工作，或者从事直接接触有毒有害物质、有感染传染病危险工作的护士，所在医疗卫生机构应当按照国家有关规定给予津贴。

5. 组织培训 医疗卫生机构应当制订、实施本机构护士在职培训计划，并保证护士接受培训。护士培训应当注重新知识、新技术的应用；根据临床专科护理发展和专科护理岗位的需要，开展对护士的专科护理培训。

6. 岗位履责检查 医疗卫生机构应当建立护士岗位责任制并进行监督检查。护士因不履行职责或者违反职业道德受到投诉的，其所在医疗卫生机构应当进行调查。经查证属实的，医疗卫生机构应当对护士作出处理，并将调查处理情况告知投诉人。

三、药师的执业管理

随着社会经济的发展，生活水平和医疗技术水平不断提高，老年人寿命不断延长，但是老年人的机体功能是不断退化，慢性病在老年人群体中也普遍存在，因此医养结合机构都相应配置了药房，安排执业药师承担药品配发工作。2019 年 12 月 1 日，新修订《中华人民共和国药品管理法》正式实施，提出："医疗机构应当配备依法经过资格认定的药师或者其他药学技术人员，负责本单位的药品管理、处方审核和调配、合理用药指导等工作。非药学技术人员不得直接从事药剂技术工作。"目前，对药师监管的政策依据主要是 1994 年人事部与国家医药管理局、国家中医药管理局发布的《执业药师资格制度暂行规定》。

（一）执业药师的概念

药师在《执业药师注册管理暂行办法》中的解释为："经全国统一考试合格，取得《执业药师资格证书》，并经注册登记，在药品生产、经营、使用单位执业的药学技术人员。"因此，执业药师则指依法经资格认定，准予在药事单位主要是药房执业的药师。

（二）执业药师注册

执业药师实行注册制度。国家药品监督管理局执业药师资格认证中心承担全国执业药师注册管理工作，省级药品监督管理部门负责本行政区域内的执业药师注册及相关监督管理工作。

1. 申请注册

（1）申请人必须同时具备以下四项条件：①取得执业药师资格证书；②遵纪守法，遵守职业道德；③身体健康，能坚持在执业药师岗位工作；④经执业单位同意。

（2）有下列情况之一者不予注册：①不具有完全民事行为之一者；②因受刑事处罚，自处罚执行完毕之日到申请之日不满2年的；③受过取消执业药师资格处分不满2年的；④国家规定不宜从事执业药师业务的其他情形的。

（3）注册程序：首次申请人填写《执业药师首次注册申请表》，并按规定提交有关材料；注册机构在收到申请30天内，对符合条件者根据专业类别进行注册；在执业药师资格证书中的注册情况栏内加盖注册专用印章；发给国家药品监督管理部门统一印制的执业药师注册证。

2. 再次注册 执业药师注册有效期为3年，有效期满前3个月，持证者须到原注册机构申请办理再次注册。再次注册必须提交执业药师继续教育登记证书。

3. 变更注册 执业药师在同一执业地区变更执业单位或范围的，以及变更执业地区的，均须依法变更注册。

4. 注销注册 执业药师有下列情况之一的，予以注销注册：

（1）死亡或被宣告失踪的。

（2）受刑事处罚的。

（3）被吊销执业药师资格证书的。

（4）受开除行政处分的。

（5）因健康或其他原因不能从事执业药师业务的。

（三）执业药师的职责、权利和义务

1. 执业药师必须遵守职业道德，忠于职守，以对药品质量负责，保证人民用药安全有效为基本准则。

2. 执业药师必须严格执行《药品管理法》及相关法规、政策，对违法行为或决定，有责任提出劝告制止、拒绝执行或向上级报告。

3. 执业药师在执业范围内负责对药品质量的监督和管理，参与制定、实施药品全面质量管理及对本单位违反规定的处理。

4. 执业药师负责处方的审核及监督调配，提供用药咨询与信息，指导合理用药，开展药物治疗的监测及药品疗效的评价等临床药学工作。

四、其他人员的职业资格要求

根据《医养结合机构管理指南（试行）》的规定，其他服务人员也要有相关资质要求。

1. 医疗护理员、养老护理员应当经相关培训合格后上岗。

2. 根据服务需要聘请的康复治疗师、公共营养师、心理咨询师、社会工作者等相关人员应当持有相关部门颁发的资格证书。

3. 餐饮工作人员应当持有A类健康证。

医养结合机构所提供的医疗卫生服务、养老服务应当分别适用现行医疗卫生服务和养老服务的规范、标准和管理规定，人员配备也要根据开展的业务而确定。在医养结合机构人力资源结构中，专业医护人员是最为重要的员工队伍。根据国家相关法律法规的规定，从事医疗、护理、药剂、康复等

专业技术工作有严格的执业准入要求，只有通过相应的执业资格考试，才能具有执业资格。同时，还需要在医养结合机构注册方可执业，在执业过程中必须履行相应的权利和义务，以确保自身及服务对象的合法权益不受侵害。

第三节 医养结合机构全人照护团队管理

案 例

郭先生的母亲身患肺癌并开始骨转移，每天饱受疾病的折磨。郭先生全家商量后，将母亲送进某医养结合机构的安宁疗护中心。该中心的医护人员通过针灸、中药、超声药物透入疗法、镇痛药等方法帮助郭先生的母亲缓解了疼痛。护理员定期给她洗头发、擦拭身体、剪指甲，每天定时翻身、护理口腔。如今，老人身上犹如鸡蛋大小的压疮已痊愈，疼痛缓解后也终于每晚都可以睡个完整的觉。在这里，医护人员关注的重点不再是"病情进展"，而是"你今天舒适吗？""心情好吗？"他们组建多学科团队全力以赴所做的事，是让老人活得舒适并有尊严，也极大地缓解了郭先生一家心理上的痛苦。

请问

1. 什么是全人照护团队？
2. 医养结合机构如何组建全人照护团队开展工作？

在日常生活和工作中，人们的大部分活动都是在群体内进行的，因此要解释一个人的行为，需要考虑群体里其他人员的存在以及群体成员之间的相互作用。团队是一种能发挥协同作用，完成特定目标且被组织正式任命的工作群体。利用团队组织工作在现代社会的组织管理中越来越流行。在医养结合机构中，强调针对老年人需求，通过开展全人、全家、全周期的服务，更需要通过组建多学科团队共同协作。

一、团队管理概述

（一）相关定义

1. 团队 团队是群体的一种形式，它通过其成员的共同努力产生积极协同作用。团队成员努力的结果使团队的绩效水平远远大于个体成员绩效的总和。团队工作强调集体的绩效、共同的责任、积极的合作和相互补充的技能。大量实践证明，如果某种工作任务的完成需要多种技能、经验，那么由团队来做通常效果比个人好，团队是组织提高运行效率的可行方式。医养结合服务具有多样化的特点，包括了医疗服务、康复保健、生活照护、健康指导、营养指导以及文体娱乐等，在医养结合机构完成这样的工作，需要有不同专业技能的人共同参与，通过团队有效组合，人员合理配置，同时也可以提高各类专业人员参与服务决策的积极性，不仅能提高工作效率，而且能提供更优质的服务。

2. 工作团队 工作团队是为了实现共同的目标而由彼此之间相互作用、相互影响、相互协作的个体所组成的正式群体。工作团队是成员共同努力使得集体绩效大于个别绩效总和的团队。工作团队和工作群体具有一定的区别（表4-1）。所谓群体是两个或者两个以上相互作用、相互依赖的个体，为了实现某一特定目标而组成的集合体。在工作群体中，成员通过相互作用、共享信息、作出决策，帮助每个成员更好地承担起自己的责任。与工作团队相比，工作群体是由层级中的管理者分配工作，主要目的是共享信息，而不是协作配合，它强调个体化的责任和自我管理，对于成员技能的搭配没有特别的要求。

表 4-1 工作群体和工作团队的比较

比较维度	工作群体	工作团队
合作方式	共享信息	协作配合
责任承担	个体责任	共同的责任和个体责任
交流	个人感觉不需要交流	公开表达感觉,交流看法
成员技能	符合其职位要求	相互补充的技能
工作结果	个人绩效	集体绩效

(二)团队管理的意义

1. 团队更容易创造集体精神 团队成员之间相互帮助和相互支持,以团队的方式开展工作,这样更容易促进成员之间的合作,提高成员的士气。另外,团队规范也很容易创造集体精神,一方面促进成员卓越工作,另一方面还能创造良好的工作氛围以提高成员的满意度。

2. 团队更容易提高管理水平 采用团队的管理方式,使高层管理者有更多的机会去思考战略问题。当群体以个体为基础进行工作设计时,管理者往往要花很多时间去处理"例外问题",而运用团队管理方式,这些问题在团队内部即可解决。

3. 团队更容易加快决策速度 因为团队是一个人数更少而且工作协作性更强的正式群体,这就意味着团队成员对与工作有关的问题往往知道得更多,而且对问题的发展了解得也更为详细。因此,把决策权下放给团队,能让组织在决策过程中具有更大的灵活性,其反应速度更快。

4. 团队更容易提高决策质量 团队是由不同背景、不同经历的个体组成的,看问题的广度要比同质群体更大,而且其成员可能共享的经验也会更多。因此,由不同风格的个体组成的团队的决策质量,要比个体和同质群体的决策质量更高。

5. 团队能提高工作绩效 从现实管理实践中可以发现,团队能有效地提高工作绩效。传统的以个体工作为中心的组织设计,其工作绩效会受到个体及其环境的不确定性影响,而且个体工作方式容易产生浪费及官僚主义作风等。采用团队工作的方式可以有效避免这些问题,从而提高工作绩效。

二、全人照护团队概述

我国人口老龄化呈现出人口规模大、发展速度快、发展不平衡等特征。老年人健康问题比较突出,不仅需要医疗服务保障,也需要健康管理以及预防保健等服务。医养结合服务无疑是社会的刚性需求,其中"医"是指医疗服务,包括了身体健康检查、健康服务咨询、疾病诊断治疗和医疗护理服务、康复保健以及临终关怀等项目;"养"包括了生活照护服务、文化娱乐服务和精神慰藉服务等项目。因此,医养结合机构对于老年人的服务是多方位、多层次的,作为机构的管理者和服务人员都需要具有全人照护的理念。

(一)相关定义

1. 健康 随着生物医学模式向社会-心理-生物医学模式的转变,我们对于健康的理解也在不断发生变化。在《辞海》中健康的定义是:"人体各器官系统发育良好、功能正常、体质健壮、精力充沛并具有良好劳动效能的状态,通常用人体测量、体格检查和各种生理指标来衡量。"《简明不列颠百科全书》1987 年中文版的定义是:"健康是个体能长时期地适应环境的身体、情绪、精神及社交方面的能力。"WHO 对健康的定义是:"健康不仅是没有疾病,而是身体的、精神的健康和社会适应的良好状态。"

2. 健康老年人 根据《中国健康老年人标准》(WS/T802—2022)的定义,健康老年人是指 60 周岁及以上生活自理或基本自理的老年人,躯体、心理、社会三方面都趋于相互协调与和谐状态。主要表现为其重要脏器的增龄性改变未导致明显的功能异常,影响健康的危险因素控制在与其年龄相适应的范围内,营养状况良好;认知功能基本正常,乐观积极,自我满意,具有一定的健康素养,保持良好生活方式；积极参与家庭和社会活动,社会适应能力良好等。

3. 全人照护 全人照护主要是基于对于人的"健康"的理解和认识,根据老年人对于健康等方面的需求来确定照护的方式和途径。其根本目的是维护老年人的尊严和自我价值,以实现个人身体、心理、社交及精神上的福祉。

（二）医养结合机构开展全人照护的意义

医养结合服务是一种围绕老年人的个性化需求而提供不同类型的照护服务。医养结合机构不仅要满足老年人的衣、食、住、行等基本生活照料需求,还要满足老年人医疗保健、疾病预防、护理与康复以及精神文化、心理与社会等需求。绝大多数入住老年人是把医养结合机构作为其人生最后的归宿。从老年人入住那天开始,工作人员就要做好陪伴着老年人走完人生最后里程的准备。医养结合机构为老年人开展全人照护,就是以健康老龄化和积极老龄化为理念,从疾病预防、疾病治疗、健康管理、康复保健等多个方面提供生活照护和健康照护,从而维护老年人的尊严,体现老年人的价值（图4-1）。因此,要满足入住老年人上述需求,需要医养结合机构全体工作人员共同努力,这就需要组建工作团队,为不同的老年人提供针对性的服务。

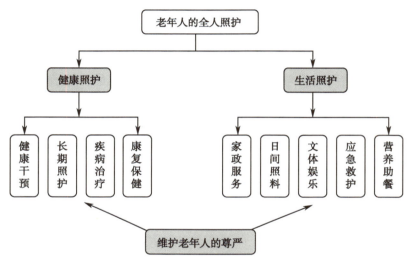

图 4-1 老年人的全人照护

（三）全人照护团队的人员组成

全人照护是医养结合机构管理的重要组成部分,直接关系到入住老年人晚年生活质量。根据服务对象的需求,医养结合机构的全人照护团队主要由医生、护士、康复治疗师、养老护理员等专业人员组成。团队成员根据工作的内容不同,可以分为临床护理照护和非临床护理照护,相关的工作职责也会有所不同。

（四）全人照护的模式

一般的医养结合机构实行的是在主管院长的领导下,护理部主任（或总护士长、总护理长）、护士长（或护理长）的两级护理管理模式。较小型的医养结合机构可以是护理长（或班组长）的单级护理管理模式,多被老年护理院、老年临终关怀机构、医疗机构中的老年护理病房和临终关怀病房采用,主要照料和护理生活不能自理长期患病卧床,甚至是临终的老年人。临床护理任务相对繁重,护士需要根据管床医生的指示执行医嘱,服务以健康照护为主,而养老护理员则须协助护士提供生活照护服务。

全人照护模式具体来说,就是医养结合机构将入住老年人和照护人员分别组成若干个团队。照护团队中的照护人员全权负责该小组老年人的连续照料和护理工作,根据老年人的服务需求和综合评估结果制定个性化照护方案。这种服务方式能使老年人及家属的满意程度较高,但对团队内每个照护人员的综合能力要求较高,对团队协作也提出了更高的要求。

三、全人照护团队的创建

开设养老床位的医疗机构中医务人员的配置应遵循医疗机构人员配置要求,团队成员包括医生、护士、药师、康复治疗师和养老护理员等。设有医务室或者护理站的养老机构可根据实际需要配置医务人员,其他服务人员也应根据养老机构的实际服务开展情况进行配置。

(一)全人照护团队的建立

医养结合机构要组建一个有效的全人照护团队,通常需要有一个强有力的领导,并且有自己的团队工作规范,要具有一定的团队工作凝聚力。

1. 开发领导角色 团队的正式领导通常是任命的或是通过选举产生的。非正式团队的领导是在团队成员相互交往过程中逐渐自发形成的。在医养结合机构中,由于医生、护士在诊疗和照护方面的权威性,一般会作为该团队的负责人。

2. 建立工作团队规范 经过一段时间后,团队成员会形成行为规范。团队规范是指团队成员对自己和其他成员应该如何行动或表现的期望。这些规范一部分来自一般的社会行为,如上班时应衣着得体或上班应准时等。另一部分是该群体所特有的,与其目标密切相关,如负责创新的任务团队会将善于向传统观点提出挑战作为群体的一个规范,医务人员要有终身学习的规范等。

3. 形成工作团队凝聚力 凝聚力是指团结一致的程度和个人对所在群体所持有的积极态度。团队的团结或凝聚力是反映团队对其成员影响力的一个重要指标。一个群体的凝聚力越强,群体成员对群体的归属感越强,群体对其成员所具有的影响力越大。如果群体的成员感到自己强烈地从属于这个群体,那么他就不大可能去违反群体的规范。团队凝聚力在全人照护团队中也扮演着不可或缺的作用,对帮助团队成员产生成就感至关重要,它可以使成员感到自己的努力会对团队有所贡献,提升员工的工作积极性和主动性。

(二)全人照护团队的工作内容

全人照护团队的工作内容主要包括了健康评估、查房、治疗与护理、意外事件处置、安宁疗护、健康教育、养老照护等。

1. 健康评估 医务人员应对每一位新入住老年人进行体格检查和健康评估,为他们建立健康档案。定期组织老年人体检,准确掌握老年人的健康状况,实施个性化服务。对患病住院的老年人应按照临床病历书写规范,书写并建立病历,详细记录老年人的病情以及诊疗护理过程。

2. 住区/病房查房 医务人员每天应到住区和病房进行查房,具体了解每一位老年人的健康状况、治疗效果、护理情况和目前存在的问题,适时调整诊疗和护理方案。

3. 老年常见疾病的诊断、治疗和护理 医务人员应依法根据诊疗范围、诊疗科目和诊疗地点的要求开展临床医疗服务工作。对现有技术条件下能够诊治的疾病,应实行就地诊治。对于超出本机构诊疗能力的疾病,应及时联系老年人亲属,转诊治疗。紧急情况下,可以直接拨打120急救电话,寻求帮助。

4. 突发疾病救治、意外事件处置 做好入住老年人突发疾病、意外伤害事故等突发性事件的紧急救治处置是医务人员义不容辞的责任。为此,医务人员应当研究老年人常见突发性疾病和意外伤害事故的发生、发展规律和救助措施,在此基础上建立起应急处理预案,提高突发性事件救治处理能力。

5. 临床诊疗、护理记录书写和保管 医务人员应当按照临床诊疗规范,认真书写、记录、整理和保管相关病历资料等材料。

6. 提供安宁疗护 世界卫生组织(WHO)给安宁疗护的定义是:对没有治愈希望的病患所进行的积极而非消极的照顾,对疼痛及其他症状控制,是为了尽可能提升患者和家属的生活品质到最好的程度。为了让每一位老年人坦然地、舒适地、有尊严地走完人生最后的旅程,在医养结合机构开展安宁疗护服务十分必要。在提供服务过程中,医务人员扮演着领导者的角色,其他专业人员各司其职,共同为老年人提供症状控制、舒适护理、心理精神慰藉等服务,并为老年人的家属提供哀伤辅导服务。

7. 健康教育 许多老年疾病是由于医学常识和保健知识缺乏、长期不良的生活方式与习惯积累所造成的。医务人员有责任和义务对入住老年人进行健康教育,帮助他们客观地认识自己的健康和疾病情况,掌握常见疾病的防治、卫生保健知识,纠正不良生活方式与习惯。

8. 养老护理培训指导 医养结合机构的医务人员应当承担起对养老护理人员的培训和指导任务。

9. 养老生活照护 老年人的生活照料服务主要由养老护理人员负责完成,对于涉及健康照护方面的工作,需要在医生或者护士的指导下完成。

(三)全人照护团队的工作原则

全人照护团队的工作原则主要包括了依法行医、规范服务、热情服务、及时到位等,贯穿于老年人照护服务的全过程。

1. 依法行医 医养结合机构应当建立在合法经营、规范服务的基础之上,必须经当地卫生健康行政部门批准,取得合法资质,并在规定的范围内开展临床诊疗服务工作。所有医务人员(包括医生、护士等)必须具有执业资格,并在当地卫生健康行政部门注册。凡未取得合法资质,或超范围服务将视为违法,或非法行医行为。

2. 规范服务 医养结合机构必须严格遵守相关诊疗护理的规范、标准,接受卫生健康、民政等行政部门的监督检查。

3. 热情周到服务 身患疾病的老年人更需要关爱和热情周到的服务。服务过程中应该平等对待每一位老年人,做到接待热心、治疗细心、护理精心、解释耐心、征求意见虚心。

4. 及时响应 老年人身体健康状况的特殊性导致更容易出现突发情况,需要团队成员24小时随时候命,及时处理各类意外事件。

在医养结合机构各项服务的开展是基于对于健康的深入理解和认识,并根据老年人的服务需求来确定照护的方式和途径。全人照护团队的组建与协作是医养结合机构服务开展、提升服务质量和服务满意度的重要方式。

第四节 医养结合机构人力资源事务管理

案 例

2023年4月,某市举行养老护理技能大赛。与往年相比,今年的参赛选手更加年轻化,"90后"成为主力军,占比达73%。近年来,针对"养老护理员集中培训难、技能评价难、待遇保障难"等难题,市民政部门积极推进养老护理员培训数字化转型,建设移动端技能培训场景,理顺职业技能评价机制。给予符合补助条件的养老护理员发放特殊岗位津贴,并将特殊岗位津贴享受人群从养老机构扩大至居家养老服务中心(站)、居家上门服务机构等持证养老护理员。同时,发挥职业技能竞赛的激励作用促进养老服务人才队伍"年轻化、专业化、职业化"发展。截至目前,该市有在岗持证养老护理员4 893人,每万名老年人拥有持证养老护理员28.4人。

请问

结合本案例制定一份养老护理员的人力资源规划。

医养结合机构人力资源事务管理是围绕本机构事业发展目标而开展人力资源管理的具体事务。

本节主要就医养结合机构的人力资源规划、招聘、培训、绩效考核等内容进行介绍。

一、人力资源规划

根据医养结合机构在未来环境中人力资源的供需状况,制定必要的人力资源获取、利用、保持、开发的策略,确保机构对人力资源在数量和质量上的需求,才能保障机构和人员在未来获得持续发展。

(一)人力资源规划的概念

医养结合机构人力资源规划是指在医养结合机构总体发展规划的指导下,落实人员供需平衡的要求,以满足机构在不同发展时期对人员的需求,为机构的发展提供符合质量和数量要求的人力资源保障。医养结合机构的人力资源规划应包括以下三个方面的含义:

1. 医养结合机构人力资源规划要在组织总体发展战略的基础上开展。人力资源管理是组织经营管理系统中的一个子系统,目的是为组织的发展提供人力资源支持,为实现组织总体发展目标服务。

2. 医养结合机构人力资源规划包括对人员供给和需求进行预测,以及根据预测的结果采取相应的措施以达到供需平衡这一过程。人力资源的供需平衡则是人力资源规划所期望达到的目的。预测是实现人力资源规划的基础,离开了预测将无法进行人力资源的平衡。因此,医养结合机构需要根据机构未来发展规划来科学合理地确定人才需求。

3. 医养结合机构人力资源供给和需求的预测要从数量和质量这两个方面来进行。对人力资源的需求,数量只是一个方面,人员的专业能力和综合素质尤为重要,所以在人员的招聘和培训环节就显得特别关键。

(二)人力资源规划的作用

人力资源规划管理是通过结合医养结合机构的人力资源现状,如人员的结构、数量、质量、投入和使用等实际情况,对人力资源供需情况作出相应的预测和管理行为。因此,医养结合机构要做好人力资源管理,必须首先正确识别和分解本机构的经营发展目标,使得管理与机构发展总目标保持一致。科学合理的人力资源规划管理,有助于提高医养结合机构的人力效能。

1. 有助于加强医养结合机构对行业环境变化的适应能力。健康养老服务工作对于人员的专业技术能力要求很高,对于符合条件的专业人员不可能随招随用,必须通过规划进行需求预测并做好一定的人员储备,适应机构发展需求。

2. 有助于保障医养结合机构内部人力资源的合理配置。人力资源规划需要重视内部的人力资源潜力,要根据机构业务发展情况来寻求优化人员结构的措施和方法,提高人员素质和技能,做到人尽其才。

3. 有助于医养结合机构激发从业人员的积极性和创造性。人力资源规划管理可以为人员的职业发展提供方向,并且让人员的发展目标和机构的发展目标保持一致,从而激发人员的工作积极性和主动性。

(三)人力资源规划的步骤

医养结合机构人力资源规划的步骤主要包括了人力资源规划的影响因素分析、人力资源现状分析、人力资源需求与供给预测和对人力资源规划的评估等。

1. 人力资源规划的影响因素分析

(1)外部影响因素:一是宏观的社会经济环境因素,如社会的政治、经济、文化、法律等各种政策因素,如国家或者地方政府的医养结合相关政策的制定、修订和调整等。二是直接影响人力资源供给和需求的因素,如外部劳动力市场的供求状况、职业培训、专业建设等。其他外部影响因素还包括本地人口老龄化情况、医学技术发展水平、老年疾病发生与流行情况、老年人的健康意识与观念等。

（2）内部影响因素：一是组织环境因素，包括组织的发展战略、经营规划、技术手段以及服务产品等，如养老机构要加强医养结合服务供给能力、医疗机构要配置养老床位，对老年医学人才的需求量就会增加。二是管理环境因素，医养结合机构的组织架构、组织文化、管理风格、管理层次及人力资源管理政策等，这些因素也影响着人力资源的供给和需求。

2. 人力资源现状分析　人力资源现状分析是对本机构现有人力资源的数量、质量、结构、分布和潜力等进行分析，包括员工的自然情况、受教育年限、专业水平、工作经历、工作业绩、工作能力和态度等方面的信息。一般需要借助相应的人力资源信息系统，建立员工信息档案，提高管理效率，方便资源分析。

3. 人力资源需求与供给预测　这一阶段的主要任务是在充分掌握信息的基础上，选择使用有效的预测方法，对未来某一时期的人力资源供给和需求作出相对精准的预测。

4. 人力资源的供需平衡　医养结合机构对于人员的需求是基于机构未来发展的目标，在供给和需求预测完成以后，就要对两者进行比较，并以比较的结果作为制定平衡供需措施的依据，这些措施要求具有可行性和操作性。

5. 对人力资源规划的评估　由于人力资源规划是建立在对未来预测的基础之上，不可能做到完全准确。因此，人力资源规划应是一个开放的动态系统，需要不断地修订和完善。既要动态化地管理，也要总结经验，找出存在的问题以及有益的做法，为以后规划提供借鉴和指导。

二、招聘管理

医养结合机构的人力资源管理希望获得合格甚至优秀的人力资源，这需要通过招聘与录用来实现，这也是保障机构人员供给的基本路径。

（一）招聘计划

招聘计划包含招聘需求确认和招聘具体工作方案的制订两部分。招聘需求的产生受到医养结合机构的经营目标、人员现状、自身管理等因素的影响。因此，在招聘前，人力资源管理负责人要全面分析招聘需求的必要性，根据机构经营状况合理投入人力成本。招聘工作的具体方案需要考虑空缺职位的具体要求，设计好招聘时间与范围，并且选择合适的招聘渠道。同时，确定招聘工作预算的资金数额，确保招聘计划落实的可行性。

（二）信息发布

1. 招聘信息发布的内容　一般包括本医养结合机构的简介以及招聘岗位的名称、工作内容、任职条件、福利待遇、联系方式和其他需要说明的情况等。招聘信息一方面需要体现本机构招聘岗位的基本要求，另一方面要突显本机构的优势特色，以增加岗位吸引力。

2. 招聘信息发布的渠道与时机选择　医养结合机构要选择合适的信息发布渠道，如报刊招聘、网络招聘、现场招聘会招聘、校园招聘会、机构内部推荐、委托猎头中介招聘等。同时，还要善于抓住和利用招聘时机，如相关学生的毕业季与实习期等时段，做好招聘的提前准备工作，及时且有针对性发布招聘信息。

（三）简历筛选

简历筛选是对应聘者的简历进行初步筛选，选出符合本医养结合机构用人标准和要求的应聘者，以进入下一轮的面试评估。筛选的一般原则和要点是审核学历与专业技能、工作经验与年龄等方面与岗位的匹配度。

（四）考核及面试评估

1. 由于医养结合机构岗位的专业性比较强，可以设置理论知识考核、技能操作测试、面试等环节，对应聘员工的专业知识、操作技能、综合能力进行考核，以便择优录取。特别是目前还没有职业准入的工作岗位，应聘人员没有相关的执业证书，通过理论考核或技能操作测试可以更好地了解应聘人员的能力。

2. 面试评估应围绕岗位任职要求，判断应聘者是否具备胜任该工作岗位的关键能力。由于医养结合机构服务对象的特殊性，面试考察也应有所侧重，不仅要注重考察应聘者的专业知识和技能水平，更需要注重对应聘者道德文化素养和人文精神的考察。

3. 考核及面试是决定是否录用应聘人员的关键环节，因此招聘负责人要对所有应聘者一视同仁，不得人为制造各种不公平限制。做到统一考试评价程序，做好相应的招聘回避机制，创造公平竞争环境，全面衡量和评价应聘人员的知识、技能、态度、品质等。在安排工作岗位时，要做到量才使用、人尽其才、事得其人。

（五）录用通知

面试后录用决定可通过电子邮件、信件等以录用通知书的形式通知被录用者。录用通知书可设定限期回复和限期报到等条件，避免面试工作久拖不决产生变数。一般在录用之前还需要进行相关的信息审查，包括可能有的政治审查、体检结果等。录用结果要做到及时公开，接受社会监督。

（六）招聘总结

招聘工作的真正结束，是以新人试用期结束，能按期转正不需要重新招聘为准。尽管招聘工作属于人力资源管理部门常规性工作，但在医养结合机构招聘时，还是会经常遇到许多问题，如投档应聘人数达不到招聘的比例要求、应聘人员没有相应的执业资质、已通知录取但是原单位不放人等问题，需要人力资源管理部门提前做好相应的预案工作，及时调整应对。

三、培训管理

随着健康养老专业技术的发展和医养结合机构服务理念的变化，对员工的继续教育和培训也是人力资源管理部门的重要工作内容。包括对已经从业的员工进行知识和技术的更新培训，以及对新入职的员工进行上岗前的适应性培训，以帮助新员工更好地了解机构岗位要求、机构文化和规章制度等。

（一）培训的目的及意义

培训是给员工传授其完成本职工作所必需的基本技能的过程。通过组织培训，可以提高医养结合机构员工的工作能力和知识水平，最大限度地使员工的个人素质与工作需求相匹配。

1. 提高医养结合机构员工的工作绩效水平和工作能力。通过学习、训导的手段提高员工的工作能力和知识水平，促进员工潜能的发挥，最大限度地使员工的个人素质满足岗位的需要，进而促进员工工作绩效提高。

2. 外部环境的变化要求不断提高组织的应变能力，通过培训可以增强医养结合机构或员工的应变和适应能力。培训内容应结合医养照护领域的新知识、新技能、新标准，对员工进行专业化的培训，使机构及其员工能够适应行业变化并为新的发展创造条件。

3. 有助于培育医养结合机构良好的组织文化。培训本身就是机构文化传播熏陶过程，可以让其员工形成共同的价值观念和道德准则，并得到全体员工的认可，以对员工形成强大的凝聚、规范、导向和激励作用。

（二）培训需求分析

进行培训需求分析目的是了解医养结合机构需要什么样的培训，哪些人需要培训。依据培训需求分析结果，结合机构实际情况，建立培训课程体系，制定培训质量评价标准，以评估培训效果（图4-2）。培训需求主要根据以下方面进行分析。

图4-2 培训流程图

1. 岗位任务分析 岗位任务分析是明确每一种工作岗位对相应人员的知识、技能、态度的要求。根据工作分析产生的各类工作岗位工作说明书及其所包含的工作要素说明，可制定出每一个岗位的培训要求。通过培训使员工能够清楚认识到每一个工作岗位的最低要求是什么。只有满足工作岗位的最低要求，人员才能上岗，否则就必须接受培训。如医养结合机构中的养老护理员岗位，员工可以根据岗位要求，参加养老护理员的职业技能等级培训。培训考核通过后，机构则根据岗位要求，安排不同技能等级的养老护理员承担相应的岗位工作。

2. 人员需求分析 人员需求分析是依据工作分析产生的工作规范书，从人员的角度明确每项工作所要求的能力、素质、知识水平及态度的要求。人员需求分析结果可用以考察员工是否达到了这些要求，并由此确定员工对培训的需求状况。在医养结合机构中，对医生、护士、药师等开展继续教育培训，也是其执业注册的基本条件。因此，这类人员培训需求，既包括执业注册的强制性培训（如医务人员常规的"三基三严"、医德医风、专业技能等培训），又包括了机构自行组织的培训，如医养结合行业发展前沿、医养照护技能等。

3. 机构需求分析 对人员的能力、素质和技能水平加以分析，不仅仅是为了满足当前工作的需要，也是为了满足医养结合机构发展的需要。通过培训，使医养结合机构的人力资源系统得到合理的利用和发挥，是对员工开展继续教育培训的最终目标。机构需求分析包括三个层面。

（1）机构的人力资源需求分析：机构的宏观与微观设计、机构的发展目标、机构的正常运行等决定了组织对人力资源的种类、数量和质量的需求。从人力资源管理的角度，要求员工在能力水平上必须满足组织运行与发展的需要，而机构工作任务目录是组织培训需求分析的主要依据。

（2）机构的效率分析：包括机构的生产服务效率、人力支出、产品及服务的质量和数量浪费状况、仪器设备的使用和维修等。机构对这些因素加以分析，制定出相应的效率标准对员工进行考核。对不能达到效率标准要求的，就要考虑使用培训的手段加以解决。

（3）机构文化的分析：机构文化是组织的管理哲学及价值体系的反映。通过培训可以将本机构完整的价值观输入到每个员工的头脑中，让他们的工作行为符合机构文化的要求。

（三）培训方案设计

1. 培训内容 培训方案内容包括"6W2H"，也就是培训目标（why）、培训导师（who）、培训对象（whom）、培训内容（what）、培训时间（when）、培训地点（where）、培训方法（how）和培训预算（how much）。培训内容应因其在机构中的地位不同而有所差别，主要包括知识技术的更新、管理知识技能、人际关系协调能力、工作协调能力、决策能力和领导组织能力等方面的内容。

2. 培养方法 培训方案中要明确培训模式和方法。培训模式是构成课程、选择教材、指导在教室或其他环境中开展培训活动的计划。培训方法是完成培训任务、实现培训目标而采取的手段。培训者借助教学方法引导受培训者掌握知识、形成技能、发展能力和品德，具体方法包括授课、小组讨论、考察、模拟、实践教学等。

（四）培训方式

医养结合机构的岗前培训是针对新入职的人员进行上岗前的培训，主要帮助新员工了解岗位要求、规章制度，熟悉机构文化等。医养结合机构的在职培训为了最大限度地满足在职员工的培训需求。提供形式多样、灵活适宜的培训，才能使更多的在职人员参加可及的培训，不断提高员工的工作质量，进而提高机构的总体绩效水平。培训形式多种多样，包括学历教育（如成人教育）和非学历教育，脱产培训和不脱产培训等方式进行，也包括了进修学习、专题讲座、案例讨论等。

四、绩效管理

绩效管理是确定员工的绩效目标并收集与绩效相关的信息，持续关注和反馈员工工作行为表现，并定期对员工的绩效目标完成情况作出评价和反馈，以保证完成机构目标的管理过程。绩效管理是医养结合机构目标达成的核心管理手段之一，是使机构工作目标落到实处的具体手段。

（一）绩效考核的作用

绩效考核是指考核者对照工作目标或绩效标准，采用一定的考核方法，评定员工的工作任务完成情况、员工的工作职责履行程度和员工的发展情况，并且将上述评定结果反馈给员工的过程。绩效考核对于医养结合机构实现发展目标具有非常重要的作用。

1. 控制作用 绩效考核可为各项人力资源管理提供一个客观公正的标准，并依据考核结果决定员工的晋升、奖惩、调配等，会促使员工按章办事，使各项管理工作能够按计划进行。

2. 导向与激励作用 绩效考核为各类员工建立起了工作的行为准则和努力方向，能够起到导向、激励和鞭策的作用。对于先进者，由于得到肯定和激励而受到鼓舞，会朝着更高的目标努力。落后者会把自己与工作岗位要求、先进者的表现进行比较，促使他们改进自己的工作。考核标准是一面旗帜，它是引导员工前进的方向，有利于保证员工行为和组织目标的一致。

3. 评价培训需求的作用 绩效考核结果还可以显示出员工的培训需求。可据此制订有针对性的培训计划，根据员工的长处和特点确定培养方向、培训内容等，促进员工个人的发展。

（二）绩效考核的原则

绩效考核的原则主要包括了客观公正、民主公开、注重实绩、立体考核等四个方面。

1. 客观公正 客观公正是员工绩效考核的基础，也是使考核工作真正收到实效的保证。要做到客观公正，必须打破任何人事上的远近亲疏关系，坚持公道正派的作风，实事求是，对被考核者一视同仁，公平对待每一名员工。由于考核结果与员工的切身利益紧密相连，因此考核的结果必须客观真实，才能发挥激励员工积极性的作用。

2. 民主公开 民主公开是指在员工考核中要扩大群众参与度，增加评估工作的透明度。坚持民主公开原则，有利于员工正确评价自己和他人的工作表现和工作实绩，有利于开展合作性竞争，有利于加强绩效评估中的群众监督，有利于密切人际关系。

3. 注重实绩 实绩是员工付出劳动并为社会所承认的劳动成果，是员工能力、工作态度以及实际工作的质量和数量的综合体现。实绩是考核中最为重要的内容。遵循注重实绩的原则，有利于杜绝员工说空话和说假话的习气，鼓励和培养员工务实的工作作风。

4. 立体考核 立体考核是指多层次、多角度、多渠道、全方位地进行绩效评估。包括定性考核与定量考核相结合，上级评价、同事评价、上级评价与自我评价相结合等。坚持立体考核，有利于达到绩效评估的全面、客观和公正。

（三）绩效沟通

传统的绩效考核手段，一般都是由上级主管部门直接下达，以定性考核方式为主。由于缺乏对绩效指标、标准、定量评价、分数取值、权重等信息的制定，导致绩效考核走过场，参与率不足，让员工产生绩效考核的目的就是扣工资等错误的看法。因此，绩效沟通十分必要，包括贯穿于整个绩效管理全过程的事前、事中、事后沟通。

1. 事前沟通 事前沟通就是做好绩效考核前的上下级、各部门和全体员工的沟通工作。让全体员工理解并明白为什么要进行绩效管理。同时，事前沟通是医养结合机构和员工双方相互确认的过程，其中暗含着一种契约精神，是员工认同并督促其自身付出努力的过程。因此，在确定绩效计划书后，一般要求被考核员工和考核人员在绩效计划书上签字，共同确认其中的内容，以形成"书面契约"，让后续的考核有据可循。

2. 事中沟通 事中沟通是绩效考核实施过程中的沟通，是绩效目标的具体分解。绩效管理目标需要经过层层分解，最终形成医养结合机构经营战略、部门目标和员工个人目标。这个过程需要医养结合机构各部门、员工间进行沟通和协调，以明晰各层级、各员工目标是什么，为什么要这样设定目标。事中沟通的目的是强调管理者不应单纯关注结果，更需要关注过程。绩效管理本身就是一个不断帮助员工发现问题并解决问题的过程。管理者应围绕阶段性绩效目标，发现员工在实际工作中存在的困难和问题，通过回顾面谈、辅导咨询、沟通协调、自我监控等方法，帮助员工改进个人行为、排除工作障碍，逐步实现绩效目标。

3. 事后沟通 事后沟通就是绩效管理考核的结果需要第一时间反馈给员工，要建立并畅通员工申诉的沟通渠道，要让员工能从绩效考核中看到自己的不足，找到自己今后努力的方向。

五、薪酬管理

医养结合机构的薪酬管理需要就薪酬形式、薪酬水平、薪酬体系、薪酬结构以及特殊员工群体的薪酬等作出决策。同时，作为一种持续的组织过程，机构还要持续不断地制订薪酬计划、拟订薪酬预算，就薪酬管理问题与员工进行沟通，对薪酬系统本身的有效性作出评价并不断予以完善。

（一）薪酬管理的概念

薪酬（compensation）是员工作为雇佣关系的一方所得到的各种形式的财务回报、有形服务与福利。薪酬管理（compensation management）则是医养结合机构在综合考虑内外部各种因素影响的情况下，根据机构的经营策略和发展规划，针对所有员工所提供的服务来确定他们应当得到的报酬以及报酬结构、报酬形式的过程。

（二）薪酬管理决策的内容

为达到薪酬管理的目标，机构在薪酬管理的过程中必须作出一些重要的决策，主要包括薪酬体系、薪酬水平、薪酬等级结构、薪酬构成以及薪酬管理政策等五项重大决策。

1. 薪酬体系 薪酬体系决策的主要任务是确定医养结合机构中员工基本薪酬的基础是什么。目前比较通用的薪酬体系是职位薪酬体系和能力薪酬体系。能力薪酬又分为技能薪酬、知识薪酬和胜任力薪酬。其中，以职位薪酬体系的运用最为广泛，但其他几种方式也越来越受到关注。

2. 薪酬水平 薪酬水平是指医养结合机构中各职位、各部门以及整个机构的平均薪酬水平，薪酬水平决定了机构薪酬的外部竞争力。对机构的薪酬水平决策产生影响的主要因素有：同行业或地区中竞争对手支付的薪酬水平、机构的支付能力和薪酬战略、社会生活成本指数以及在集体谈判情况下的工会薪酬政策等。薪酬水平政策包括领先市场、追随市场和低于市场水平三种。

3. 薪酬等级结构 薪酬等级结构指的是同一医养结合机构内部的薪酬等级数量以及不同薪酬等级之间的薪酬差距大小。

4. 薪酬构成 薪酬构成是指在员工和医养结合机构的总体薪酬中，不同类型的薪酬组合方式。通常情况下，被划分为直接薪酬和间接薪酬。前者是直接以货币形式支付给员工并且与员工所提供的工作时间和业绩、质量有关的薪酬。后者则包括福利、服务等一些有经济价值但是以非货币形式提供给员工的报酬，往往与员工的工作时间、业绩质量等没有直接关系。

5. 薪酬管理政策 所谓薪酬管理政策，主要涉及医养结合机构的薪酬成本与预算控制方式、薪酬制度、薪酬规定以及员工的薪酬水平是否保密等问题。薪酬管理政策必须确保员工对于薪酬系统的公平性看法，必须有助于组织以及员工个人目标的实现。

（三）薪酬管理的风险

1. 风险的来源 薪酬管理风险主要来自医养结合机构的外部和内部环境风险两方面。外部环境因素包括如法律法规的相关规定、市场经济因素、同行竞争等。内部环境因素包括如岗位设置、绩效考核、薪酬制度等，或是薪酬的激励政策的使用方面。以上因素出现偏差都可能导致薪酬管理风险的出现。

2. 薪酬管理风险的规避和控制

（1）建立针对内外部环境变化迅速反应的薪酬风险预警体系，对政策法规变化保持敏感，定期做好调研工作，掌握最新资讯信息。

（2）建立科学的人才评价和绩效考核机制，采用合理的薪酬管理模式，使绩效考评标准更加全面、细致、准确，使薪酬福利管理更加合理、激励、有效，减少薪酬风险的发生，不断激发员工的工作积极性和对医养结合机构的忠诚度。

（3）善用长期激励和短期激励、物质激励和非物质激励等手段，综合设计不同的激励措施，以满足不同员工的不同需求。如医养结合机构可实施合伙人计划，通过员工持股，将医养结合机构的利益与员工利益有机结合，让员工也成为机构的主人，而非被雇佣者。

（4）合理安排人力资源薪资预算，科学控制人力成本。薪酬管理直接涉及员工的工作满意度，要及时、准确地掌握医养结合机构资金信息，做好人力成本预算，避免过高的人员流动。

（5）加强薪酬管理沟通，保证激励薪酬实施过程中的公开、公正和公平。

六、劳动关系管理

从医养结合机构的长远发展来看，劳动关系的稳定有助于机构可持续发展，提高服务的市场竞争力。

（一）劳动关系的概念

劳动关系是指用人单位与劳动者之间，在运用劳动能力实现劳动过程中形成的一种社会关系。劳动关系管理贯穿于整个人力资源管理的全过程，关系着医养结合机构经营管理水平的高低和战略规划目标能否实现。

（二）劳动合同管理

医养结合机构劳动合同管理包括了劳动合同的订立、履行、变更、续签、终止等内容，关系到机构人员队伍的稳定性，有效的管理可以避免劳动纠纷的发生。

1. 劳动合同的订立 劳动合同的订立是劳动者与医养结合机构就劳动合同条款达成一致，从而确立劳动关系以及明确相互间权利义务关系的法律行为。合同签订之前，员工需要认真阅读劳动合同条款，医养结合机构有义务对劳动合同条款内容进行解释说明，如果双方意见一致，就可以签字确认，签字后即可生效。

2. 劳动合同的形式 劳动合同的订立形式是劳动合同当事人双方意思表示一致的外部表现，是劳动合同存在的外在形式。建立劳动关系应当订立劳动合同，劳动合同应当以书面形式订立。已建立劳动关系，未同时订立书面劳动合同的，应当在用工前订立劳动合同。用人单位与劳动者在用工前订立劳动合同的，劳动关系自用工之日起建立。但是，医养结合机构未在用工的同时订立书面劳动合同，与劳动者约定的劳动报酬不明确的，新招用的劳动者的劳动报酬按照集体合同规定的标准执行；没有集体合同或者集体合同未规定的，实行同工同酬。

3. 劳动合同期限 劳动合同期限是指劳动合同起始和终止的时间，是劳动合同具有法律效力的时间界限。包括了固定期限劳动合同、无固定期限劳动合同和以完成一定工作任务为期限的劳动合同。

（1）固定期限劳动合同是指用人单位与劳动者约定合同终止时间的劳动合同。

（2）无固定期限劳动合同是指用人单位与劳动者约定无确定终止时间的劳动合同，这类劳动合同适用于技术性强，需要较长时间固定或连续工作的岗位。

（3）以完成一定工作任务为期限的劳动合同是以完成一定工作任务为期限的劳动合同，是指用人单位与劳动者约定以某项工作的完成为合同期限的劳动合同。

4. 试用期的规定

（1）劳动合同期限在6个月以下的，试用期不得超过15天。

（2）劳动合同期限在6个月以上一年以下的，试用期不得超过30天。

（3）劳动合同期限在一年以上两年以下的，试用期不得超过60天。

（4）劳动合同期限在两年以上的,试用期不得超过 6 个月。

试用期只能在劳动合同中约定,不允许单独签订试用期合同。试用期的工资不得低于医养结合机构所在地的最低工资标准,且不得低于劳动合同约定工资的 80%。

5. 劳动合同的变更 劳动合同的变更是指当事人双方对依法成立、尚未履行的劳动合同条款所作的修改或增减。仅指合同内容的变化,不包括劳动合同主体的变化。医养结合机构与劳动者协商一致,可以变更劳动合同约定的内容。变更劳动合同,应当采用书面形式。引起劳动合同变更的情况有以下几种:

（1）当事人双方协商同意。

（2）在履行合同过程中,客观情况发生重大变化。包括:①订立劳动合同时所依据的法律、法规已经修改或废止;②机构经有关部门批准转产、调整生产任务,或者由于上级主管机关决定改变单位的工作任务;③机构严重亏损或发生自然灾害,确实无法履行劳动合同规定的义务。

6. 劳动合同的解除 劳动合同的解除是指劳动合同有效成立以后,尚未履行完毕之前,由于一定事由的出现,提前终止劳动合同的法律行为。劳动合同的解除分为两类:

（1）协商解除:经劳动合同当事人协商一致,劳动合同可以解除。

（2）法定解除:是指因发生法律、法规或劳动合同规定的情况,提前终止劳动合同。这种情况包括了三种:①医养结合机构提出解除劳动合同,如单位解雇员工;②劳动者提出解除劳动合同,如员工提出辞职;③法定特殊情形下的自行解除,如员工去世。

医养结合机构人力资源事务管理做好规划是前提,要在医养结合机构总体发展规划的指导下,按照落实人员供需平衡的要求,实现机构在不同发展时期对不同人员的需求,以充足优质的人力保障医养结合机构的正常运营并实现发展。

📖 知识拓展

“一分钟”管理法则

许多企业纷纷采用“一分钟”管理法则,并取得了显著的成效。其具体内容包括一分钟目标、一分钟赞美及一分钟惩罚。

一分钟目标:企业中的每个人都将自己的主要目标和职责明确地记在一张纸上,要求每一个目标及其检验标准,应该在 250 个字内表达清楚,一个人在一分钟内能读完。这样,便于每个人明确认识自己为何而干,如何去干,并且据此定期检查自己的工作。

一分钟赞美:企业的经理经常花费不长的时间,在职员所做的事情中,挑出正确的部分加以赞美。这样可以促使每位职员明确自己所做的事情,更加努力地工作,使自己的行为不断向完美的方向发展。

一分钟惩罚:某件事应该做好,但却没有做好,对有关的人员首先进行及时批评,指出其错误,然后提醒他,你是如何器重他,不满的是他此时此地的工作。这样,可使做错事的人乐于接受批评,感到愧疚,并注意避免同样错误的发生。

“一分钟”管理法则妙就妙在它大大缩短了管理过程,有立竿见影之效果。一分钟目标,便于每个员工明确自己的工作职责,努力实现自己的工作目标;一分钟赞美可使每个职员更加努力地工作,使自己的行为趋向完善;一分钟惩罚可使做错事的人乐意接受批评,促使他今后工作更加认真。

（朱晓卓）

思考题

1. 医养结合机构人力资源管理的概念、目标和职能分别是什么？
2. 医养结合机构中的医护人员可以行使哪些执业权利？
3. 在医养结合机构中全人照护团队的工作原则是什么？
4. 简述医养结合机构人力资源规划的概念。

第五章
医养结合机构的业务管理

任何组织层面的管理活动都必须建立在业务高效顺畅运行的基础上。业务管理是机构系统运行的中心环节，是决策实施与机构执行力推动的关键。医养结合机构围绕"以老年人为中心"的服务理念，将专业化的医疗和养老服务作为其主要业务。通过对服务活动进行规划、组织、控制和协调等一系列管理活动，提供高质量、高效率的服务，满足客户的需求和期望，是医养结合机构业务管理的终极目标。

第一节　医养结合机构医疗服务管理

案　例

张奶奶，78 岁，患糖尿病 6 年，二甲双胍和格利吡嗪联合降糖，空腹血糖控制在 7.1mmol/L。张奶奶近期记性明显下降，未能坚持按医嘱服药，平时很少活动，空腹血糖波动在 7.0~12.4mmol/L。此外，张奶奶还患有高血压和冠心病多年，服用硝苯地平和阿司匹林，但血压控制情况一般。

最近几天活动时张奶奶偶尔出现肢体无力，稍作休息后好转，因此张奶奶没有在意，也未跟人提及。某天，护理员小张发现张奶奶行走不如之前灵活和平稳，询问起张奶奶才了解到老人目前的身体状况。

请问

1. 医养结合机构可以提供何种医疗服务？
2. 针对张奶奶的情况，如果您作为医养结合机构的医生，应如何处理？

医养结合机构为住养老年人提供多项健康和生活服务。其中医疗服务是针对服务对象的健康问题，以医学技术为基本服务手段，向个体或群体提供医疗保健服务，是保证老年人健康的重要服务内容之一。

一、医养结合机构医疗服务管理概述

（一）医养结合机构医疗服务概念

1. 医疗服务 医疗服务是指医疗机构针对患者健康问题提供的检查、诊断、治疗、康复和预防保健等服务，以及与这些服务有关的药品、医用材料器具、救护车、病房住宿和伙食供给等业务。

2. 医养结合机构医疗服务 医养结合机构医疗服务指医养结合机构及其医务人员运用各种卫生资源，为入住人员提供的医疗活动，其所提供的医疗卫生服务参照现行医疗卫生服务的规范、标准和管理规定实施，机构类型、资质与服务能力不同可以有所差异。

（二）医养结合机构医疗服务要求

1. 医疗设施要求 养老机构内设医务室、诊所、卫生所时，建筑面积不少于 40m²，至少设有诊室、治疗室、处置室，其中治疗室、处置室的使用面积不少于 10m²；养老机构内设护理站建筑面积不少于 30m²，至少设有治疗室、处置室。

2. 医疗设备要求 可根据医养结合机构类型和级别进行相应医疗设施设置的配备。以下为参考配备：

（1）基本设备：呼叫装置、给氧装置、呼吸机、电动吸引器或吸痰装置、气垫床、治疗车、晨晚间护理车、病历车、药品柜、心电图机、X 射线成像系统、B 超仪、血尿分析仪、生化分析仪、恒温箱、消毒供应设备。临床检验、消毒供应可自设，也可与其他合法机构签订相关服务合同，由其他机构提供服务。

（2）急救设备：心脏除颤仪、心电监护仪、气管插管、呼吸器、吸氧装置、抢救车。

（3）康复设备：与入住人员康复需求相适应的运动治疗、物理治疗和作业治疗设备。

（4）医疗服务信息化系统：可配备医疗服务信息化系统，供开具医嘱，处理医嘱和进行护理操作等相应医疗护理服务。

（5）中医药服务：开展中医药服务的，还应当配备脉枕、针灸器具、火罐、电针仪、艾灸仪等。

（6）健康教育及其他设备：健康教育宣传栏、健康教育影像设备、能连接互联网的计算机及打印设备、电话等设备，健康档案管理等相关设备。

（7）其他医疗服务工作需要的设备。

二、医养结合机构医疗服务管理内容

（一）预防保健和健康促进

1. 目的和意义 一方面通过发现老年个体的健康危险因素和潜在的健康问题，尽早采取适当的预防保健和健康促进措施，维护老年人的身体健康；其次在健康促进方面借助教育和培训提高老年人的健康素养、健康知识和技能，增强他们的自我健康管理能力；另外，可以通过早期识别衰弱及干预，改善老年人生存质量。

2. 内容 结合老年人生理需求和认知特点，医养结合机构的预防保健和健康促进服务主要包括健康教育和老年综合评估。

3. 要求

（1）开展健康教育服务，内容包括但不限于以下内容：

1）生活方式教育：通过健康教育指导老人采取规律的生活起居、合理的饮食、良好的卫生习惯、维持口腔健康、合理膳食、戒烟限酒、保持心理健康、充足的睡眠和保持排泄通畅等。

2）运动指导：根据老年人的实际情况，制订个性化运动计划，并有效融入老年人的生活，鼓励老年人参与，同时对运动计划进行监督，确保运动的安全性。

3）营养指导：老年人饮食应保证充足的能量供给，补充充足蛋白质，必要时可联合补充营养制剂，保持合理的体重。对于患有慢性疾病老年人（如：老年心血管疾病患者、肌少症患者、糖尿病患者、恶性肿瘤患者），应针对不同疾病选择个性化的营养干预方案。

4）认知筛查和干预：定期对60岁及以上老年人进行认知功能筛查，对筛查阴性人群，进行健康宣教。对初筛阳性的老年人针对性处理，鼓励进行认知训练如手工制作、数字记忆等，情况严重的应及时就医。

5）预防跌倒：对老年人定期进行跌倒风险等级评估，及时制定干预方案。对于低风险老年人，基于个体的身体状况、偏好、环境和资源等实际情况制定身体活动方案，做好防跌倒环境布置；对于中风险的老年人，除上述措施以外，可加强老年人平衡训练和抗阻力训练；对于高风险的老年人，生活上要有专人陪护，尤其是在老年人如厕、淋浴、活动前后重点看护。还应对老人个体、照护者开展跌倒预防健康教育，增强大众对跌倒的预防意识。

6）心理健康：重视心理健康问题的早期识别与干预。结合健康档案，科学合理地评估老年人心理健康问题并展开及时有效的干预；创造条件增加社交和互动陪伴时间，鼓励老年人积极参与机构内的文娱活动，培养兴趣。

7）多病共存和多重用药管理：教育老年人及家属避免随意自我治疗，包括处方药、非处方药、各类保健品、中草药、民间"偏方""秘方"等。鼓励老年人了解监测自己健康状况，用药期间有问题及时就诊。

8）预防延缓衰弱：进行衰弱筛查，对存在不同程度衰弱迹象的老年人进行早期干预，如运动锻炼、补充蛋白质等方式。

针对以上老年人所需问题，定期举办老年人健康知识讲座，制作和发放健康教育宣传资料，在老年人公共活动区域设置健康教育宣传栏，通过多种方式引导老年人学习健康知识，掌握疾病预防措施及所需的健康技能。

（2）开展老年综合评估（comprehensive geriatric assessment，CGA）：通过老年综合评估，找出照护问题，制订计划以保护和维持老年人的健康功能状态，实施干预，最大限度地提高老年人的生活质量。

（二）医疗诊治

1. 目的和意义　恰当的医疗诊治手段可以帮助医务人员及时发现并处理老年人现存的健康问题，缓解老年人的病痛，促进老年人健康；完善的医疗诊治系统能保障老年人在突发疾病、意外伤害时以最快时间得到专业科学的救治；同时，保障病情危重的老年人在病情变化时能及时转移至专业的医疗机构进行救治。

2. 内容　结合老年人不同阶段、不同病情的就诊需求，医养结合机构医疗诊疗的服务内容包括定期巡诊、疾病诊疗、急诊救护、危重症转诊、远程会诊等。

3. 要求

（1）定期巡诊：①根据老年人健康需求，安排医师定期到老年人房间巡诊并做好记录。对于中重度失能老年人，应定期巡诊，对于轻度失能和能力完好的老年人应及时应诊。②医师在巡诊过程中应当记录老年人生命体征、症状体征等身体状况，及时发现老年人的病情变化。③巡诊过程中，可为有需要的老年人提供健康指导服务。

（2）疾病诊疗：①在诊疗前要详细询问老年人的病史，并进行仔细的体格检查。在诊疗过程中，要进行必要的体检和辅助检查。②评估老年人病情、过敏史、用药史、不良反应史。③有条件的机构可开展远程医疗服务，以借助优质医疗资源进行辅助诊断与治疗。

（3）急诊救护：①有条件的机构应当安排医护人员24小时值班，及时提供急诊救护服务。②针对无能力处理的急危重症疾病，遵循就近转诊原则，立即呼叫120或及时转诊至对应的上级医院进行及时处理，同时通知家属。③在救护车到达之前，现场医护人员可根据老年人病情进行必要的处理，如心肺复苏、清理呼吸道和面罩给氧等。

（4）危重症转诊：①医养结合机构可与周边综合医院、中医医院建立签约合作关系，开设转诊绿色通道，明确服务流程，确保实现及时有效转诊。②医养结合机构在诊疗过程中遇到无法解决的技术问题，或患者的病情超出了医养结合机构的医疗水平，应当征求家属同意后，为患者提供及时、有效的转诊服务。③可安排专门的医护人员或熟悉患者情况的服务人员跟随转诊或与转诊医院对接，及时了解患者病情。

（5）远程会诊：①根据患者和会诊医师的实际情况，确定合适的远程会诊方式和时间，如视频会诊、电话会诊等。②在会诊过程中，医师应记录患者的病情信息，如病史、体征、实验室检查结果等，以便进行准确地诊断和治疗。③会诊医师应根据患者的病情，提供专业的诊疗建议，如用药、手术、物理治疗等方面的建议，以保证患者能够得到最佳的治疗效果。④确保会诊过程的安全性和保密性。医师应严格遵守相关的安全和保密规定，确保患者的个人信息和隐私得到妥善保护。

（三）慢病管理

1. 目的和意义　慢病管理是指从事慢病治疗与预防的相关人员对慢病患者提供全面、主动及有效的管理。通过慢病管理，为老年人提供定期随访和健康管理服务，及时发现现存和潜在的慢性疾病并进行早期干预和治疗；对于已经确诊的慢性疾病，为老年人提供个性化的康复方案，减轻病痛和并发症的发生，帮助老年人恢复健康、改善生活质量。此外，慢病管理还是优化医疗资源配置、降低医疗成本的有效手段。

2. 内容　根据老年人常见的不同系统和类型的慢性疾病，医养结合机构的慢病管理服务内容包括建立健康档案、体格检查、制订个性化的慢病管理计划、定期随访、健康教育等内容。

3. 要求

（1）建立健康档案：全面、详细记录疾病病史。

（2）体格检查：定期健康体检，进行系统的慢性疾病体格检查，如身高、体重、血压、血糖、心肺功能等，并做好记录。

（3）制订个性化慢病管理计划：根据老年人的身体状况、患病情况、用药情况等因素，制订个性化的慢病管理计划，包括药物治疗、饮食调整、运动锻炼、心理调节等。

（4）定期随访：定期对患有慢性病的老年人进行随访，及时掌握病情变化，调整治疗方案。

（5）健康教育：开展针对慢病的健康教育，提高老年人对慢病的认识和防治意识，指导老年人正确用药、合理饮食、科学运动、心理调节等。

为了保证医养结合机构的医疗治疗，机构应具备符合医疗设施设备的基本配置要求，包括基本设备、急救设备、康复治疗设备、医疗服务信息化设备等。医养结合机构需要给入住老年人提供预防保健、健康促进、医疗诊治和慢病管理服务保障老年人的健康。

（肖树芹）

第二节　医养结合机构护理与照护服务管理

案　　例

王奶奶，82岁，身高1.54m，体重42kg，患有原发性高血压18年，口服抗高血压药物，血压控制尚可，同时患关节炎等多种慢性疾病，行动不便，可在照护人员的帮助下进软食。半年前丈夫去世，情绪低落，很少外出。育有一子，从事个体经营业务，平日工作繁忙，很少在家中陪伴。在居住地附近有一家医养结合机构，为了其母亲能够得到更好的护理与照护，将其送至该医养结合机构居住。入住一周以来，老人情绪低落，睡眠障碍，食欲减退。

请问

1. 怎样确定王奶奶的照护等级？

2. 可为王奶奶提供哪些护理与照护服务？

3. 医养结合机构护理与照护管理的要求有哪些？

护理与照护是在持续的一段时期内为丧失生活能力的老年人提供一系列的健康护理、个人生活照料和社会服务项目，旨在提高老年人的生活质量，满足老年人的基本需求。

一、医养结合机构护理与照护服务管理概述

（一）长期照护概念

长期照护是由非专业护理人员（如家庭成员、朋友或邻居等）以及专业人员（如医务人员、社会工作者等）提供的照护活动，旨在使丧失生活自理能力的群体获得更好的生活质量，保障自身的社会参与、独立生活及个人尊严等方面的需求。长期照护由政府、家庭及社区等多主体共同参与，为身心功能障碍者提供 6 个月以上的医疗、护理及生活服务。长期照护对象为功能受损人群，即失能与失智人群。

（二）护理需求等级

根据老年人能力分级和老年综合征罹患项数两个维度评估情况，将护理需求等级分为 5 个等级，即 0 级（能力完好）、1 级（轻度失能）、2 级（中度失能）、3 级（重度失能）、4 级（极重度失能），见表 5-1。

表 5-1　护理需求等级评定表（试行）

护理需求等级	维度	
	老年人能力分级	老年综合征罹患项数
0 级（能力完好）	完好	1～2 项
1 级（轻度失能）	完好	3～5 项
	轻度受损	1～2 项
2 级（中度失能）	轻度受损	3～5 项
	中度受损	1～2 项
3 级（重度失能）	中度受损	3～5 项
	重度受损	1～2 项
4 级（极重度失能）	重度受损	3～5 项
	—	5 项及以上

（三）护理质量管理

1. 管理原则

（1）以老人为中心：时刻关注老人现存和潜在的需求，以及对现有服务的满意程度，以此持续改进护理质量。

（2）分级管理：根据老人的基本生活需求、身体状况及精神健康状况，确定其照护等级，按照不同照护等级的服务项目提供不同的照护服务。

（3）标准化：建立健全各项规章制度、各级会议人员职责、各种操作规程、各项工作质量标准和检查评价方法等。

（4）全员参与：充分调动护理人员的主观能动性和创造性，形成人人注重质量的氛围，不断增强护理人员的质量意识以及参与质量管理的意识。

（5）持续改进：建立适应机制，及时识别护理问题，采取措施积极应对，达到持续改进。

2. 管理要求

（1）制定老年人服务合同管理制度，明确相关服务内容。

（2）制定各类人员的聘用、培训和管理制度，建立各类人员职业健康制度、岗位资质审核制度、绩

效考核制度。

（3）建立管理组织架构，设置工作岗位，明确工作标准。

（4）建立安全管理机制，制定相关应急预案。

（5）建立老年人健康状况评估制度、入住档案和健康档案管理制度。

（6）制定以下规范：①服务规范，明确服务内容及质量要求；②服务提供规范，明确提供服务的时间、地点、内容、环节、程序等；③服务质量控制规范，根据质量控制指标，明确不合格服务的预防措施，制定服务质量的评价及改进办法。

二、医养结合机构护理与照护服务管理内容

护理服务是为老年人提供促进身心健康的医疗照护活动，对保证和提高生活质量，实现生命价值发挥着至关重要的作用。

（一）护理服务

1. 内容　包括生命体征监测、给药、管路维护、皮肤管理。

2. 目的

（1）了解机体重要脏器的功能活动情况，疾病的发生、发展和转归，为预防诊断、治疗、护理提供依据。

（2）治疗疾病、减轻症状、预防疾病、协助诊断以及维持正常的生理功能。

（3）有效规避护理风险，确保患者管路护理安全。

3. 服务要求

（1）测量生命体征前检查设备是否完好，测量血压做到"四定"（定时间、定部位、定体位、定血压计）。每日做好记录，如有异常及时报告。

（2）按时发药，严格遵守查对制度，做到五准确（药物、剂量、方法、时间、老年人），防止发生差错。服药前，工作人员应根据药物性能，向老年人交代注意事项。服药后，观察效果和不良反应。口服药严格统一管理规范、禁止乱摆乱放、随意放置。

（3）将患者管道脱落防范管理纳入护理风险管理范畴。各类管道根据目的不同标识清楚，妥善安置，加强巡视，严格交接班。严格执行发生管道脱落的应急预案及处理程序，提高防范意识。

（4）加强老年人的皮肤管理，制订详细适用的翻身计划，注重老年人的营养摄入，规范皮肤管理评估，每日做好床旁交接，发现异常及时报告并做好记录。

（二）生活服务

1. 内容　生活服务的内容包括房间管理、个人卫生、饮食管理、排泄物管理、睡眠管理。

2. 目的

（1）保持居室干净、整洁，使老人享有舒适的生活环境。

（2）保持老年人容貌整洁，维持良好的个人卫生习惯，减少感染。

（3）保证老人摄入足够的营养和水分，以便于维持身体所需量。

（4）协助老年人采取适宜的排泄体位和方法，减轻其排泄时的不便和痛苦。

（5）创造安静、舒适、安全的睡眠环境，保证老人睡眠质量。

3. 服务要求

（1）保持老年人居室整洁，地面干燥，空气新鲜，物品摆放安全合理不妨碍老人自由活动。有呕吐物、排泄物的地方，依据院内感染控制规范用面盆刷蘸消毒液在污物处清理。被污染的物品，应单独清洁、消毒。

（2）按服务计划提供服务。老人能自行进行个人清洁卫生者，养老护理员督促并视需要协助老人做好清洁工作。动作适当，老年人无不适情况出现。

（3）应尊重老年人宗教信仰，民族习惯，结合老年人生理特点，身体情况，生活习惯，制定食谱，

做到营养均衡。食品加工与制作应符合食品监督管理要求,符合食品安全相关规定。应建立食品留样备查制度,并留样记录。每餐应对餐(饮)具、送餐工具清洗消毒,每日处理餐厨垃圾。

(4)协助排泄时动作应轻柔,取放便盆时,不应擦伤皮肤。排泄后,观察大小便的颜色、性状、量等,发现异常及时通知医护人员。人工取便动作应轻柔,并观察老年人有无面色苍白、呼吸急促、全身大汗等症状,发现异常应立即停止服务,并通知医护人员。注意老年人的保暖和隐私。

(5)了解老年人日常睡眠习惯,改善影响其睡眠环境因素。对于身体状况不佳、有睡眠障碍的老年人,应加强观察和巡视。协助老年人改善不良的睡眠习惯。

(三)心理精神慰藉服务

1. 目的 满足老年人的心理健康需求,做好心理干预。

2. 服务要求

(1)心理或精神支持服务至少应包括沟通、情绪疏导、心理咨询、危机干预等服务内容。

(2)配备心理精神慰藉护理队伍,由心理咨询师、社会工作者、医护人员或经过心理学相关培训的养老护理员承担。

(3)配备心理或精神支持服务必要的环境、设施与设备。

(四)健康促进

1. 目的 采取措施鼓励老年人健康的行为,增强其改进和处理自身健康问题的能力。

2. 服务要求

(1)分析发现老年人的健康问题,确定健康目标,提出解决健康问题的办法,实现医养结合机构健康与发展目标。

(2)发展老年人技能,包括基本的健康知识、疾病预防与自我保护能力、自我与家庭健康管理能力,维护公共健康与安全。

三、医养结合机构护理与照护服务管理要求

1. 根据老年人的生活自理能力和护理等级规范,实行分级护理、分类管理,为老年人协调各种资源,提供个性化服务,促进老年人自理能力提升。

2. 按时进行护理质量查房,对护士与护理员各岗位职责落实情况及护理质量进行督导、沟通、了解、发现问题并进行汇总反馈、做好记录、每月末进行院级考核。

3. 各岗位行政人员每周组织一次行政大查房,进行各项安全问题的督查、问题反馈、督促整改。

4. 每日总值班查房,了解机构内部高危跌倒、高危压疮、病情变化等老年人的护理情况,及时发现并解决查房中发现的问题并做好记录。

5. 护理部长重点检查岗位责任制、规章制度、护理技术规范、护理质量的落实情况,护理工作计划执行及服务态度的情况。保存查房的原始资料,做好查房总结分析,制定整改措施,追踪改进效果,记录完善;非工作日查房,解决当班护士不能解决的事件。

6. 每日当班护士进行不定时查房,及时发现问题并进行跟踪处理。

(何春渝)

第三节 医养结合机构药事服务管理

案 例

王爷爷,82岁,因直肠癌晚期,同时伴有糖尿病、痛风、高血压、慢性阻塞性肺疾病等疾病,家中无人照护入住某医养结合机构。机构需要帮助他提供降糖、控制痛风和降压的药物,血压波动在140～160/85～95mmHg。1天前出现起立后双眼黑矇、乏力、耳鸣,平卧数分钟后,症状缓解。患者

平时经常因失眠服用安定等镇静药,还喜用高丽参等多种滋补药品。

最近王爷爷因为肿瘤的原因,疼痛明显,但拒绝去医院化疗,并向机构工作人员征求能否给予止痛药物缓解疼痛。

请问

1. 结合本案例,阐述医养结合机构应该如何进行有效的药物管理?

2. 王爷爷如果进一步使用镇痛药,这类药物应该如何管理?

老年人往往患有多种慢性病,服药种类多,管理复杂。因此,医养结合机构药事服务对于保障老年人合理安全用药具有重要作用。

一、医养结合机构药事服务管理概述

(一)药事管理的概念

医养结合机构的药事管理是指医养结合机构以患者为中心,临床药学为基础,对临床用药全过程进行有效的组织实施与管理,促进机构进行科学合理用药的药学技术和相关药品管理工作。医养结合机构通过药事管理可以规范用药行为,保障用药安全,提高医疗服务质量。

(二)药事管理服务要求

1. 药品管理设施设备 医养结合机构应有与其规模相适应的药房、仓库及辅助办公用房。

(1)药房:药品发放储存区和办公生活区应该具有一定距离或有隔离措施。应有适宜药品分类保管和符合药品储存要求的房间、货架、货柜。应有符合规定要求的消防和安全设施。

(2)药库:根据机构条件,仓库可配备有以下设施和设备:①基本物理条件,如药品与地面之间有一定距离;避光、通风;防尘、防潮、防霉、防虫等设备。适宜拆零及拼箱发货的工作场所和包装物料等的储存场所和设备。②储存麻醉药品、一类精神类药品、医疗用毒性药品、放射性药品等特殊要求的专用仓库应具有相应的安全保卫措施。

2. 药事管理中的人员要求

(1)每年应组织直接接触药品的人员进行健康检查,并建立健康档案。如果发现患有精神病、传染病或者其他可能污染药品疾病时,应调离直接接触药品的岗位。

(2)定期对各类药学人员进行药品法律、法规、规章和专业技术、药品知识、职业道德等教育或培训,并建立档案,加强对药学专业技术人员的培养、考核和管理。

3. 药事管理中的药物要求

(1)药品的质量要求:药品必须符合国家药品质量标准,且必须经过严格的质量控制和检测,确保药品的质量和安全性。

(2)药品的使用要求:医疗机构必须按照药品的适应证、用法、用量等要求进行合理使用,避免药品的滥用和误用。

(3)药品的存储要求:药品必须存放在符合药品质量要求的环境中,避免药品受到光、热、潮湿等因素的影响,保证药品的质量和有效性。

(4)药品的配送要求:医疗机构必须按照药品的特性和要求进行合理配送,确保药品的安全性和有效性。

(5)药品的监测要求:医疗机构必须对药品的使用情况进行监测和评估,及时发现和解决药品使用中存在的问题,确保药品的安全性和有效性。

二、医养结合机构药事服务管理内容

(一)药物管理

1. 目的 药物管理的目的是使药品在医养结合机构流通和使用过程中的各要素得到有序实施,

保证患者有效、经济、合理、及时并安全地用药，维护入住者身体健康和用药合法权益。

2. 方法

（1）药品管理：应建立完善的药品管理制度，包括药品采购、储存、配送、使用、报废等环节的规范管理。

（2）药品信息服务：应提供药品信息服务，包括药品名称、用法用量、不良反应、禁忌证等信息的咨询和解答。

（3）药品配制服务：应建立药品配制室，配制符合药品质量标准的药品，并确保配制过程的安全性和规范性。

（4）药品审查服务：应建立药品审查制度，对医嘱中的药品进行审查，确保药品的合理使用和安全性。

（5）药品监测服务：应建立药品监测制度，对药品使用情况进行监测和分析，及时发现和解决药品使用过程中存在的问题。

（6）药品教育服务：应提供药品教育服务，包括药品的正确使用方法、不良反应的预防和处理等方面的教育。

（7）药品咨询服务：应提供药品咨询服务，为患者提供药品的咨询和解答，帮助患者正确使用药品。

（8）药品安全监管：应建立药品安全监管制度，对药品的质量、安全性进行监管，确保患者用药安全。

3. 服务要求

（1）必须从具有药品生产许可证、药品经营许可证和营业执照的药品生产经营企业采购药品。

（2）需建立真实完整的药品购进记录。包括药品的通用名称剂型规格、批号和有效期，以及购进数量、购进价格、购进日期、生产厂商、供货单位等。药品购进记录保存时间不得少于 3 年，药品有效期超过 3 年的，保存至药品有效期后 1 年。

（3）必须制定和执行药品保管制度，按照有关药品质量安全的规定分类存放药品。即药品与非药品，内服药与外用药，中药材、中药饮片、危险药品、易串味的药品与其他药品，当分开存放。麻醉药品、一类精神药品等特殊药品应当专柜存放，双人双锁保管，专账记录。

（4）储存药品，应当根据药品质量要求，采取冷藏、防冻、防潮、避光、防虫等措施，防止药品污染、变质、失效。不得使用过期、失效、淘汰、霉烂、虫蛀、变质的药品。

（5）审核和调配处方的药剂人员，必须是依法经过资格认定的药学技术人员。调配处方必须经过核对，不得擅自更改。药剂人员对有配伍禁忌、妊娠禁忌、病情禁忌或者超剂量的处方，应当拒绝调配；必要时，经原出具处方的医师更正或者重新签字确认后，方可调配。普通处方、急诊处方、儿科处方保存 1 年，医疗用精神药品及戒毒药品处方保存 2 年，麻醉药品处方保存 3 年。

（6）调配药品的计量器具，由质量技术监督部门依法定期检定，调配药品必须做到计量准确。

（7）调配药品的调剂人员和调配工具、包装材料和容器、工作环境，应当符合卫生要求，不得对药品产生污染，影响药品质量。调配药品对原最小包装的药品拆零的，应当做好拆零记录，并保留最小包装物。拆零后的药品包装物表面，应当注明药品名称、规格、用法、用量等内容。

（8）不得购进、使用假劣药品。在药品使用过程中发现假劣药品的，必须立即停止使用，及时向所在地食品药品监督管理部门报告，不得擅自处理。

（9）必须严格执行国家药物主管部门有关药品价格的规定，不得擅自提高价格。向患者如实提供所用药品的价格清单，保护患者的合法权益。

（二）合理用药

1. 目的 合理用药是临床治疗的重要组成部分。合理用药是指用现代的、系统的、综合性的医学、药学和管理学知识来指导用药，使临床药物治疗安全有效、符合患者经济要求。合理用药的目的是按照患者的具体情况选择最合适的药物治疗方案,在保证治疗效果的同时,尽可能减少药物不良反应和浪费,提高药物治疗的效果和质量,节约医疗资源,降低医疗费用,促进医疗卫生事业的健康发展。

2. 方法

(1)保证正确的疾病诊断和正确的药物选用,防止误诊误治。

(2)注意病史和用药史,明确用药指征。

(3)根据患者的病情和身体状况,选择适当的药物和剂量。

(4)避免滥用药物,不随意更改药物的剂量和使用时间。

(5)遵守药物的使用说明,按照医嘱正确使用药物。

(6)注意药物的不良反应和药物相互作用。

(7)合理使用抗生素,避免滥用和过度使用。

3. 服务要求

(1)优化药品供应链,确保卫生部门和医疗机构能够获得质量合格、价格合理的药品。

(2)开展定期的药物使用评价,建立药品不良反应监测、报告和处理机制,及时纠正用药不当行为。

(3)加强药师参与,指导患者正确用药,引导患者科学合理用药,减少药品滥用和浪费。

(4)可根据条件引入信息化技术,提高药品管理的透明度和有效性,完善电子处方系统和药品流通追溯体系等信息平台。

(5)建立健全的药品质量管理制度,对药品进行严格的质量审批和抽检,加强药品品质安全监管,防止低质量药品侵害老年人的健康。

（三）特殊药品

1. 目的　特殊药品是指法律规定的必须特殊管理的4类药品,即麻醉药品、精神药品、医疗用毒性药品、放射性药品,简称"麻、精、毒、放"。特殊药品药事管理服务的目的是确保特殊药品在医学上必要和合理应用的同时,最大限度地防止这些药品对机构和社会造成不良影响。

2. 方法

(1)确保特殊药品只有受过训练和具备相应资质的医务人员才能开具和使用。

(2)加强特殊药品的监管,严格控制其使用环节,防止非法滥用。

(3)促进医疗机构内部的药品管理,规范配药、发药和存储等流程,减少因药物管理不当而引起的误用、滥用及其他安全风险。

(4)提高患者对特殊药品的认知和理解,帮助患者正确使用这些药品,并提示患者注意可能存在的副作用和风险。

(5)加强对特殊药品的科学研究和监测,不断完善特殊药品的使用和管理制度。

3. 服务要求

(1)印鉴管理:医养结合机构需要使用麻醉药品和第一类精神药品,应当按规定经所在地设区的市级卫生主管部门批准,取得《麻醉药品、第一类精神药品购用印鉴卡》(简称《印鉴卡》)。医养结合机构的药品管理部门凭《印鉴卡》向本省、自治区、直辖市行政区域内的定点批发企业购买麻醉药品和第一类精神药品。其有效期为3年。有效期满前3个月,医养结合机构应当向市级卫生行政部门重新提出申请。

(2)麻醉药品和一类精神药品的储存与保管:必须严格实行专柜保管,两者可存放在同一专柜内。专柜必须执行双人双锁保管制度,仓库内须有安全措施,如报警器、监控器。建立麻醉药品、精神药品的专用账目,专人登记,定期盘点,做到账物相符,发现问题立即报告当地食品药品监督管理部门。麻醉药品入库前,应坚持双人开箱验收、清点,双人签字入库制度。麻醉药品、一类精神药品出库时要有专人对品名、数量、质量进行核查,并由第二人复核,发货人、复核人共同在单据上盖章签字。二类精神药品,可储存于普通的药品库内。

（3）医疗用毒性药品的储存与保管：毒性药品必须专柜加锁,由专人保管,并严格执行双人双锁管理制度。毒性药品验收、收货、发货同麻精药品。

（4）放射性药品的储存与保管：应严格实行专柜、双人双锁保管,专账记录。过期失效而不可供药用的药品,不得随便处理。

（5）医养结合机构的执业医师须经培训、考核并被授予麻醉药品和第一类精神药品处方资格后方可在本医疗机构开具麻醉药品和第一类精神药品处方,并不得为自己开具该种处方。

医养结合机构的药事管理直接影响老年人健康。因此,为了保障老年人安全,应该严格按照政策要求进行药事相关组织制度的设置,完善对常规药品和特殊药品的管理,规范合理用药。

（肖树芹）

第四节　医养结合机构康复服务管理

案　例

张爷爷,75 岁,身高 1.65m,体重 70kg,患有高血压 10 年,半年前外出活动时,突然出现眩晕、呕吐、口角歪斜,被及时发现并送往医院进行治疗。治疗后存在语言功能障碍,仅能简单交流,右侧肢体偏瘫。现张爷爷入住某医养结合机构,接受后续康复治疗与管理。目前,张爷爷右侧肢体无力、口齿不清等症状,行动受限,日常生活自理能力较差,大部分日常生活均需要协助,可进食少量半流食（糊状）,饮水时常有呛咳。近几日,由于肺部感染,张爷爷出现咳嗽、咳痰伴低热。

请问

1. 目前该机构可从哪些方面为张爷爷进行康复管理？

2. 康复管理的目标是什么？

3. 医养结合机构康复服务的内容有哪些？

目前,医养结合机构开展的康复服务在基于我国康养发展现状和个案实践的基础上侧重点仍倾向于医养结合机构康复治疗；但在康养实践中,关于医养结合机构中康复服务推荐借鉴《国际功能、残疾和健康分类》（International Classification of Functioning, Disability and Health, ICF）的框架理念作为指导思想。

一、医养结合机构康复服务管理概述

（一）相关概念

1. 康复　1981 年世界卫生组织医疗康复专家委员会将康复定义为"康复是采取一切措施以减轻残疾及因残疾带来的后果,提高残疾人的才智和功能,使他们重返社会"。通过包括康复医师、康复护士、物理治疗师、作业治疗师、言语治疗师、传统康复治疗师、心理治疗师、照顾者、社会工作者等专业人员组成的综合团队连续服务,努力恢复患者疾病前的功能状态或最大限度地保持其残存功能。其目的在于改善和消除因疾病引起的身体功能障碍,帮助患者尽可能恢复生理功能,提高生活自理能力。

2. 康复护理　康复护理是促进患者在其生活环境中不断提高功能水平的一个动态过程。康复护理人员是康复对象的照护者、早期康复的执行者、将康复治疗转移到日常生活中的督促者、对患者存在问题的协调者和健康教育者。

（二）ICF 的主要内容和框架理念

1. ICF 的主要内容　ICF 的构成包括健康情况（障碍和疾病）、身体的功能／结构（病损）、活动（活动受限）、参与（参与受限）、环境因素和个人因素等六个要素（图 5-1）。

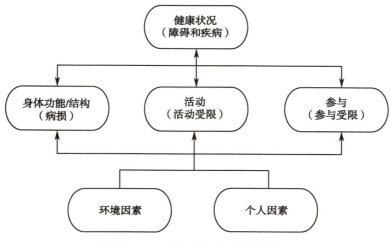

图 5-1　ICF 构成六要素之间的关系

2. ICF 的框架理念　ICF 的核心理念是采用生物 - 心理 - 社会学模式，要求全面看待人的功能障碍及康复过程，包括器官 / 系统的功能障碍、个体活动能力受限和社会参与限制。功能障碍受限受环境因素和个人因素的交互影响，功能障碍是人和环境相互作用的消极方面。康复医疗的目的是将消极方面转化为积极方面。该转化过程包括：

（1）通过康复训练和治疗路径，改善患者自身功能以适应环境。

（2）通过代偿和替代的路径，提供患者适应新环境的新能力。

（3）通过改造硬环境（建筑、无障碍设施、医疗等）和软环境（政府政策、社会态度和关系等），以保障患者的康复，并使患者在功能障碍的情况下可以适应社会。

二、医养结合机构康复服务管理内容

（一）功能障碍的评定

1. 功能障碍评定的要求　在医养结合机构中对老年人功能障碍的评定，包括对老年人功能障碍的种类、性质、部位、范围和严重程度等进行正确的评估和判断，这是制订康复治疗计划的前提和基础，是评定康复治疗效果的客观依据。对老年人进行功能评定时，应认真收集、筛选和分析评定对象的个人基本信息和临床基本资料，分析确定功能受限的因素、性质和严重程度，明确现存和康复所要求的功能水平，并以 ICF 体系作为功能障碍评定的基本框架。

2. 功能障碍评定的内容

（1）确定现存的和康复所要求的功能水平：任何一项康复措施和方案实施前，须对服务对象现存的运动、语言、认知和心理等功能水平进行客观和全面地评定。以日常生活活动能力（activities of daily living, ADL）评定为例，如活动项（从一点转移到另一点）可以用几种技术实现（如步行、爬行、单脚跳、轮椅等），也包括在平滑的或粗糙的平面上移动、过门、上下斜坡、围栏、阶梯等活动。

（2）确定功能受限制的性质及程度：任何特定的功能限制均可采用相应的量化指标进行评定。如完成某项活动所用的时间、完成计件工作的数量等，评定内容还应包括所需要帮助的程度（如他人介入的程度、时间等）。对功能活动的帮助可采用辅助器具或他人（动物）帮助。如果辅助器具或他人帮助可以解决服务对象的功能需要，在评定结果中应加以注明。

（3）确定受限制因素：限制因素可以是内在或外在的，内在的限制因素如病伤所造成的损害（如衰弱无力、运动受限等），外在因素如环境（交通工具、上下阶梯、公共场所的无障碍设施等）。

（4）ICF 体系作为功能障碍评定的基本框架：ICF 从身体功能或结果、活动受限和参与受限三个水平提出相关标准评定方法和量表。以脑卒中康复评定为例。

1）身体水平-身体结构和功能评定：身体结构评定包括脑卒中的部位和大小，脑损伤的部位与大小，脑血管异常情况等。脑卒中后身体功能的评定主要涉及 ICF 所描述的精神功能、感觉功能、发音、言语功能、神经肌肉功能和运动功能多方面损伤。

2）个体水平-活动水平评定：在 ICF 框架体系中，活动内容很多。在脑卒中康复评定中目前仍然以日常生活活动能力（ADL）的评测为主。

3）社会水平-参与水平评定：参与包括对学习、工作、社会活动等方面的性质、程度进行评定。

4）背景性因素评定：脑卒中时，应评定的背景性因素包括：老年人本人的特点，如年龄、性别、教育水平等、以前的功能水平、生活习惯、爱好、并发症等；家庭和护理人员的特点（如家庭成员的支持程度等）；居住的环境和社区的特点（如家庭的居住条件、社区的便利程度等）。

（二）功能障碍的治疗

功能障碍的处理因疾病、功能限制和个体不同而变化，但康复治疗计划和实施原则应包括：

1. 明确临床症状的处理与功能障碍恢复的关系　明确临床症状与功能障碍的关系对于康复治疗计划的制订和实施十分重要。例如，针对高龄老年人脑卒中所致的偏瘫，康复专业人员要帮助老年人降低期望值，平稳度过突发功能障碍所致的心理改变，使其正确面对现实等。

2. 减少内在限制因素的原则　在 ICF 分类体系中，背景因素分为环境因素和个人因素。内在限制指个人因素，是与个体相关联的、不利于功能障碍恢复的背景性因素，如老年人的功能和残疾状况、年龄、性别、教育、职业、性格、生活习惯、生活经历、社会背景、应对方式等。

3. 减少外在限制因素的原则　外在限制因素在 ICF 体系中被归纳为不利的环境因素。环境因素是指构成个体生活背景的外部或外在世界的所有方面，并对个体的功能发生影响。环境因素包括自然界及其特征、人造自然界、与个体有不同关系和作用的其他人员、态度和价值、社会体制和服务以及资产、规则和法律等。

4. 使用必要的辅助器具　使用辅助器具和用品是帮助克服和替代功能障碍的一种行之有效的方法。各类辅助器具，如轮椅、助行器、拐杖等，可以帮助老年人改变完成任务的方式或途径，减轻家庭负担，最大限度地参与社会生活。

5. ICF 体系作为功能障碍康复计划制订的基本框架　康复医学的主要任务包括功能障碍的预防、诊断、评定、治疗及处理。康复工作的主要目的是让个体尽可能不发生残疾或降低残疾程度。ICF 提出了新的残疾模式，为我们认识残疾现象、发展康复事业提供了理论基础和分类方法。

三、医养结合机构康复服务管理要求

（一）医养结合机构康复服务的人员组成

1. 构成　医养结合机构康复服务的人员配置至少包括：康复医师、康复护士、物理治疗师、作业治疗师、言语治疗师、老年照护师、社会工作者等。

2. 专业人员资质与职责

（1）康复医生：具有医师资格证书，经注册具有康复医学专业的执业范围的医师执业证书。主要负责康复医疗工作。

（2）康复治疗师：高等专业学校康复治疗师专业毕业生，或通过全国卫生专业技术资格的康复治疗师（士）考试并取得康复治疗师（士）资格证书者。主要负责老年人肢体运动功能、日常生活活动能力、感知觉、认知能力、语言能力等的评定，制定相应康复训练方案和训练效果评价、反馈、完善等。

（3）康复护士：同临床护士要求，有条件的应接受康复医学的专业培训或继续教育学习。主要负责老年人的临床康复护理。

（4）老年照护师：高等或中等专业学校社区康复、老年保健与管理、老年服务与管理等相关专业的毕业生。在日常生活中竭尽全力使老年人从被动接受他人护理（替代护理）转变为老年照护师指导或协助下老年人自己尽可能照料自己的辅助性护理（辅助护理）。

（5）社会工作者：高等专业学校社会学专业毕业生，获得社会工作证书者。是促进老年人社会康复的工作人员。

（二）医养结合机构康复服务的场地和设施要求

1. 场地要求

（1）空间宽敞：以便于进行各种康复训练和活动。

（2）环境安全：无危险物品和障碍物，地面要平整，不易滑倒。

（3）光线充足：便于进行各种康复训练和活动，也有利于患者的心理健康。

（4）气氛温馨：营造出轻松、愉悦的氛围，有利于患者的康复。

2. 设施设备要求

医养结合机构按医疗机构执业要求提供康复服务，其设施设备应按医疗规范配置，应执行国家无障碍设计规定的相关标准。

（1）功能评定设备：包括日常生活活动能力、认知功能、语言功能、运动功能、吞咽功能等评定设备。

（2）治疗与训练设备：包括用于运动训练、作业治疗、日常生活活动能力训练、语言训练、吞咽训练、认知训练等治疗与训练设备。

（3）辅助矫形设备：在医养结合机构主要包括各类辅助器具，如助行器、轮椅、拐杖、矫形器等。

（4）康复治疗室：地板、墙壁、天花板及有关线管应易于康复设备及器械的牢固按照、正常使用和检修。有良好的通风和室温调节设备，应结合老年人的特点，对不同功能与作用的治疗室进行装饰，但色彩的设计和布置应有利于老年人的治疗和训练。

（5）活动场地：配备可开展小组活动、认知康复训练、室内多功能活动室、室外康复花园等的活动空间。

（6）环境设施：提供舒适、安全、卫生、便利的环境设施，如空调、照明、卫生间、洗手间等。同时，配备各种安全设备，如紧急呼叫系统、灭火器等，以便在紧急情况能够应急处理。

（三）医养结合机构康复服务原则

1. 康复服务人员应认真、全面、客观了解和评估老年人的基本信息，包括疾病情况、功能障碍、日常生活能力、认知能力、感知觉、活动与参与情况、背景性因素等。

2. 康复服务人员应结合老年人的功能情况、必要的实验室检查、影像学检查等，经过分析作出明确诊断后，制定康复治疗方案。

3. 规范老年人康复服务病案书写，记录老年人的康复评定结果、康复治疗项目和康复训练效果评价等。

4. 康复医生应对接受治疗的老年人定期复查，了解治疗效果和病情变化，修改康复治疗方案。

5. 康复治疗师应对治疗效果定期评估，并做好详细记录，分析老年人现存的问题，确定康复治疗目标，制订康复计划及措施。

6. 康复服务人员应在训练过程中密切观察老年人的情况和反应，向老年人交代注意事项和自我观察方法。

7. 康复服务人员应指导老年人正确选择和使用辅助器具，包括辅助器具的强度、时限性、柔韧性及重量。

8. 康复服务人员应运用心理学的方法，加强老年人的心理疏导，促进老年人的心理、情绪、认知、行为、人际交流及躯体功能发生积极变化，达到缓解和消除老年人焦虑、恐惧、抑郁等症状，促进老年人的全面康复。

9. 康复服务人员应运用综合性的教学活动，借助游戏等趣味性教学活动形式，全面提升老年人的运动功能、语言功能和日常生活活动能力。

10. 康复服务人员应不断学习国内外先进的老年人康复服务新理念、新技术、新方法。

医养结合机构康复服务管理应运用 ICF 框架理念对老年人的身体功能和结构、活动与参与、背景性因素进行整体评定，制定符合老年人特点的个性化康复治疗方案，促进老年人主动健康、主动康复、重新参与社会生活的信心，帮助老年人获得生理及心理的全面康复。

（何春渝）

第五节　医养结合机构营养与膳食服务管理

案　例

李奶奶，84 岁，身高 152cm，体重 55kg，子女定居在国外，5 年前丧偶，2 年前患脑梗后入住一家医养结合机构。目前，李奶奶左侧肢体活动障碍，平日由护理员喂饭，以进食软食为主，偏爱素食，进食情况良好。

李奶奶平日少言寡语，不爱与人交流，也不积极活动，近期有近事遗忘且进行性加重的情况。护理员发现近一个月来其食欲减退，食量减少，只进食米粥、面片汤等，经常出现呛咳，体重减轻 10kg，且睡眠不佳、质量下降，有昼夜颠倒、不愿与人交流等表现。

请问

1. 工作人员应如何对李奶奶进行有效照护？

2. 如何制定合适的营养膳食方案，有效改善李奶奶的营养状况？

营养与膳食服务是医养结合机构中老年人最基本的生活保障之一。合理膳食对改善老年人的健康、增强抵抗力，预防和治疗疾病、延年益寿，提高生活质量具有重要作用。服务质量的好坏将直接地影响他们的生活质量和健康状况。

一、医养结合机构营养与膳食服务管理概述

（一）老年人营养与膳食特点

老年人随着年龄的增长，消化和代谢功能减退，直接影响人体的营养状况，如牙齿脱落、消化液分泌减少、胃肠道蠕动缓慢，使机体营养成分吸收利用下降。故老年人的膳食以保证营养为主，兼顾口味、卫生美观、增进食欲的原则，注意色、香、味、形，防止食物单一，使膳食品种多样化，并注意少食多餐。另外，老年人往往合并多种慢性病，需要针对不同种类的疾病制定合理的治疗性饮食。

（二）医养结合机构营养与膳食服务管理要求

1. 医养结合机构应该配备兼职或专职的营养师，可由具备医学专业知识的营养师或经过营养培训的医务人员担任，负责老年人的营养配餐、食谱制定、食品卫生和食品安全监督指导。

2. 机构日常营养工作中，需要增加老年营养风险筛查评估和营养干预工作，定期对老年人进行营养风险筛查评估，对营养不良的老年人尽早进行营养干预，经常开展营养知识的科普讲座和健康教育。

3. 加强对机构医护人员营养知识和技能的培训，掌握医学营养知识，更新观念，在目前营养师不足的情况下，老年营养的工作可以由医务人员兼管。其次，加强对机构管理人员的膳食营养知识技能培训，把营养工作纳入对机构服务的考核评价范围，以提高对老年营养的关注和住养老人的生活质量，提升养老机构的服务能力。同时，可在养老护理员职业培训中增加老年营养与营养干预的相关内容。

4. 机构可配备专业厨师，并对其进行老年膳食和常见老年疾病治疗饮食的培训，持证上岗，保障餐饮质量与安全。

二、医养结合机构营养与膳食服务管理内容

各类机构内的老年患者营养不良及营养风险患病率较高，因此，需要通过全面的营养风险筛查，给予及时、恰当的营养支持。

（一）营养风险筛查与评估

营养风险筛查是通过体重指数（body mass index，BMI）、疾病、膳食摄入情况等综合性数据充分识别患者是否存在营养不良及其严重程度。再根据筛查结果进一步评估患者的营养状况，实施个体化护理，从而改善预后。机体营养状态可以分为营养正常、营养风险、营养不良。营养风险是指因营养因素对疾病患者临床结局（包括感染等并发症）发生不利影响的风险。营养不良是指因能量、蛋白质及其他营养素缺乏，导致机体功能乃至临床结局发生不良影响。对于医养结合机构老年人，不良营养状态使其生活质量下降、疾病发病率增加、住院率增加；对于基础疾病严重的老年患者，不良营养状态使其病死率、感染发生率等临床结局恶化，因此有必要进行营养风险筛查和评估。

1. 评估内容　营养评估是对营养、代谢状况及机体功能等进行全面的检查和评估，以便制订个体化的营养干预计划。根据中华医学会老年医学分会制定的《老年人营养不良防控干预中国专家共识（2022）》推荐，营养评定内容包括人体测量、生化指标、临床评估、膳食调查、环境评估。

2. 评估方法　目前常用的营养筛查工具包括微型营养评价简表（mini nutritional assessment short form，MNA-SF）、营养风险筛查量表（nutrition risk screening，NRS2002）、营养不良通用筛查工具（malnutrition universal screening tool，MUST）、老年营养危险指数（geriatric nutritional risk index，GNRI）、主观营养评定（subjective global assessment，SGA）等。

（二）营养干预

1. 目的　营养干预是使用营养方法和技术，改变不良的饮食习惯和行为，探究并解决个体或者群体的营养问题，维持或提高患者能量及营养素的摄入，提高其营养水平，减缓机体代谢紊乱，以达到增进健康及提高生活质量的目的。

2. 方法

（1）基本原则：在治疗时，规范的营养干预治疗遵循营养不良五阶梯治疗原则，即营养教育，依次选择口服营养补充，全肠内营养、部分肠外营养，最后选择全肠外营养。

（2）营养干预步骤：通过收集资料和调查分析确定营养问题，制定项目目标，制订计划和安排活动，执行计划，最后监测和评价。制订和执行计划的步骤需要根据监测反馈进行动态调整。

（3）干预手段

1）营养教育：是有计划、有组织、有系统和有评价的干预活动，包括设计、选择教育途径和资料、准备教育资料和预实验、实施营养教育和评价。教育的核心是提供人们膳食行为改变所必需的知识、技能和社会服务，帮助人们树立食品与营养的健康意识，养成良好的膳食行为与生活方式，使人们在面临营养与食品卫生方面的健康问题时，有能力作出有益于健康的抉择。

2）肠内营养：口服营养补充是以增加口服营养摄入为目的，将能够提供多种营养素的营养液体、半固体或粉剂的制剂加入饮品和食物中经口服用。通常用于在食物不足以满足机体需求的情况下补充摄入。无法经口进食或饮食联合口服营养补充无法达到60%能量目标的患者，可给予管饲饮食。管道喂养途径包括鼻胃管、鼻肠管、胃造口、空肠造口等。喂养途径的选择取决于喂养时间长短、患者疾病情况、精神状态及胃肠道功能。

3）肠外营养：又称静脉营养，是从静脉内供给营养作为手术前后及危重患者的营养支持。肠外营养的途径有周围静脉营养和中心静脉营养。肠外营养是经静脉途径供应患者所需要的营养要素，包括热量（碳水化合物、脂肪乳剂）、必需和非必需氨基酸、维生素、电解质及微量元素。肠外营养分为完全肠外营养和部分补充肠外营养。目的是使患者在无法正常进食的状况下仍可以维持营养状况、体重增加和创伤愈合。静脉输注途径和输注技术是肠外营养的必要保证。

三、医养结合机构营养与膳食服务管理要求

（一）营养与膳食基本原则

1. 搭配合理、营养均衡　营养食谱应多样化，可包括粮食、奶类、动物性食品及油脂类、蛋类、蔬菜和水果等，保证膳食平衡，种类齐全，数量充足，比例适当，既不过多又不缺乏。营养素比例适当，保证足量的蛋白质，人体微量元素平衡，食物品种合理搭配。

2. 食谱制度　编制食谱是按质定量供给膳食的制度，以实现合理营养和平衡膳食的要求。从事营养工作的人员应掌握食谱编制原则和方法。编制食谱应以膳食调配原则为基础，再参考食物供应情况，以及炊事人员的技术水平。按照配膳基本原则制订一日食谱和一周食谱。食谱每周编制一次为宜。

3. 注意食物的合理烹调　注意饭菜制作方法和烹调技术，最大限度地减少因烹调引起营养素损失，提高食物营养素利用率。合理烹调从烹调前的处理、烹调时的操作及烹调后的供应三个方面着手，注意结合老年人咀嚼摄食特点。

4. 合理的膳食制度　膳食制度是指将全天食物按一定数量、质量、次数及时间分配到各餐次的一种制度。根据我国制订的营养素供给标准，结合老年人的健康特点和护理目的，将各类食品配成可口饭菜，按时定量供应。按照传统生活习惯，机构的膳食制度多为一日三餐。各餐进食量的分配早餐占30%、午餐占40%，晚餐占30%。因昼间活动较多，餐间间隔时间较长，所以早、中餐应摄入足够的能量。晚餐能量应严格控制，以避免因餐后活动减少而引起的能量摄入过剩。

（二）营养与膳食调配

1. 膳食种类　医养结合机构的膳食很多，按其性质和烹调原则，基本上可分为基本膳食、治疗膳食、康复护理膳食及实验膳食四类。

2. 基本膳食　基本膳食又名阶梯膳食，分为普食、软食、半流质、流质四种。

（1）普食：主要用于机构消化功能尚可，咀嚼功能良好，无发热等的普通老年人。在膳食配置时不仅要合乎营养的需要，还应注意老年人心理因素进行膳食设计、餐次分配、用料和烹调。

（2）软食：是由半流质饮食过渡到普食的一种饮食，这种膳食除了主食要煮烂外，副食、菜也要软及含少量纤维素。适用于术后、低热、消化不良、咀嚼不便及康复恢复期老年患者。

（3）半流质饮食：食物被加工成半液体状，比软食更易消化。适用于口腔及消化道疾病、中等发热、体弱、咀嚼能力较差以及手术后老年人。

（4）流质饮食：食物呈半液体及液体状态，更易于消化吸收，可少量多餐。

3. 治疗膳食　治疗膳食包括高蛋白膳食、低蛋白膳食、低盐膳食、低胆固醇膳食、高热量膳食、高渣膳食、少渣膳食、贫血膳食、胃病护理膳食、糖尿病膳食。

（三）营养评价

将实施营养干预后所得到的患者健康状况的信息与设定的干预目标进行逐一对照，按照评价标准对膳食提供者的营养干预效果、质量作出评定。

1. 目的　通过营养评价可以验证营养干预的效果，以此为依据可以指导调控营养干预的质量，帮助医养结合机构积累营养膳食经验。

2. 方法　首先要建立统一的营养评价标准，而后收集患者营养状况资料，并依据评价标准评估预期目标是否实现，最后根据评估结果与预期目标的差距重新调整营养干预计划。

3. 服务要求

（1）通过对患者进行观察和记录，对数据进行分析和对比。

（2）充分利用各种评估工具，进行调查研究设计，并应用统计学指标进行分析描述和评价营养干预效果。

医养结合机构应该以保证老年人营养为基本膳食服务提供要求，遵循平衡、多样、适度、合理的

饮食原则、科学搭配、合理烹调,提供科学合理的营养膳食服务。营养膳食的服务内容主要包括营养风险筛查与评估以及营养干预。营养相关人员应熟练掌握常用的营养筛查工具、常用营养干预手段和各类膳食的调配技术。

（肖树芹）

第六节 医养结合机构社会工作服务管理

案　例

钟爷爷,80 岁,患多种慢性疾病,生活不能完全自理。其老伴李奶奶,78 岁,身体状况不佳,常感到腰腿疼痛。为了得到更好的照料,不给子女增加负担,两位老人入住某医养结合养老机构。

钟爷爷表示虽然已在该机构生活 4 个月,还没有习惯和适应这里的生活,常常有孤独感和头痛。钟爷爷退休前是一个部门的主管,退休后心理落差较大,对于机构组织的各类活动提不起兴趣,变得抑郁寡言。

思考

1. 案例中,钟爷爷面临的困境有哪些?
2. 针对钟爷爷目前的困境,医养结合机构社会工作者应采取哪些辅导策略?

一、医养结合机构社会工作服务管理概述

（一）相关定义

1. 医养结合机构社工工作　社会工作者将社会工作的价值理念、理论模式和方法技巧运用于医养结合机构中,为机构的老年人及其家属提供专业服务,以维持和改善老年人的社会功能,提高老年人生活和生命质量,实现老有所养、老有所医、老有所教、老有所为、老有所学、老有所乐。2020 年 8 月 21 日,民政部颁布的《养老机构管理办法》中提到:"鼓励养老机构为社会工作者、志愿者在机构内开展服务提供便利"。这为社会工作在医养结合机构中的推广和普及提供了政策支持。

2. 专业价值　专业价值是指社会工作者为实现其使命和目标,在专业实践中应秉持的信念。医养结合机构社会工作专业价值包括以下几方面内容:

（1）坚持生命至上:社会工作者在为老人提供服务过程中应将保护老人的生命放在第一位。

（2）以老人为中心:社会工作者应以老年人的正当需求为出发点,全心全意为老年人提供专业服务,最大限度地维护老年人的合法权益。

（3）追求社会和谐:通过改善老年人的身体、心理及社会适应状况,提升他们的生活质量和幸福感,从而促进社会和谐发展。

3. 职业守则　职业守则是指导专业人员从事专业活动的道德指引。医养结合机构社会工作者的职业守则包括尊重、接纳、个性化和保密四个方面。

（1）尊重:社会工作者在服务过程中对老人保持礼貌和符合社会文化习俗的礼节和称谓,如:"爷爷／奶奶,您希望我们在哪些方面为您提供帮助?"。

（2）接纳:社会工作者以平等、非歧视的态度对待老人。

（3）个性化:社会工作者注重老人的个体差异,不能用千篇一律的眼光看待老人遇到的问题。

（4）保密:社会工作者应当保护老年人的个人信息和隐私,如:身份资料、健康程度、疾病状况。

（二）医养结合机构社会工作理论基础

1. 认知行为理论　人的行为受到学习过程中对环境的观察与解释的影响。因此,要修正人的行

为,就必须先改正人的认知。在医养结合机构中常见的老年非理性认知包括:"我是家里的包袱""生活中遇到不如意的事就是不幸"等,这些认知使得老人在生活中情绪低落。社会工作者可以通过帮助老人认识自己不合理信念产生的原因或根源,重新建立新的认知。

2. 生命历程理论 个体的生命历程理解为一个由多个生命事件构成的序列,同样一组生命事件,若排序不同,对一个人人生的影响也会截然不同。社会工作者可通过陪同老年人制作"时光日记本"帮助老年人回忆人生往事,重温生命,处理在早期生活中还没有妥善处理的问题,与过去的自己和解,解决长期的心结。

3. 社会学习理论 人的复杂行为的学习是通过后天习得的,观察学习与示范是行为习得的重要途径。社会工作者可以开展新入住老人生活适应小组、慢病管理小组等活动,鼓励组员分享经验、行为展示,帮助其他老人习得新的经验和方法技巧。

4. 活动理论 老年人通过新的参与、新的角色来改变老年人由于社会角色中断所引发的情绪低落。社会工作者可以根据老人的需求和身体状况设计和组织各种类型活动邀请老人参加。

二、医养结合机构社会工作服务常用方法

(一)个案工作

1. 定义 个案工作是指以有需要的老人或家庭为服务对象,运用个别化的工作方式,增强其解决困难和适应社会的能力的一种专业社会工作方法。

2. 方法技巧

(1)鼓励:通过口头语言和身体语言的方式肯定老人的积极表现,使其继续表达自身的感受和看法。

(2)澄清:引导服务对象对模糊不清的陈述和信息做更详细、更清楚、更准确的解说。例如,老人表述"我很烦""最近我心情很不好"时,社会工作者需要引导老人对"烦""心情不好"等作出详细、具体的描述。

(3)对焦:将话题聚焦到重点或关键点。当老人过于细碎地诉说其与子女的各类生活琐事时,社会工作者可以说:"您和您孩子间有没有什么您记得深刻的事情呢?"

(4)自我披露:有选择地向服务对象披露自己的亲身经验、处事方法和态度等,为服务对象提供参考。

3. 个案管理 个案管理是以面临多重问题或需要的老人为服务对象,由社会工作者联动有益于服务对象的资源如:医生、护理员、家庭成员、志愿者,统筹协调服务过程,促进跨专业合作,以满足服务对象复杂需求的整合性服务模式。

4. 个案管理服务要求

(1)接案时,社会工作者应与老年人、护理人员面谈,初步了解并界定老年人的问题,与老年人建立专业关系。

(2)收集资料时应详细了解老年人生理、心理状况、家庭结构、人际关系、过往经历以及老年人自己的需求。

(3)制订服务计划时,社会工作者应与老年人共同商讨并明确服务工作的目标、阶段、方法、时间进度以及具体服务。

(4)开展服务前,社会工作者应提前至少1天与老年人约定见面的时间和地点;开展服务时,应根据服务计划提供服务。

(5)结案前,应预先告知老年人做好结案准备,关注老年人的情绪变化。

(6)个案工作结束后,应不定期探访老年人,给予老年人持续的支持。

(二)小组工作

1. 定义 小组工作是以具有共同需求或相近问题的老年群体为服务对象,通过小组活动过程及

组员之间的互动和经验分享，帮助小组组员改善其社会功能的一种专业社会工作方法，如：新入住老人环境适应小组、自我效能感提升小组、慢病自我管理小组、康体保健小组等等。

2. 方法技巧

（1）示范：演示某些行为供组员模仿。例如，康体保健小组中，社会工作者应站在老年人听得清、看得见的地方向老人讲解和演示标准动作。

（2）澄清：引导老年人对模糊不清的陈述和信息做更清晰的表述。例如，慢病自我管理小组中，老年人对自身慢病管理方法表述不清楚时，社会工作者应及时引导老年人转换表达的方式，力求讲得易懂。

（3）聚焦：协助组员将内容或者问题集中，指出重心和目标。例如，老人们对于某个话题产生游离、多元和分散时，社会工作者可使用身体语言（如手势）阻止大家的讨论，将话题引回到小组主题。

（4）总结：提纲挈领、简明扼要地整理、归纳、概括和阐明组员或小组讨论的要点。在某些组员的发言过长、复杂和宽泛的情况下，社会工作者应及时对关键点进行归纳总结，以便其他老人理解、记忆。

3. 服务要求

（1）制订服务计划时，充分考虑小组成员的身心健康状况，小组的每次活动时长不宜超过 60 分钟，老年人人数不超过 20 人。

（2）开展服务前，与每位老年人交流，邀请其参加小组。

（3）小组工作初期，应开展服务老年人身体情况的热身游戏，与老年人一起讨论并建立小组契约和小组规范。

（4）小组工作中期，应引导老年人实现小组目标，正确处理组员之间的冲突。

（5）小组工作后期，应继续围绕小组目标开展活动，协助老年人从活动中获得新的认知，并将认知转变为行动。

（6）小组工作过程中，出现身体不适或情绪失控的老年人时，应暂停小组活动，再进行个案关注。

（7）小组工作结束期，应处理好离别情绪，做好小组工作的评估。

（三）社区工作

1. 定义　社区工作是医养结合社会工作者基于社会工作的理念，运用社会工作的方法技巧，整合机构资源，在机构所在社区范围内开展医疗健康、志愿服务等专业活动，以强化机构与社区居民之间的沟通和联系，切实履行医养结合机构社会责任。

2. 方法技巧　需求评估是起点与前提，社会工作者采用问卷、访谈、量表等工具评估社区居民的健康状况，明确他们的问题及需求。科学服务方案是关键，社会工作者通过制订和实施个性化的服务方案能有效地提高社区服务的质量。监测与评估是保障，社会工作者在社区服务过程中，随时掌握服务对象健康状况的变化，并根据评价效果调整服务方案，能有效维护、改善和促进服务对象的健康状况。

3. 服务要求

（1）需求为导向，充分调动医养结合机构内的人力资源。

（2）发挥医养结合优势，围绕社区老年人的医疗卫生服务需求开展服务。

（3）组织机构内老年人参与社会活动中，促进老年人的社区融入。

三、医养结合机构社会工作服务管理内容

医养结合机构社会工作是指社会工作者在医养结合机构中，秉持"坚持生命至上、以老人为中心、追求社会和谐"的专业价值和"尊重、接纳、个性化和保密"的职业守则，为机构的老年人及其家属提供各种专业服务，以维持和改善老年人的社会功能，提高老年人生活和生命质量。医养结合机

构社会工作的服务管理包括心理/精神支持服务、文化娱乐服务、教育服务和志愿者管理等内容。

（一）心理/精神支持服务

心理/精神支持服务是由社会工作者为存在社会心理问题和服务需求的老年人所提供的专业服务。

1. 目的 通过心理/精神支持服务可以帮助老年人适应机构环境，摆脱负面心理问题困扰，建立良好人际关系，培养积极社会心态。

2. 内容 根据老年人的心理发展特征，医养结合机构中心理/精神支持服务包括：环境适应、精神慰藉、心理支持、危机干预、社区参与。

3. 服务要求

（1）社会工作者应熟悉机构内心理/精神支持服务流程，掌握心理/精神服务的方法与技巧。

（2）制订老年人熟悉机构环境的适应计划、应急处理程序。

（3）了解掌握老年人心理和精神状况，对有心理问题或问题倾向的老年人及时开展评估，发现异常及时与老年人及相关第三方进行联系。

（4）根据老年人需求，定期为老年人开展个案、小组等多种形式服务，并建立档案。

（5）定期组织老年人进行情感交流和社会交往，组织能力完好且有意愿的老年人每年参加公益活动。

（6）突发应急情况应及时报告，妥善处理，必要时请精神科医师等专业人员协助处理或转至医疗机构。

（二）文化娱乐服务

文化娱乐活动是指在医养结合机构专门的文娱活动场所中针对老年群体的身心特点，所开展的以文化为核心的娱乐活动。

1. 目的 通过文化娱乐活动可以改善血液循环，促进老年人身心健康。同时，展示老年人的才能，促进老人的自我实现和构建新的社会支持网络。

2. 内容 医养结合机构中的文化娱乐服务包括：文化活动、体育活动、休闲娱乐活动、节日及纪念日活动、生日庆祝活动、社区参与活动。

3. 服务要求

（1）文化活动适宜老年人心理精神需求，体育活动适合老年人体能情况，缓和不剧烈。

（2）日常活动种类多样，有适合不同失能等级老年人的活动。

（3）按照老年人需要制订活动服务计划，鼓励志愿者、入住老年人定期参与文化娱乐活动组织计划、实施工作。

（4）日常及特色活动计划提前一周张贴通知告知老年人。

（5）建立老年人文化娱乐活动的安全管理机制，制订相关应急预案。

（三）教育服务

教育服务是指在"终身教育"的理念下，围绕老年人日益多样化的文化需要，有计划、有组织地开展教育活动，是实现老年群体的"老有所学、老有所乐"的重要途径。

1. 目的 通过教育服务可发挥老年人的潜能，增强老年人的安全意识，提升老年人的健康素养。

2. 内容 医养结合机构中的教育服务包括：安全知识、思想道德、科学文化、心理健康、健康科普、法律法规、消费理财、代际沟通、生命教育等。

3. 服务要求

（1）在开展教学活动前，评估老年人服务需求。

（2）设立老年大学，有独立的场地和专门的教学设备且能正常使用。

（3）提供丰富的教学课程，灵活多样的学习形式（如网上学习、志愿服务等）供老年人选择。

（4）有系统的课程安排、教学计划、教案、教材、教师名单、学员花名册。

（5）熟悉机构内教育服务流程、教学目标和方案。

（6）志愿者作为讲师，参与到力所能及的教育活动。

（四）志愿者管理

社会工作者运用现代人力资源的方法和手段，通过招聘、甄选、培训、评估、激励等方式，对机构内的志愿者进行有效使用，最大限度激发其积极性和创造性，从而更好地实现老有所为、老有所乐。

1. 内容 高低龄老人结对陪伴、文明倡导员、红色讲解员、义工服务等。

2. 服务要求

（1）制订志愿者管理规范及信息管理制度。

（2）根据志愿者的年龄、知识、技能和身体状况安排志愿服务活动。

（3）在志愿者提供服务过程中给予培训、指导、协调和全程关注。

（4）建立志愿者绩效评价制度，给予志愿者相应荣誉表彰和激励回馈。

（5）建立志愿者权益保护和反馈机制。

（喻秀丽）

第七节　医养结合机构安宁疗护服务管理

案　例

张奶奶，86 岁，乳腺癌，全身多处淋巴结、骨转移，面部、双上肢、双下肢重度水肿，伴恶性疼痛半年。其家属也承受着巨大的照护压力和心理上的痛苦。张奶奶随后被送至某医养结合机构安宁疗护病区，经安宁疗护团队全方位照护，患者疼痛情况较前有所缓解，通过社工师的深入沟通，了解到患者内心深处的需求及愿望，并帮助其实现。

请问

1. 工作人员应如何对张某进行有效照护？

2. 如何有效地对家属进行哀伤辅导，帮助家属尽快恢复正常生活？

3. 医养结合模式下如何有效地对住养老人进行生死教育？

安宁疗护在欧美等国家称为"hospice care"，又被译为"安宁缓和医疗""舒缓医学""舒缓疗护""姑息医学""临终关怀"等。2017 年，国家卫生和计划生育委员会颁布的《安宁疗护实践指南（试行）》中确定用"安宁疗护"。采用"安宁疗护"一词可避免传统文化和生死观对于"临终和死亡"的避讳，有利于安宁疗护服务理念更好地被社会大众接受和认可，推动我国安宁疗护事业的发展。

一、医养结合机构安宁疗护服务管理概述

（一）安宁疗护概念

《安宁疗护实践指南（试行）》对安宁疗护定义是：安宁疗护以临终患者和家属为中心，以多学科协作模式进行实践，主要内容包括疼痛及其他症状控制、舒适照护、心理、精神及社会支持等。

WHO 将其定义为：以多学科照护团队形式，以患者和家属为照护对象，通过早期识别、积极评估、治疗疼痛等为目标，提供躯体、心理、社会、精神的全面照护，从而提高生命末期生存质量，使患者能够安宁、有尊严地度过余生，并使家属的身心健康得以维护。

（二）医养结合机构安宁疗护目标

安宁疗护管理目标是消除内心冲突、复合人际关系、实现特殊心愿、安排未完成的事业及与亲朋好友做好道别。

1. 减少老人痛苦 安宁疗护的目的不是治愈疾病，而是通过对各种症状的控制，缓解系列症状给老人带来的不适，减轻老人痛苦，提高生活质量。

2. 维护老人尊严 通过尊重老人对生命末期治疗及康复的自主权力，尊重老人的文化和习俗需求，采取老人愿意接受的治疗方法，并在照护过程中，充分尊重老人隐私，提升老人的尊严感。

3. 帮助老人平静离世 通过与老人及家属沟通交流，了解老人内心深处的需求及愿望，并帮助其实现，达到内心平和、精神健康的状态，老人能平静、安详离世。

4. 减轻家属的负担 通过安宁疗护多学科团队的照护，减轻家属的照护、心理负担，并给家属提供居丧期的帮助和支持，帮助家属度过哀伤阶段。

（三）医养结合机构安宁疗护服务要求

2024 年国家卫生健康委员会发布了《老年安宁疗护病区设置标准》（WS /T 844-2024）对老年安宁疗护病区的设置提出了明确要求。医养结合机构安宁疗护病区应参照设置。

1. 床位与空间要求

（1）床位数：病区床位数应不少于 20 张。

（2）床单位空间要求：每床净使用面积不少于 7 平方米，每床间距不少于 1.5 米；2 人以上房间需设置帷幕或隔帘（特殊护理要求除外）。

2. 功能区域设置

（1）应配置病房、医务人员办公室、护士站、治疗室、处置室。

（2）建议配置谈心室（供医患沟通）、关怀室（尊重民俗文化的告别空间）、配膳间、沐浴间、多功能活动室等。

（3）承担安宁疗护教学培训任务的应配备相应的教学场所与设施。

3. 人员配置

（1）组建安宁疗护团队：包括医师、护士、药剂师、康复医师 / 康复治疗师、精神卫生工作者、营养师、医疗护理员、社会工作者、志愿者等。所有成员应具有相应职业资质，并接受过安宁疗护培训。

（2）人员配比：医师不少于 0.2 名 / 张床位，病区主任应为具有麻醉及精神类药品处方权的执业医师，宜有老年医学经验。护士不少于 0.4 名 / 张床位，护士长需具备主管护师及以上职称。医疗护理员与护士比建议为 1∶3，至少配备 1 名社会工作者。

4. 设施与设备

（1）基本设备：听诊器、血压计、心电图机、血氧饱和度监测仪、气垫床、呼叫装置等常规医疗设备。

（2）辅助设备：建议配置冰毯、冰帽、空气压力波治疗仪、助浴床、移动洗头器、站立及行走辅助器、异形枕、翻身器、坐式体重计等。

（3）适老化设计：病区需满足无障碍、适老化要求，如病床高度可调（最低 0.41 米～0.53 米）、走廊设扶手、房间方便轮椅进出等。

5. 人员培训

（1）根据各类人员的职责制定相应的培训内容，上岗前完成相应的岗前培训。

（2）由市级或市级以上主管老龄工作或医疗卫生工作行政部门授权的市级或市级以上医疗机构、行业协会等组织培训。安宁疗护从业人员按要求完成相应培训内容，考核合格后上岗。上岗后需达到岗位所需的继续教育要求。

6. 服务原则

（1）在医养结合机构，遵循"安宁共照"原则，建立小组照护模式。

（2）遵循"全人、全家、全队、全程、全社区"的"五全"照护原则。

7. 质量管理

应建立完善的安宁疗护服务管理制度，包括医患沟通、疼痛管理、心理支持、人文关怀等规范，确保服务质量。

二、医养结合机构安宁疗护服务管理内容

（一）症状控制

1. 目的　安宁疗护通过症状控制系列措施缓解终末期患者的症状负担，减轻痛苦，最大限度提高患者的生活质量。

2. 内容　终末期患者症状控制包含有疼痛、呼吸困难、咳嗽咳痰、咯血、厌食、恶病质、吞咽困难、恶心、呕吐、腹胀、便秘、口干、乏力、睡眠障碍、昏迷和压疮等。终末期患者常见症状控制及护理是安宁疗护的核心内容，是心理、社会、精神层面照护的基础。

3. 服务要求

（1）症状控制是以缓解痛苦，促进舒适为前提，并非各类医疗仪器设备以及药物的堆砌，从而加重患者及其家属的心理经济负担。

（2）在临床实践中症状控制的方法及其手段仍然需要有效的医患沟通，通过正确的症状评估、合理的用药依据，以充分反映治疗决策的合理性。

（二）舒适照护

1. 目的　舒适照护是一种整体的、个性化的、创造性的、有效的护理模式，其目的是使患者在生理、心理、社会、精神上达到最愉快的状态，或降低不愉快的程度。因此，为终末期患者提供舒适照护是安宁疗护不可缺少的一部分。

2. 内容　舒适照护的服务内容包括：病室环境的管理、床单位的管理、口腔护理、肠内、外营养护理、静脉导管的维护、留置导尿管的护理、会阴护理、协助沐浴和床上擦浴、床上洗头、协助进食饮水、排尿、排便异常的护理、卧位的护理、体位转换、轮椅与平车的使用等。

3. 服务要求

（1）在开展舒适照护的过程中需要遵循以预防为主，促进舒适。

（2）加强观察，发现诱因；采取措施，消除不适。

（3）互相信任，心理支持的原则，最大限度地促进患者身、心、社、精神层面的舒适。

（三）心理支持和人文关怀

1. 目的　恰当运用沟通技巧与患者建立信任关系，帮助患者应对情绪反应，鼓励患者和家属参与，让其保持乐观顺应的态度度过生命终末期，从而舒适、安详、有尊严离世。

2. 内容

（1）心理支持：安宁疗护工作人员应通过表情、言语、姿势、行为等影响和改变生命末期患者的心理状态和行为，解除他们的苦闷及恐惧；通过与患者的交流，了解患者的心理需求和意愿，帮助其缓解情感上的不安。合适的心理支持和人文关怀可以与症状控制互相作用，从而提高终末期患者的生命质量。

（2）社会支持：终末期患者人际关系网络发生改变，易导致患者产生支持度不够等感受。安宁疗护工作者要关心、爱护终末期患者，了解患者心理需求和变化，做好宣教、解释和沟通。鼓励有条件的医疗机构开展医务社会工作和志愿者服务，为有需求的患者获取社会资源提供帮助；同时，鼓励家属参与照护、及时表达对患者的关心，让他们感受到外界的关心与支持，尽力满足患者的要求和希望，使他们在精神上得到宽慰和安抚，陪伴患者直至其离世。

（3）精神慰藉：终末期患者在情绪上会出现否认、害怕、恐惧等，尤其是独自面对时，担心被遗弃及死后留下的挚爱家人，安宁疗护工作者应通过倾听、同理、冥想、尊严疗法、回忆疗法等方法缓解患者精神的困扰，向患者提供信任安全的环境，帮助其在亲人陪伴、关怀下安然离世。

（4）哀伤辅导：亲人面对终末期患者即将逝去，难以接受丧亲的现实，或不能承受丧亲的痛苦，或无法适应丧亲后的环境改变，从而表现出严重的焦虑、烦躁和愤怒。安宁疗护工作者与家属多交流

沟通,聆听家属的诉说,鼓励和引导其宣泄情感等。在患者去世后,安宁疗护工作者可通过电话、邮件或探访的方式,与家属保持联系,通过哀伤辅导技术帮助他们摆脱丧亲痛苦,尽快恢复正常生活。医养结合养老机构工作人员和临终患者接触时间较长,在长时间的相处过程中容易建立深厚感情,安宁疗护工作中在关注患者及其家属的同时,也需要关注工作人员的情绪,认可他们的付出,及时予以疏导。

3. 服务要求

(1)心理支持和人文关怀不仅包括对患者及其家属的关怀,也包括安宁疗护工作者之间的相互关怀以及自我关怀。

(2)在对患者及其家属实施关怀的过程中,适时使用共情技术,充分尊重患者及其家属的隐私,尊重患者的权利及意愿,以人为本。

三、医养结合机构安宁疗护伦理原则

安宁疗护伦理的基本任务就是为终末期患者提供生理、精神、社会的照顾及有效的疼痛和其他症状控制;应用安宁疗护相关沟通技巧为患者和家属提供辅导和支持;尊重患者的意愿,促成符合安宁疗护伦理和法规的治疗决策;为悲伤和居丧期的家属提供哀伤辅导等。安宁疗护伦理顺应了社会发展的需要,是现代医学发展的人文体现,是伦理道德的进一步延伸。

(一)尊重与自主原则

尊重原则是生物 - 心理 - 社会医学模式的必然要求和具体体现,是安宁疗护伦理基本原则的必然要求和具体体现。尊重自主原则的实现有其必要的前提条件:一是要保证医患双方受到应有的尊重;二是要保证医务人员为患者提供适量、正确并且患者能够理解的诊疗护理信息;三是要保证患者有正常的自主能力,情绪是正常的,决定是经过深思熟虑并与家属商量过的;四是要保证患者自主性的选择和决定不会与他人利益、社会利益发生严重的冲突。

(二)知情同意原则

知情同意原则是临床上处理医患关系的基本伦理准则之一。安宁疗护实践中医务人员与患者、患者家属之间对患者病情进展、治疗方案、非治愈性治疗、不予延命医疗等方面的真实、充分的信息,尤其是不可预测的意外及其他可供选择的诊疗方案及其利弊等信息,使患者或家属充分知晓下自主作出选择;在得到患方明确承诺后,才可最终确定和实施方案。

(三)人道主义原则

人道主义原则是指以救治患者的痛苦与生命,尊重患者的权利和人格为中心的医学道德的基本原则之一。在安宁疗护实践活动中,要求医务人员要有敬畏并尊重生命的意识,尊重每一名终末期患者,尊重患者的生命质量与生命价值,尊重终末期患者的正当愿望,提供患者身体、心理、社会、精神全方位的照顾及对家属的哀伤辅导。

(四)行善或有益原则

行善或有益原则的基本精神就是选择好的医疗护理行为,不做坏事,禁止做与安宁疗护伦理相违背的行为。

(五)有利与无伤害原则

有利与无伤害原则又称不伤害原则,是指医务人员的医疗动机、行为、后果均应避免对患者造成伤害。医务人员在安宁疗护实践中应树立有利而不伤害的思想理念,在多种安宁疗护的措施中选择并实施对终末期患者最佳的安宁疗护服务措施,如减轻患者的疼痛、减轻患者的呕吐、引导终末期患者正确面对死亡。

(六)公正公平原则

在安宁疗护实践中,公正公平原则的内容与实际内容存在差距,现实的安宁疗护伦理正在追求那份理想的公正公平原则的路上稳步前行。

安宁疗护是一项多学科团队协作的实践模式，让每一位终末期患者坦然接受死亡，死得安详、舒适、有尊严是安宁疗护追求的目标。从全生命周期的全程健康服务视角出发积极构建医养结合机构安宁疗护服务管理模式，营造良好的善终社会氛围，助力广大人民群众"优逝"愿望的实现。

（喻秀丽）

 思考题

1. 医养结合机构中如何对潜在的衰弱老人进行预防保健？
2. 医养结合机构中护理服务与照护服务的区别是什么？
3. 怎样为入住医养结合机构的老人提供心理精神支持？
4. 医养结合机构对特殊药品的管理有何要求？
5. 医养结合机构如何做好康复服务安全管理？
6. 医养结合机构的营养与膳食服务管理要点是什么？
7. 您是如何看待医养结合机构社会工作的专业价值和职业守则？
8. 医养结合机构开展安宁疗护的伦理原则是什么？

第六章

医养结合机构质量管理

医养结合工作始终坚持以老年人需求为导向,以提升医养结合服务质量为工作出发点和落脚点,为老年人提供安全、规范、优质的医养结合服务为发展方向。着力解决影响医养结合机构服务质量的突出问题,建立医养结合质量标准和管理规范,是实现医养结合机构高质量发展的重要任务。

第一节　医养结合机构质量管理概述

> **案　　例**
>
> 黄爷爷,78岁,在某医养结合机构居住了2年。近日,张爷爷因下肢行动不便,夜间不慎坠床导致髋关节骨折。工作人员发现后及时将黄爷爷转入医院治疗。经过本次事件,该机构进行了防坠床的培训及应急演练,并邀请相关部门对其工作质量进行了督导,还制订了本机构的医养结合质量提升计划,希望按照计划逐步对工作人员进行专业化培训,杜绝此类事件再次发生。
>
> **请问**
>
> 1. 什么是医养结合机构质量管理工作?
> 2. 医养结合机构质量管理的要求是什么?
> 3. 医养结合机构质量管理的内容有哪些?

质量管理是企业为保证和提高产品质量而对各种影响因素进行的计划、组织、协调和控制等各项工作的总称。医养结合机构的质量管理是机构为实现质量方针和目标,而进行的所有质量方面的指挥与控制性活动。

一、质量管理概述

(一)相关概念

1. 质量(Quality)　质量又称为品质。从生产角度来说,质量就是产品符合规定的程度。根据国际标准化组织(International Organization for Standardization,ISO)的定义:质量是指一组固有特性满足要求的程度。通俗理解，质量是用来表示某一产品或某一项服务在使用时的合理程度。

2. 质量管理 质量管理是指确定质量方针、目标和职责，并通过质量体系中的质量策划、质量控制、质量保证和质量改进来使其实现的所有管理职能的全部活动。

（二）质量管理的内容

质量管理是组织管理活动的核心内容，主要包括制定质量方针和目标，建立质量体系、进行质量策划、开展质量控制和质量保证活动、持续质量改进等相关内容。

1. 制定质量方针和目标 质量方针是由机构的最高管理者正式颁布的该机构总质量宗旨和方向，质量方针是机构经营总方针的组成部分，是管理者对质量的指导思想和承诺，各部门和全体人员执行质量职能以及从事质量管理活动所必须遵守和依从的行动纲领，为质量目标的制定提供了框架和方向。质量目标是机构按照质量方针所提出的在一段时间内质量上要达到的预期成果。

2. 建立质量管理体系 质量管理体系是机构实施质量管理活动所需要的人力和物质资源。不仅包括建立组织架构，还需要明确组织架构中各个部门人员的责任和工作方式，使机构各方面的质量工作有效开展，并促进各部门工作的协作，提升机构整体服务质量。

3. 开展质量策划 质量策划是质量管理的一部分，是根据质量目标确定工作内容（措施）、职责和权限，然后确定程序和要求，最后付诸实施。在管理过程中，需要通过质量策划使质量方针和目标具体化，便于各部门和员工具体落实。质量策划的目的是保证最终的结果能满足服务对象的需要。质量策划包括质量管理体系策划、产品实现策划以及过程运行策划。

4. 开展质量控制和质量保证 质量控制是指为了满足质量要求而对产品或服务质量形成全过程中的专业技术和管理技术两方面因素进行控制。质量保证活动侧重于为满足质量要求提供使对方信任的证据，而质量控制活动侧重于满足质量要求。

5. 持续质量改进 质量改进是指在整个机构范围内所采取的提高活动和过程的效果与效率的措施。质量改进的目的是消除系统性问题，为机构和服务对象提供更大的利益。通过合理运用质量管理工具，不断寻找问题、解决问题，提供机构的整体服务质量，增强机构的竞争力。

（三）质量管理的目的及意义

质量管理最终目的是确保服务的高质量、高效率、高安全性，以满足服务对象及相关第三方对服务的需求和期望，从而获得服务对象的信任和满意度，并赢得市场竞争优势。

1. 提高服务对象满意度 通过实施质量管理，机构可以更好地把握服务对象需求，制定出适合市场的产品和服务，并且不断改进以保持满意度。满意度是一个机构成功的重要因素，而质量管理可以帮助组织达成这个目标。

2. 提高生产效率 质量管理范围包括整个生产过程的各个环节，从原材料采购到最终产品或服务的交付。实施质量管理可以协调生产过程中的各个环节，避免资源的浪费，在保证产品或服务质量的前提下提高生产效率。

3. 最大限度地减少错误和缺陷 质量管理可以帮助机构最大限度地减少错误和缺陷，从而减少成本和损失。通过实施质量控制和检查，可以及时发现和纠正问题，防止生产出次品或不合格品，从而减少成本和损失。此外，质量管理还可以识别并解决生产过程中的潜在问题，从根本上减少错误和缺陷。

4. 创造一个良好的品牌形象 实施质量管理，机构可以创造一个良好的品牌形象。通过提供高质量的产品和服务，可以赢得服务对象的信任，并在竞争激烈的市场中获得竞争优势。同时，质量管理也可以帮助提高员工士气和工作效率，从而提高机构的声誉和知名度。

5. 提高组织的竞争力 在市场竞争加剧的趋势下，机构需要提供高质量的产品和服务以保持竞争力。通过实施质量管理，机构可以不断改进并提高其产品和服务的质量，从而提高综合竞争力。

（四）质量管理的原则

质量管理的原则是开展质量管理活动的理论基础和普遍原则，是建立、实施、保证和持续质量改进的指导思想。质量管理包含以下七项原则。

1. 以服务对象为关注焦点 服务对象是机构赖以生存的基础。首先，需要辨识从机构获得价值的服务对象和相关方，理解服务对象当前和未来的需求和期望，通过改良产品或提升服务满足服务对象要求并争取超越顾客期望。

2. 领导作用 领导建立统一的宗旨和方向，建设企业文化，创造一个宽松的环境和氛围，激发、鼓励员工积极参与，并创造全员积极参与，实现机构的质量目标的条件。

3. 全员参与 整个机构内各级胜任、经授权并积极参与的人员，是提高机构创造力和提供价值能力的必要条件。

4. 过程方法 过程是指利用输入实现预期结果的相互关联或相互作用的一组活动。系统识别和管理机构所应用的过程，特别是这些过程之间的相互作用，称为过程方法。将机构的各项活动和相关资源作为过程进行管理，可以更高效地得到期望的结果。

5. 改进 改进对于机构保持当前的绩效水平，对其内、外部条件的变化所作出反应，增强机构服务能力的活动。持续改进总体业绩并创造新的机会，是机构永恒的追求目标。

6. 循证决策 决策是针对预定目标，在一定限制条件下，从诸多方案中选出最佳的一个付诸实施。对事实、证据和数据的分析可导致决策更加客观、可信。

7. 关系管理 供方是机构的相关方或受益者，双方是相互依存的关系。为了持续成功，组织需要管理与相关方（如供方）建立互惠互利的关系。

二、医养结合机构质量管理的机制

机制原指机器的构造和工作原理。

为保证医养结合机构质量管理工作的顺利开展，并能及时发现问题，迅速处理，以确保及提高产品质量，使之符合管理及市场的需要，需要质量管理制定并落实质量管理制度。

（一）建立三级质量管理组织架构

1. 决策层 建立医养结合机构领导小组，采用过程方法，构建和运行一个以服务对象为关注焦点、全员积极参与的质量管理体系，通过数据和信息分析进行有效决策，使体系不断改进。

2. 控制层 机构中层干部，控制和管理医养结合机构中的各个分支，并将各分支呈递上来的重要的事项，向上级汇报。

3. 执行层 由每一位员工构成。按时按质按量完成自己的工作任务。

（二）质量管理部门的职能

1. 调查研究综合分析提出医养结合机构方针供领导参考。

2. 拟制医养结合机构全面质量管理的长期和近期计划，拟订全面质量管理的规章制度，并代表领导对医养结合机构质量管理体系实行监督、检查与保证实施。

3. 对医养结合机构新老产品的方向性、战略性、关键性的重大问题进行监督、检查。

4. 协调医养结合机构质量管理中的纠纷，并有权代表领导进行仲裁，有权对各部门上报质量数据进行审查核对，并提出奖惩建议。

三、医养结合机构质量管理的程序

为适应我国医养结合机构发展需要，遵循全面性、科学性、规范性、时效性和实用性的原则，国家相关部门制定了医养结合机构质量管理内容。医养结合机构质量管理应当以老年人健康为中心，根据机构资质和服务能力，为老年人提供专业、规范的医养结合服务，满足老年人多层次多样化的医养服务需求。

（一）制定质量方针

医养结合机构的质量方针是总的医疗和养老服务质量管理的宗旨和方向。制定质量方针要求做到精准及时、科学管理、高效公平、持续改进。坚持以老年人为中心，实行全面质量管理，最大限度满足服务对象的不同需求。严格遵守相关法律法规，认真执行管理规章制度和服务技术规范。重视预防质量缺陷的产生和发展，关注环节质量因素，对服务的每一个工作环节，每一项操作进行严格的质量控制，兼顾成本和效益。经济合理不仅指医养结合机构要追求盈利，而且也要关注成本控制。在产品或服务质量的保证下，通过不断优化流程、提高效率，以最小的成本实现最大的效益。

（二）制定质量目标

医养结合机构的质量目标是基于机构质量方针提供的框架而建立的。通过问卷调查、电话访谈、召开座谈会等多种方式来了解老年人及家属的需求及其满足程度，始终坚持以老年人为中心的服务理念，制定并保持医养结合机构的质量方针和目标，确保机构的质量目标与老年人及家属的需求和愿望相一致。

（三）进行质量策划

质量策划过程是对服务质量控制、服务质量保证和服务质量改进方面采取切实的优化措施和方法。质量策划是医养结合机构建设的重要组成部分，是医养结合机构管理工作的重心和核心。

1. 医养结合机构的服务工作是由许多过程或环节所构成的，任何一个过程或环节管理、服务不到位，或衔接不好都有可能造成服务上的差错或留下安全隐患，甚至造成入住老年人和医养结合机构的损失。

2. 医养结合机构质量管理必须坚持"重过程方法、预防为主"的原则，对服务质量产生、形成和实现的全过程的各个环节都充分重视，防患于未然。

3. 持续优化服务的标准制定流程和平台、工具，健全机构、老年人及监护人等相关方参与标准制定修订的机制，加快标准升级迭代，提高标准质量水平。

4. 加强标准化人才队伍建设，构建多层次从业人员培养培训体系，开展标准化专业人才培养培训，营造标准化工作环境。

（四）实施质量控制

医养结合机构中质量控制是根据所获取到的质量相关的数据和信息，通过完善质量管理制度和服务流程，实施质量控制。

1. 遵循科学的规范，建立完善的制度和流程，保证服务的有效性和安全性。在服务过程中，应该遵循专业的标准和操作规程，确保服务的质量和效果。在质量管理中，用事实说话，通过数据分析、检测结果等方式，对产品或服务质量进行客观评估。

2. 加强员工培训，规范员工服务行为，使服务质量的偏差保持在允许的范围内。通过增强员工的质量意识、积极性和参与程度，在整个医养结合机构内促进质量方针和质量目标的实现。

3. 关注老年人的安全和舒适，提供人性化关怀，关心老年人的身心健康和精神慰藉需求。注重老年人、家属及相关方的沟通交流，建立协作关系，共同打造温馨和谐的生活和工作环境，使供方 - 机构 - 老年人及家属这条供应链良性运作，实现供方、机构和顾客"三赢"的共同愿景。

4. 建立健全的内部监管制度和风控体系，提高合规意识和能力。建立应急管理机制，对突发事件进行预警和处理。加强安全防范和应急救援能力，保障顾客的生命安全和身体健康。

（五）建立质量保证体系

1. 质量保证体系概念　质量保证是指医养结合机构对老年人在服务的质量要求方面所提供的担保，保证老年人接受的服务质量规范和安全。质量保证体系是指机构以保证和提高服务质量为目标，为实施质量管理所需要的组织架构、程序、过程和资源。通过运用系统的原理和方法，建立统一协调的组织架构和合理的管理制度，把各个部门和各个服务环节的质量职能严密组织起来，明确规定其各自的职能、任务和权限，并有一个灵敏的质量信息反馈系统，形成一个高效的质量管理有机整体。

2. 质量保证体系要求 建立质量保证体系要求以老年人为中心，围绕老年人的服务需求，将各类服务项目及规范、管理制度、专业人员执业资质和技术水平、信息化管理、机构风险预警系统及责任风险保险制度涵盖其中，通过控制、评价、检查、监督进行系统管理。

（六）做好质量改进

质量管理是一个持续改进的过程。通过持续改进，组织可以不断改进其产品和服务的质量，提高生产效率，减少成本和损失，并不断适应市场变化。在医养结合机构的质量管理活动中，质量控制是维持已经达到的服务质量水平，而质量改进是对现有的质量水平的突破和提高，将服务质量提高到一个新水平。建立并实施保持有效的医养结合机构内部质量控制体系，定期评定并制定改进质量管理成效的措施。积极引进和应用新技术、新设备、新管理方法，不断适应老年人及相关方的需求变化，持续质量改进，提供更加优质和满意的服务。

第二节　医养结合机构质量管理体系建设

> **案　例**
>
> 某医养结合机构近期成功申报国家第八批社会管理和公共服务综合标准化试点项目。该机构计划在机构内部成立标准化技术委员会和标准化创建工作组，由标准化技术委员会指导创建工作组开展工作，对机构服务管理和质量管理工作进行梳理。
>
> **请问**
> 1. 什么是质量管理体系？
> 2. 医养结合机构质量管理体系有哪些要素？
> 3. 医养结合机构如何建立质量管理体系？

质量管理体系标准起源于第二次世界大战期间，是为了监管工厂的质量系统而制定。随着国际贸易和国际合作的深入发展，国际社会普遍要求建立全世界统一的质量管理和质量保证标准。国际标准化组织（ISO）于 1987 年 3 月发布了 ISO 9000 系列国际标准，即《质量管理和质量保证》系列标准。该标准采纳了很多先进企业的优良运作模式，一经颁布就成为质量管理体系建立和审核所遵循的统一规范。医养结合机构质量管理体系是组织内部建立的、为实现质量目标所必需的、系统的质量管理模式，是组织的一项战略决策。

一、质量管理体系概述

（一）质量管理体系的概念

1. 体系 体系是指相互关联或相互作用的一组要素。就质量管理体系而言，要素也就是构成质量管理体系的过程。

2. 管理体系 管理体系是指医养结合机构建立方针和目标以及实现这些目标的过程的相互关联或相互作用的一组要素。管理体系要素规定了组织的结构、岗位和职责、策划、运行、方针、惯例规则、理念、目标，以及实现这些目标的过程。

3. 质量管理体系 质量管理体系是指在质量方面指挥和控制组织的管理体系，是医养结合机构用建立质量方针和质量目标并确定相关的过程、活动和资源。质量管理体系包含管理职责、资源管理、产品实现，以及测量、分析与改进等四大过程，每一大过程又都包含许多子过程。质量管理体系的设计是将对体系的要求转换为质量手册、程序文件、作业指导书等规范。

（二）建立质量管理体系的目的及意义

1. 建立质量管理体系的目的是帮助医养结合机构提供持续满足顾客和相关方的需求的产品和服务。

2. 通过对过程进行有效的管理来实现过程的增值，并为顾客和相关方创造价值。

3. 挖掘和利用内外部潜在资源，优化资源结构，以平衡实现医养结合机构的长期目标和短期目标对资源的需求。

4. 及时和有序地对过程的非预期输出进行必要的和适宜的控制措施，减少或避免风险对组织的影响。

二、质量管理体系的建立

建立质量管理体系通常包括组织策划、总体设计、体系建立、编制文件、实施运行等 5 个阶段（图6-1）。

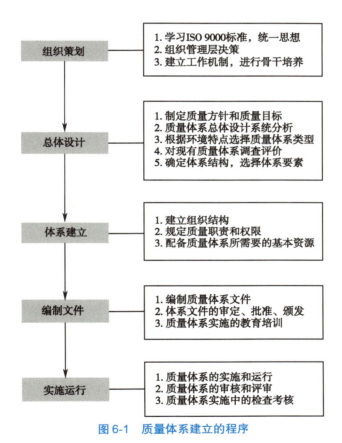

图 6-1　质量体系建立的程序

（一）组织策划

1. 学习标准，统一思想　建立质量管理体系是实行科学管理、完善管理结构、提高管理能力的需要。质量管理体系实施的效果，取决于机构最高管理和全部有关部门的负责人对《标准》的理解。只有统一思想，才能自觉而积极地推动贯标工作，严格依据标准逐步建立和强化质量管理的监督制约机制、自我完善机制，完善和规范本机构的管理制度，保证机构各项活动或服务过程科学、规范地运作，从而提高服务质量，更好地满足服务对象需求。

2. 组织管理层决策　一般由机构最高管理者担任贯标工作机构的负责人，管理者代表担任副职，贯标工作涉及的职能部门负责人担任该机构成员。管理者代表由最高管理者以正式文件任命并明确其职责权限，代表最高管理者承担质量管理方面的职责，行使质量管理方面的权利。

3. 建立工作机制，进行骨干培养 质量管理工作主管部门的主要职责是协助管理者代表根据贯标工作机构决策，具体组织落实质量管理体系的建立和运行。应选择在质量管理过程中全部相关部门的负责人作为骨干，完善质量管理体系队伍建设。加强标准的基础知识、质量管理体系建设与实施步骤的培训，充分发挥骨干人员在质量管理的计划、组织、实施和评价等各个环节中承上启下的作用。

（二）总体设计

1. 制定质量方针和质量目标。质量方针是机构的质量宗旨和质量方向，是质量管理体系的纲领。质量方针要体现出本机构的目标及服务对象的期望和需要。在制定质量方针时注意与本机构的质量水平、管理能力、服务和管理水平相匹配，并以文件的形式由最高管理者批准、发布，注明发布日期。质量方针的遣词造句要求言简意赅，便于宣传、记忆，要使全体员工都知晓、理解并能遵照执行。质量目标是质量方针的具体化，要求是可测量评价和可达到的指标，能起到质量管理水平的定位作用，并能定期评价、调整，以适应机构内外部环境的变化，可层层分解落实到每一个部门及工作人员。

2. 为了合理地选择质量管理体系要素，需要对相关条件和影响因素进行分析。例如，分析本机构的质量体系情况，以便选择质量管理体系要素的要求；分析服务的技术要求、服务对象，设施设备状况、服务人员的结构和技术水平等因素，以确定质量管理体系要素的采用程度；分析质量管理组织架构设置是否适应质量管理体系的需要，以明确是否需要调整。

3. 根据机构内外环境特点进行质量管理体系选择，并能与时俱进及时更新。

4. 贯标的目的是改造、整合、完善现有的质量管理体系，使之更加规范和符合标准要求。这要求贯标者依据标准对现有的质量管理体系进行分析评价以便决定取舍。

5. 确定体系结构，选择体系要素。一般质量体系所运用的场景主要包括机构自身质量管理指南的需要、机构与服务对象之间的合同环境、服务对象认证或注册、第三方（权威机构）认证或注册等四种情况。无论哪种情况，都需要事先认真研究适用的标准，然后根据不同需要进行选择。具体可采用两种方式：

（1）机构首先使用现行适用的标准，为建立一个全面、完善、有效的质量体系所需的质量管理方法提供指导。之后，可选择其中某个标准建立质量体系。在产品或服务质量、成本和体系内部运转取得重要进展时，需要考虑以选定的质量保证模式为核心。

（2）对照选定的标准，对机构各部门、各环节质量管理的现状进行调查，找出差距和不足，并借鉴国内外研究与实践，选择并确定具体的质量体系要素，明确对每项要素进行控制的要求和措施。

（三）体系建立

质量管理体系的运行涉及机构内部质量管理体系所覆盖的所有部门的各项活动，必须建立一个与质量管理体系相适应的组织架构。需要完成以下工作：

1. 分析现有组织架构，绘制本机构的行政组织架构图。

2. 分析机构的质量管理层次、职责及相互关系，绘制质量管理体系组织机构图，说明本机构的质量管理系统。

3. 将质量管理体系的各要素分别分配给相关职能部门，编制质量职责分配表。

4. 规定部门质量职责，以及管理、执行、验证人员质量职责。

5. 明确对质量管理体系和过程的全部要素负有决策权的责任人员的职责和权限。

（四）编制文件

质量管理体系的实施和运行是通过建立贯彻质量管理体系的文件来实现的。质量管理体系文件是机构开展质量管理活动的依据，能保持质量管理体系及其要求的一致性和连续性，也可为内部审核和外部审核提供证据，用以展示机构的质量管理体系，证明其与服务对象及相关第三方的服务要求相符合。

1. 质量管理体系文件应由专门编写小组编写，一般由质量手册、程序文件、作业指导书、质量记录表格等四个部分组成。

2. 质量管理体系文件要求分级审批。质量手册应由最高管理者审批，程序文件应由管理者代表批准，作业指导书一般由该文件业务主管部门负责人审批，跨部门/多专业的文件由管理者代表审批。文件审批后，需正式发布，并规定实施日期。

3. 以宣传和培训的形式，使机构中所有人员理解质量方针和质量管理体系文件中规定的有关内容。在质量管理体系运行前，可以通过考核检察员工对有关内容的了解和理解情况。

（五）实施运行

1. 质量体系的实施和运行 完成质量管理体系文件后，需要经过一段试运行，检验这些质量管理体系文件的适用性和有效性。机构通过不断协调、质量监控、信息管理、质量管理体系审核和管理评审，实现质量管理体系的有效运行。

2. 内部质量审核和管理评审 内部质量审核（简称内审）和管理评审是验证质量管理体系适宜性、充分性和有效性的重要手段。

（1）内审是针对质量管理体系的活动和结果是否符合有关标准文件，质量管理体系文件的各项规定是否得到了有效贯彻等内容进行的。内审具有客观性、系统性和独立性的特点，分为文件审核和现场审核两个阶段，内容包括组织架构与所进行的活动的适宜性；质量管理体系实施、运行情况和工作程序的执行情况；有关质量制度、规章、办法执行贯彻情况；人员、设备和器材的适宜情况；质量管理体系文件的完整性，与标准的符合性等。根据质量管理体系运行情况，内审的频次和范围可以进行适当的调整。

（2）管理评审是最高管理者适时地评价机构质量管理体系的持续性、有效性、适宜性和充分性。管理评审主要内容包括实现质量方针和质量目标的程度；内审及纠正措施完成情况及有效性的评价，对薄弱环节的专门措施；质量指标完成情况及趋势分析；服务对象及相关第三方的意见和处理情况，主要问题分析和预防措施；本机构的组织架构和资源的适应性；质量改进计划；进一步改进、完善质量管理体系的意见等。

3. 质量体系实施中的检查考核 申请质量管理体系资格认证前，机构可邀请咨询专家对质量管理项目进行自查，针对不合格的项目制定纠正措施和整改计划，限期整改。同时，开展全员培训和考核，进一步理解质量方针、质量目标；相关职责、权限；本人在质量管理体系的位置、作用；相关程序文件及其他文件内容和实施情况。然后正式提出资格认证申请，向认证机构提交质量管理手册及有关文件。由认证机构对提交的质量管理体系文件进行全面评定，明确提出不合格项，并做出结论性评价。

三、医养结合机构质量管理体系的实施过程

实施过程是质量管理体系的一个重要组成部分。根据《管理科学技术名词》（2016年）中的定义，实施过程是指的是执行并完成工程项目管理计划、达到预期目标的过程。医养结合机构质量管理体系一般包括实施过程、质量保证、质量管理等三个体系要素。

（一）实施过程要素

医养结合机构的每一项具体服务内容的质量管理，都要具备实施过程要素。实施过程要素基本为6个方面：

1. 项目目标，说明本项目的指导思想、任务目标和年度阶段目标。

2. 项目详细工作内容，说明项目的工作范围、具体内容和技术要求等，在项目实施方案创建过程中，这一部分内容能量化的指标尽可能量化。

3. 项目实施所采取的方法手段。

4. 预期效果，说明项目完成时所达到的有形或无形的效果。

5. 项目工作进度安排，详细说明各阶段工作安排的时间和项目工作内容完成的时间，这需要项目实施方案的负责人对项目有全方位的掌控和评估能力，尽力让项目实施的时间进度与方案所计划的时间吻合。

6. 实施组织形式，详细说明承担单位、协作单位和各自分工的主要内容。

（二）质量保证要素

质量保证要素是质量管理体系的一部分。医养结合服务质量保证要素分别从医养结合机构的信息化管理、人才管理、设施设备与老年人用品管理与子体系进行阐述。

1. 医养结合机构的信息化管理

（1）大力发展以互联网为载体的信息技术在医养结合服务管理中的应用。加强医养结合服务体系智能化建设，为居家、机构的失能老年人提供医疗服务。

（2）大力推广智慧医养终端：大力宣传推广智慧医养模式的安全性、便捷性，提升终端的使用率和普及率，如从老年人的实际需求着手，开发或改良适老化的智能产品；给予一定的使用补贴，吸引老年人来了解和使用智慧医养产品；在社区公共场所展开免费体验智慧医养产品的活动，配备专业的工作人员或发挥志愿者队伍作用，培训指导老人使用智能设备，提升老年人对智慧医养模式的知晓率，让老年人用最直观的方式体验到科技改变生活，也有助于转变老年人的就医和养老观念。

（3）机构内部开展信息化管理系统建设：在机构内部建设包括行政办公、人力资源、服务管理、财务管理、安全管理、后勤管理、评价与改进等信息化管理功能模块，充分利用信息化手段开展服务质量管理与控制，提高质量管理的规范性和有效性。

智慧医养模式的建设是一项系统化的工程。医养结合信息化管理工作的推动，需要政府部门的高度重视和大力支持，加强顶层设计。明晰各行各业以及各部门的相关任务和责任，逐步引导智慧医养服务市场化，以多种形式吸收和发展社会力量进入到医养结合服务的行列中，建立健全智慧医养服务和技术的标准。发挥社会力量在医养结合服务行业的主体作用，鼓励公益性社会组织踊跃参与到智慧医养项目中。

2. 医养结合机构的人才管理

（1）重视机构内部管理与改革：医养结合机构在发展过程中应根据内外环境变化，加强内部管理与组织的改革和升级，从而吸引高素质专业人才进入医养结合行业。从一个环节逐步扩散到整体，从而实现机构的整体革新。横向上，合理划分各个部门，使专业的人从事专业的工作，避免出现人浮于事和权责不清。纵向上，执行层、控制层和决策层管理者之间的管辖范围清晰，职权划分明确。健全机构内部管理规章制度，规范员工服务行为，使机构整体运行进入良性循环。机构的选人和用人标准要符合机构自身层次，提供合理的薪资和福利待遇、营造团结协作的工作氛围吸引人才，并做好人才的培训和继续教育，提供相应的成长和发展空间留住人才。

（2）加强人才管理，完善激励机制：在薪资待遇上，建立从业者基本薪资、入职补贴、工龄补助、政府补贴、年金制度等薪酬发放机制，使医养从业者工资不低于本地区年度平均工资，基本生活得到保障。在员工成长上，给予员工更多的学习进修的机会，为其创造成长的条件，定期推送一批员工或者管理者外出到大型医养结合机构或者高校学习交流。在绩效考核上，开展月度、季度或年度等考核，考核员工的工作能力、工作业绩和工作态度等方面。在职业晋升上，提供职业晋升空间，根据医养人员的专业技能等级和业务能力，设置不同级别的岗位，为不同等级的人才制定相应的职业发展规划，使每位优秀员工都有机会晋升。

（3）推进校企合作"双元育人"模式：鉴于医养结合行业内专业的老年慢病医疗、康复和老年人护理等人力资源供不应求的现状，充分发挥订单式的人才培养优势，加强机构与高校联合订制专业人才培养计划，共同参与培养方案的制定、教材编写、专业划分、课程设置和学生考核等，使学校的培养方案和定位更加贴近行业要求，保证学生的岗位胜任力。

3. 医养结合机构的设施设备

（1）规划设计要点：在较小规模的医养结合机构中，医疗板块与养老板块可以在同一单体建筑中毗邻设置，物理隔音。较大规模项目中，医疗板块与养老板块可以分开设置在不同的单体建筑或相邻地块中，由便捷通道、风雨连廊、架空廊道等设施进行连接，需要保证两者之间的无障碍通行。

（2）建筑设计要点：在建筑设计中，重点考虑"医"与"养"两种不同运营模式的区别。医疗板块需要设置比较密集的医护人员服务，配备更多辅助服务空间，包括护士台、医护休息室、存药分药间、清洁用品储存室等；养老板块以保障老年人日常生活为主，需配备更多公共活动空间，如组团起居室、厨房、就餐区、活动室等。为减少医护人员来回跑动，要求医疗板块规模较小且流线较为紧凑，多选取双廊布置。

（3）防火设计要求：医疗建筑与老年人照料设施在建筑标准和防火规范中具有较大区别，需要在设计中仔细比对，注意日照要求和防火疏散。避难间的设置中，高层病房楼避难间设置要求为每两个护理单元防火设置一个不小于 $25m^2$ 的避难间，老年人照料设施要求每个疏散楼梯相邻部位设置一个不小 $12m^2$ 的避难间，设计中需要注意仔细分辨，不同功能板块适用不同的规范条款。医养功能混合设置时，避难间所需空间增多，需要考虑合理利用避难间设置休息室、晾晒等功能，以提高运营效率。

（4）机电设备要求：医疗板块应设中央空调及新风系统，在成本预算较低时，可以选取其他暖通系统形式。医疗病房应设氧气装置，老年人照料设施可以根据项目等级选配。与单一老年人照料设施相比，医养结合型老年人照料设施需要考虑将医与养两个功能板块进行有机结合，确保医疗机构充分融合老年人照料设施，减少老年人治疗疾病的中间环节，更好地保证老年人的身心健康。医养结合型老年人照料设施的功能布局应符合医养两者不同的需求，尽可能提高使用效益，合理控制成本。

（5）室内空间及环境设计要点：室内空间及环境设计的基础是保证无障碍通行，医疗和养老两种建筑类型都具有较高的无障碍要求，对两者进行结合时，需要尽可能减少两者连接空间的高差，避免出现长距离无障碍坡道或折返绕行，浪费空间，影响使用感受。应避免过分强调医疗机构的专业性和洁净度，过多医疗设备的展示和冰冷的色调常会令老年人感到担忧和不适。在设计中，应设置宜人的公共空间尺度、温暖柔和的配色及光线，营造更接近家居生活的氛围。与单一功能的医疗机构相比，老年人照料设施的温馨氛围更具"疗愈性"，舒适惬意的室内外环境对老年人的康复有较大帮助，能够舒缓医护人员工作压力，有效提升工作热情和效率。

（6）室外空间及环境设计要点：室外空间环境是老年人照料设施中的重要组成部分，可以为老年人提供休憩、活动、交往空间，帮助老年人充分接触大自然，更好地维持老年人身体健康。在景观中增设体育活动场地、感官训练园地、老年人参与自主种植花圃等，能够助益室外环境发挥作用。医养结合机构需要考虑合理布局室外景观空间，让卧床和活动不方便的老年人在自己的居室中观赏自然景观，感受到活动氛围。记忆照护、专业康复训练等具有特殊需求的室外空间中，应遵循专业的医疗建议，安抚和稳定老年人情绪，在安全舒适的前提下发挥辅助治疗作用。

4. 老年人用品管理

（1）老年人衣物及床上用品管理：①保持老年人的衣着得体、清洁、舒适，床上物品整齐。督促老年人及时换洗衣服，必要时给予皮肤清洁护理（擦浴或洗澡）。②按服务计划提供衣服及床上用品的清洁服务。

（2）衣被洗涤管理：①加强工作人员对预防感染、消毒等相关知识的培训。②严格操作规程和分类洗涤制度，防止交叉感染。老年人的衣被和员工的工作服必须分机或分批洗涤。传染性衣被先消毒后洗涤，且与一般衣被分开洗涤。洗涤前，应检查衣被内是否有纸屑、胶片、针头等杂物，并将其清理。凡发现破损被服，应缝补好后再发放，做到发放的被服无破损、干净和整洁。③洗衣房每天定时开窗通风，保持桌椅、工作台面、地面清洁。洗衣房工作人员工作前后，特别是处理了衣被或具有传染性的衣被后应用洗手液洗手，工作服每天换洗一次。

（3）辅助器具的管理：①机构内部应适当配置老年人康复训练设备和功能补偿的辅助器具以备老年人日常康复训练使用，并定期消毒和保养更新。②根据老年人能力等级和个性化照护需求，指导并协助失能老年人正确使用拐杖、助行器、轮椅等辅具。③提供辅助器具适配服务，帮助老年人选择合适的辅助器具，如自助具、假肢、矫形器等。

（三）质量管理要素

1. 医养结合服务管理　为适应我国医养结合机构发展的需要，规范医养结合机构服务内容，提高医养结合机构服务质量，国家卫生健康委会同民政部、国家中医药管理局于2019年制定了《医养结合机构服务指南（试行）》。该指南从医养结合机构的基本要求、服务内容与要求、服务流程与要求等三个方面提出管理要点，对医养结合机构服务管理进行指导。

2. 医养结合机构管理　为进一步加强医养结合机构的内部管理，提升管理质量和水平，国家卫生健康委会同民政部、国家中医药管理局于2020年制定了《医养结合机构管理指南（试行）》。该指南主要包括医养结合机构的基本要求、养老服务管理要求、医疗服务管理要求、医养服务衔接管理要求、运营管理要求、安全管理等六个方面的内容，对医养结合机构管理工作的范围和要求提供指导。

（1）基本要求

1）机构设置要求：医养结合机构的资质要求因机构类型的不同会有一定差异。本节所指的医养结合机构主要以"医内办养"和"养内办医"两种类型为主，根据相关规定应当依法取得医疗机构执业许可或在卫生健康行政部门（含中医药主管部门）备案，并在民政部门进行养老机构备案。提供膳食服务的医养结合机构应当取得食品经营许可证。医养结合机构的科室设置、人员配置、药品配备、设施设备配备、信息化建设等要求应当符合主管部门对机构医疗和养老服务开展的基本要求。

2）人才队伍建设：加强医养结合机构管理人员、医疗卫生专业技术人员、护理员等人员队伍能力建设，制订员工分类分层的年度培训计划，为医养结合机构管理和服务人员提供继续教育。

3）消防安全管理：根据医养结合机构开展工作需要，配备特种设备安全管理和作业人员及消防设施操作员。根据相关规定配置消防设施设备并有维保记录。定期查找火灾隐患，制定整改措施。加强对老人和员工消防安全的教育和应急演练，确保消防安全落到实处。

4）加强财务管理：纳入机构年度审查范畴，医养结合机构应如实汇报机构财务管理情况、经济运行状况，自觉接受行业主管部门、工商税收部门的审计监督，保证医养结合机构财务管理规范、经济运行有序。

（2）养老服务管理

1）养老服务管理制度：养老服务包括生活照护、基础照护、康复服务、心理支持、照护评估等服务。养老机构一线照护人员应当按照《养老护理员国家职业技能标准（2019年版）》有关工作内容和技能要求，为老年人提供养老服务。

2）养老服务质量管理：养老服务质量适用于《养老机构服务质量基本规范》（GB/T35796）等标准规范，并按要求进行质量控制。养老机构的服务安全管理应当符合《养老机构服务安全基本规范》（GB38600）要求。不同等级养老机构的运营管理、服务提供、评价改进等适用于《养老机构等级划分与评定》（GB/T37276）。

（3）医疗服务管理

1）医疗质量管理：按照《基本医疗卫生与健康促进法》《医疗机构管理条例》《医疗质量管理办法》等法规的要求，加强医疗服务管理，规范医疗服务行为。

2）健康管理服务管理：医养结合机构应制定健康管理服务制度、服务规范、服务流程等，为老年人提供健康档案管理、健康评估、健康监测、健康指导和健康干预等服务。

3）医疗护理服务管理：按照《基础护理服务工作规范》《常用临床护理技术服务规范》《中医护理常规技术操作规程》等国家发布或认可的诊疗技术规范和操作规程的有关要求开展相关工作，建立分级护理管理制度，制定合理、规范的诊疗护理服务流程，建立护理目标管理责任制，制定护理管理目标。应当加强护理质量管理，参照《老年护理实践指南（试行）》制定并实施护理相关工作制度、技术规范和指南，加强护理人员队伍培训、考核和服务改进，持续改善护理质量。

4）康复服务管理：开展康复服务的医养结合机构，应当根据机构规模和老年人需求状况，配备相应的设施设备，并严格执行康复的各项规章制度、人员职责和技术操作规范。独立设置的康复医疗中心应当按照《康复医疗中心管理规范（试行）》进行管理。

5）安宁疗护服务管理：开展安宁疗护服务的医养结合机构，应当参照国家及当地关于安宁疗护相关工作管理要求建立相关制度，配备专职人员。应当加强安宁疗护服务质量管理，参照《安宁疗护实践指南（试行）》制定并实施相关工作制度、技术规范和服务指南；加强专业技术人员培训、考核和服务改进，持续改善服务质量。

6）感染防控管理：按照《医院感染管理办法》《中医医疗技术相关性感染预防与控制指南（试行）》及医院感染控制和消毒行业标准，加强机构内感染预防与控制工作，制定并落实相关规章制度和工作规范，科学设置工作流程，做到布局合理、分区明确、洁污分开、标识清楚，有效预防和控制院内感染。

7）传染病管理：按照《传染病防治法》等相关法律法规，建立传染病管理制度，根据传染病的流行季节、周期和流行趋势做好传染病的预检分诊、诊断转诊等工作。

8）用药管理：进行多重用药安全评估，参照药品说明书，根据老年患者具体情况制定个体化给药方案。遵循有关药物临床应用指导原则、临床诊疗指南和药品说明书等合理使用药物，尊重患者对药品使用的知情权。

9）病历管理：按照《医疗机构管理条例》《医疗机构病历管理规定》《病历书写基本规范》《中医病历书写基本规范》等法规，建立患者登记及病历管理制度，病历书写及管理应当符合卫生健康行政部门有关规定。

（4）医养服务衔接管理：医养结合机构应当建立医务人员、医疗护理员、养老护理员、管理人员、志愿服务等人员联动的工作机制，实现医疗和养老服务的有效、有序衔接，让老年人得到高质量的连续性照护服务。

1）机构应当为老年人开展健康教育、保健咨询、疾病预防和慢性病管理，开展健康体检并建立健康档案。

2）建立入住老年人日常巡查制度。医务人员应当定期查房，及时掌握入住老年人的健康状况。医疗护理员、养老护理员等应当每日对服务老年人巡查，准确掌握老年人的具体情况，发现问题及时报告、处理。机构管理人员应当定期巡查听取意见建议，及时改进管理和服务。

3）医养结合机构内医疗机构应当严格执行出入院标准，入住养老床位的老年人在疾病符合入院指征的情况下方可转入医疗床位，其他情况应当按门诊就诊。入住医疗床位的老年人，病情符合出院指征应当及时转回养老床位。

4）建立老年人危急重症的抢救与转诊制度，制订相关预案，服务人员及时识别病情危重状态，确保急危重患者及时救治和转院。可与上级或签约医疗机构建立转诊绿色通道，遇有需要急救情况及时转至相关医疗机构。

5）对于纳入城乡基本医疗保险定点范围的医养结合机构中的医疗机构，其入住参保老年人的符合条件的疾病诊治、医疗护理、医疗康复等医疗卫生服务费用纳入基本医疗保险支付范围。生活照护等养老服务费用不得使用基本医疗保险基金支付。实行长期护理保险制度的地区，失能老年人长期护理费用由长期护理保险按规定支付。

6）有条件的医养结合机构可以开展延伸服务，为周边社区或小型养老机构的老年人提供上门医疗卫生和养老服务,服务内容和要求需符合相关部门管理规定。

(5)信息化管理

1)按要求登录全国医养结合管理信息系统,以及全国养老服务系统"养老服务机构统计"板块"医养结合"专栏,及时填报医养结合相关服务信息及数据。

2)有条件的机构可依托区域全民健康信息平台建立老年人电子健康档案,根据老年人日常住养和住院医疗两种不同的需求,明确各自的管理路径,按照《医院信息平台应用功能指引》《医院信息化建设应用技术指引》等要求建立信息系统,确保"医""养"互换时信息准确切换并及时更新。

3)建立老年人健康信息管理系统,实现老年人门诊、急诊、住院病历、日常巡查记录、养老服务记录等资料的信息化管理及信息共享、业务协同和综合管理等功能,同时注意保护老年人个人隐私不被泄露。

4)有条件的医疗机构可按照《全国医院信息化建设标准与规范》《全国基层医疗卫生机构信息化建设标准与规范》等要求,加强基于电子病历的医院信息平台建设,还可以建立预约诊疗系统、分级诊疗系统、远程医疗系统等互联共享老年人健康信息。

📖 知识拓展

服务质量五维度模型

服务这一概念起源于 20 世纪 50 年代至 60 年代,比较有代表的定义是芬兰服务营销学教授 Christian Gronroos 提出的:"服务是无形的,能够解决消费者的问题,发生在顾客与服务人员、顾客与有形产品或者是顾客与服务系统之间的一种或者一系列活动。"很多学者在此概念上发展出很多其他的关于服务管理的理论。美国服务管理的研究小组认为服务质量是消费者对组织的整体优越度的衡量,是对服务的一种认知态度,提出了服务质量五维度模型,即:有形性(tangible)、可靠性(reliability)、响应性(responsiveness)、安全性(assurance)和移情性(empathy)五个维度。该模型目前已被广泛用企业管理、公共服务、医疗保健等多个领域。

第三节　医养结合机构的服务质量控制

案　例

某医疗机构质量管理部联合医务部、护理部、院内感染部对其下属的医养结合机构开展联合检查。对医养结合机构的人员资质、培训考核及质量改进计划等方面进行监督指导,对于不规范的医疗和护理操作进行了正确督导,对于医养结合部门在院内感染防控等方面出现的问题下达了书面的整改通知书。质量管理部还对医养结合机构的规章制度及标准化流程进行了梳理,以确保医养结合机构能够规范有序地开展服务。

请问

1. 医养结合机构进行质量控制的目的和意义?

2. 如何开展医养结合机构的服务质量控制工作?

3. 质量控制的原则是什么?

质量控制是为了确保提供的产品或服务质量能满足客户的要求,而采取的技术管理和组织管理方面的措施。质量控制是医养结合机构质量管理工作的重要内容,是赢得老年人及其家属信任,获得社会认可的重要管理手段。

一、质量控制概述

（一）相关定义

1. 控制 控制是监视各项活动以保证它们按照计划进行并纠正各种严重偏差的过程。

2. 质量控制 质量控制是指为满足质量目标所进行的相关作业技术和活动。质量控制通过在生产或服务的过程中，根据质量标准，监视质量环上各个环节的工作，使其在受控状态下运行，从而及时排除和解决所产生的问题，使产品或服务达到质量要求。质量控制职能重在预防，关键是使所有过程和活动始终处于完全受控状态。

（二）质量控制的分类

根据质量管理活动中，控制手段在行动开始之前、进行之中、结束之后等不同时间段实施的情形，质量控制可分为三种类型。

1. 前馈控制（feedforward control） 前馈控制是在问题发生之前就采取的管理活动。前馈控制所遵循的原则是"质量出自计划而非检查"。在前馈控制阶段，首先要做好机构的人事组织工作，设定各工作岗位并配备满足岗位要求的人员。其次，做好资源和资金的准备工作，为后续工作的开展打下坚实基础。然后，在各项工作正式开始之前准确分析出可能存在的质量控制问题，提前设计好相对应的质量控制方案，才能实现项目的质量高效控制。

2. 同期控制（concurrent control） 同期控制是发生在活动进行之中的控制。在活动进行过程中进行控制，管理者可以在发生重大损伤之前及时纠正问题。最常见的同期控制方式是直接视察。通过直接视察下属的行动，发生问题时马上进行纠正。信息化管理系统的开发和使用，可以帮助管理者提高监管的速度和效率。

3. 反馈控制（feedback control） 反馈控制是质量控制的事后控制阶段，是质量控制最终符合需求的重要组成部分，致力于满足各种质量标准。反馈控制可以为管理者提供关于计划的实际效果的真实信息，便于管理者利用该信息对新的计划进行调整。同时，好的反馈结果也可以起到增强员工积极性的作用。反馈控制的缺点是，当管理者获得信息的时候，损失已经造成了，补救措施会有一定延迟。但在许多情况下，反馈控制是唯一可用的管理手段。

（三）质量控制的要求

控制的目的是保证组织活动符合计划的要求，以有效地实现预定目标。为此，有效的控制应符合以下要求。

1. 准确性 一个不能提供准确信息的控制系统将会导致管理层在应该采取行动的时候没有行动，没有出现问题时反而采取行动。因此，控制系统必须是可靠的，并且能提供准确的数据。

2. 及时性 控制系统应该能及时地改变管理层的注意力，以防某一部门出现会对组织造成严重伤害的行为。再好的信息，如果是过时的，也是毫无用处的。因此，一个有效的控制系统必须能够提供及时的信息。

3. 经济性 一个控制系统在运用过程中，从经济角度看必须是合理的。任何控制系统产生的效益都必须与其成本进行比较。

4. 灵活性 控制系统应该具有足够的灵活性以适应各种不利的变化，即使是高度机械式的结构，也需要随时间和条件的变化调整其控制方式。

5. 通俗性 一个难以理解和掌握的控制系统可能会导致错误，会挫伤员工的积极性，以致最终被遗忘。因此，有时需要用简单的控制手段来代替复杂的控制手段。

6. 标准合理性 控制的标准必须是合理的且能达到的。如果标准太高或不合理，它就无法起到激励作用。控制标准应该是一套富有挑战性的、能激励员工表现得更好的标准，而不是让其感到泄气或鼓励欺诈的标准。

7. 战略高度 管理层不可能控制组织中的每一件事，而应重点关注那些对组织行为有战略性影响的因素,包括组织中关键性的活动、作业和事。控制的重点应放在容易出现偏差的地方,或放在偏差造成的危害很大的地方。

8. 强调例外　由于管理层不可能控制所有的活动,因此控制手段应该考虑到例外情况的发生。

9. 多重标准　由于多重标准比单一标准更难以把握,可以防止质量控制工作流于形式。此外,实际工作是很难用单一指标进行客观评价的,多重标准能够更准确地衡量实际工作。

10. 纠正行动　有效的控制系统不仅可以指出一个显著偏差的发生,而且可以建议应该如何纠正这种偏差。

(四)医养结合机构开展质量控制的意义

1. 保障老年人的健康和安全　医养结合机构服务的对象主要是失能老年人。失能老年人的身体功能逐渐退化,对身体的健康和安全有着更高的要求。医养结合机构的服务质量直接关系到老年人的身体健康和生活质量。医养结合机构质量控制的首要目的是保障老年人的健康和安全,维护老年人的合法权益,确保老年人能够得到高质量的专业服务。

2. 提高医养结合机构的管理水平　医养结合机构的日常运营范围涉及专业的医疗护理服务管理、养老服务管理、食品安全管理、消防安全管理、设施设备管理、人力资源管理、财务管理等多个领域。运用现代企业管理理论和工具,规范机构的运营管理工作,是实现机构质量方针和质量目标的重要途径。

3. 规范医养结合机构的服务行为　通过质量管理措施,按照相关法律法规和标准要求,对每个部门每个环节进行质量把控,规范员工的各项服务行为,提升医养结合服务的标准化和规范化,对逐步完善医养结合服务标准化体系建设,推动医养结合机构高质量发展具有重要的现实意义。

二、医养结合机构质量控制的实施流程

质量控制的过程是根据计划的要求设立衡量绩效的标准,然后把实际工作结果与预定标准相比较,以确定组织活动中出现的偏差及严重程度。在此基础上,有针对性地采取必要的纠正措施,以确保组织资源的有效利用和组织目标的圆满实现。

(一)建立医养结合机构质量控制标准

标准是人们检查和衡量工作及其结果(包括阶段结果与最终结果)的规范。制定标准是进行控制的基础。没有一套完整的标准,衡量绩效或纠正偏差就失去了客观依据。

1. 确定对象　将医养结合机构运营活动的成果(如机构入住率、老年人及家属满意度、机构营利情况等)影响运营活动的环境特点以及机构发展趋势、资源投入、机构的组织架构和人员活动情况等作为质量控制的对象。

2. 选择控制重点　围绕获利能力、行业地位、服务效率、人员发展、员工态度、公共责任、短期和长期目标平衡等影响机构运营成果的众多影响因素,选择关键环节作为质量控制重点,如医疗护理服务、消防安全、餐饮服务、人才培养等。

3. 制定标准　根据国家和行业关于医养结合机构服务和管理的相关要求,利用统计方法,在经验判断和客观定量分析的基础上,来确定预期结果,制定完善医养结合机构内部的管理相关制度和标准,建立健全医养结合服务管理制度和技术操作规范、服务流程。

(二)测量工作成效

衡量成效是用预定标准对实际工作成效和进度进行检查、衡量和比较,对工作作出客观评价,从而发现两者之间的偏差,为进一步采取控制措施提供及时、全面、准确的信息。为了能够及时、正确地提供能够反映偏差的信息,又符合控制工作在其他方面的需求,管理者在衡量工作成绩的过程中应当注意以下几个问题。

1. 定期开展工作成效衡量　根据医养结合机构质量控制方案要求和预定的服务质量标准,定期开展医养结合机构内部服务质量检查。严格落实各项管理制度,根据相关要求配置科室、人员和设

施设备,规范开展医养结合机构的各项服务。机构管理者和职能部门负责人应经常深入基层进行定期和不定期检查监督,定期发放服务满意度调查表,及时发现存在的服务问题,督促整改。适时开展随机实地抽查,对行动开展情况进行全面总结,形成总结报告。

2. 反馈质量控制信息 建立医养结合机构内部信息反馈机制和信息反馈网络,将反映机构实际工作情况的信息适时地传递给适当的管理部门和工作人员,使之与预定的服务质量标准进行比较,及时发现问题。

(三)纠正管理和服务偏差

利用科学的方法、依据客观的标准对工作绩效进行衡量,可以发现计划执行中出现的偏差。在此基础上分析偏差产生的原因,制定并实施必要的纠正措施。

1. 分析主要原因 结合医养结合机构服务质量自查情况,对发现的问题运用质量管理工具认真分析,找出导致偏差的深层原因,确定整改方向。

2. 确定纠偏的对象 根据分析的主要原因,确定采取纠偏措施的实施对象。对于可以立即整改的问题要立即整改,不能立即整改的,要明确整改方案及期限。在机构自查整改基础上,接受上级相关部门对医养结合机构进行的核查,对发现的问题进行分类指导、督促整改。同时,要结合机构外部环境的变化,考虑原有的计划或标准是否能适应新的情况,是否需要进行调整。

3. 选择最优化的纠偏方案和措施 结合医养结合机构实际情况,从有效性、可行性、经济性等维度,对拟采取的纠偏方案和措施进行论证,选择对于机构来说投入最少、解决问题效果最好的方案来组织实施。同时,加强部门和员工的考核,通过月度、季度和年度服务质量评价及考核,督促部门和员工重视服务质量。评价考核的结果应与部门的绩效挂钩,还应与员工的工资分配、评优、续聘等挂钩,激发员工参与质量控制的积极性和主动性,增强团队合作和凝聚力。

三、医养结合机构的服务质量监督

(一)质量监督的定义

质量监督是指为了确保满足规定的质量要求,对产品、服务、质量体系、生产条件、有关的质量文件和记录等进行连续的监视和验证,并对记录进行分析。质量监督的依据是国家有关质量管理的法律、法规和政府有关质量管理的规章以及强制性技术性标准。质量监督的目的是保护消费者、社会和国家的利益不受侵害,维护正常的社会经济秩序,促进市场经济的发展。

(二)医养结合机构质量监督的分类

医养结合机构质量监督可以分为机构内部的微观质量监督和机构外部的宏观质量监督。机构外部的宏观质量监督又可以分为行政监督、行业监督、社会监督三类,其中最主要的就是由政府部门实施的按行政区域分级负责的行政监督。

(三)医养结合机构质量监督的原则

1. 法律法规原则 质量监督的首要原则是依法依规,对医养结合机构的服务内容、服务质量、服务流程等进行全面监督,确保其服务符合相关法律法规和标准。行政主管部门有权对违法违规的医养结合机构进行处罚和整改。

2. 公正公平原则 建立公正、公平的评价体系,对医养结合机构的服务进行公正、公平的评价。医养结合机构质量监督的原则应该是公正公平。

3. 科学评价原则 建立科学的评价标准,采用科学、客观、公正的方法对医养结合机构的服务进行评价。

4. 多元化监督原则 采用现场检查、抽样检查、投诉处理等多种监督手段,对医养结合机构的服务进行全面监督。

5. 信息公开原则 建立信息公开制度,及时公开医养结合机构的服务质量评价结果、监督情况等信息,让老年人和社会公众了解医养结合机构的服务质量。

（四）医养结合结构质量监督的开展

1. 医养结合机构质量监督机制

（1）高度重视质量监督，认真组织监督体系。将医养结合机构医疗卫生服务质量管理纳入医疗质量管理体系范畴，严格按照相关规章和规范执行，确保医疗卫生服务质量安全。

（2）以老年人对医养结合服务的需求为导向，基于对医养结合服务的科学分类，按照体系协调、职责明确、管理有序的原则编制医养结合服务标准体系。构建过程应按照标准化工作的法律法规、政策依据，参考相关行业标准体系，确保医养结合服务标准体系科学规范，全面成套。

（3）全面排查存在问题，整改提高工作质量。要对医养结合机构的各项工作进行逐一核查，对发现的问题建立台账，并督促整改。自查和整改工作坚持实事求是，严禁弄虚作假。对自查中发现的普遍性问题，要统一研究解决。

（4）为适应医养结合不断发展，立足医养结合机构对于标准化的现实需求，分析未来发展趋势，适时对医养结合服务标准体系进行补充完善，保持体系的全面开放、结构的持续优化、标准的相互衔接。确保医养结合服务标准体系划分清楚，动态优化。

2. 医养结合机构质量监督的内容

（1）行政监督：医养结合机构中的医疗卫生机构和养老机构分别由卫生健康行政部门和民政部门负责进行行业监管。各相关部门要强化信息共享，健全各司其职、各负其责、相互配合、齐抓共管的协同监管机制，着力推动解决影响医养结合机构服务质量的突出问题。同时，推动医养结合机构质量监督的标准化建设，切实做到有据可依，并对机构服务质量的日常进行指导。

（2）行业监督：以法律法规、行业规章制度和相关技术标准为依托，将医养结合服务质量分别纳入医疗卫生行业、养老服务行业综合监督和质量工作的考核内容，确保医养结合行业的合法性、安全性和可持续性发展，持续引导医养结合机构持续优化服务质量。

（3）社会监督：医养结合机构应建立服务质量跟踪与投诉渠道，开通咨询电话或设立意见本广泛收集反馈信息，日常采用意见箱、个别访谈、电话访谈等方式，听取老年人及相关第三方对服务管理的意见和建议。机构内部应成立有老年人参加的机构服务质量管理委员会，定期召开服务质量管理会议，定期开展入住老年人及相关方满意度测评，及时对群众意见进行分析和反馈，针对存在的问题提出整改措施并落实，验证实施效果，持续改进。

质量管理是医养结合机构的生命线。质量管理贯穿于医养服务的全过程管理，是管理的中心环节。目前我国的医养结合机构还处于初期发展阶段，需要机构管理者结合医养结合特点和机构自身的实际情况，探索并实践医养结合机构质量管理体系，从而推动医养结合机构高质量发展。

> **知识拓展**
>
> **全面质量管理**
>
> 全面质量管理（total quality Control，TQC）是指以保证和提高产品质量为中心，全体员工及各个部门同心协力，综合运用一套完整的科学管理理论体系、专业技术和科学方法，对影响产品质量的全过程和各种因素实行控制，力求以合理的成本开发、研制和生产、销售让用户满意的长期的系统管理活动。全面质量管理的目的是让用户满意，让企业所有成员及社会受益，进而实现企业持续发展。全面质量管理的主要思想包括：以用户和市场需求为导向、预防为主、用数据说话、全员参与，运用科学的技术和方法实施全过程的质量管理。

（徐卫华　谢　燕）

思考题

1. 什么是医养结合机构质量管理？
2. 医养结合机构的质量管理体系有哪些要素？
3. 在医养结合机构中如何开展质量控制工作？

第七章

医养结合机构安全管理

"君子防未然"(《乐府诗集·君子行》)。在事故或祸害尚未发生之前采取预防措施,是人类应对各种危险和灾害的智慧。医养结合机构安全管理是对医疗和养老服务活动中一切人员、物品、设施、环境的状态进行管理和控制。正确认识安全管理的重要性,科学高效地运用安全管理工具和技巧,对提高医养结合机构服务质量及老年人生活品质具有重要意义。

第一节　医养结合机构安全管理概述

案　例

春节即将来临,某医养结合机构的院长带领安全管理部门主管及安全管理员分别到老年人的居室、公共活动场所、护士站、治疗室、办公室、值班室、食堂、厨房、仓库、锅炉房、电梯、监控室等区域进行节前安全检查。通过现场检查环境、设施设备、食品质量和有效期、值班巡视记录、提问员工等方式,重点督查各项安全管理制定落实情况、员工风险防范意识及应急处置能力。

请问
1. 医养结合机构安全管理的责任人是谁?其主要工作职责是什么?
2. 医养结合机构安全管理工作主要包括哪些内容?
3. 医养结合机构消防安全管理的要求是什么?

老年人由于身体功能下降,生活自理能力降低,养老和医疗服务的需求不断增长,对医养结合机构的服务和安全提出了更高要求。医养结合机构的安全管理贯穿于服务活动的各个环节,通过建立安全管理部门,层层落实安全管理的各项规章制度,培养全员安全责任意识、风险识别和应急处置能力,达到保障老年人和机构安全的目的。

一、安全管理概述

(一)安全管理的概念

安全管理是医养结合机构为实现安全生产或运营而组织和使用人力、物力、财力等各种资源的过程。运用现代安全管理原理、方法和手段,分析和研究各种不安全因素,从技术、组织和管理层面采取有效措施,解决和消除各种不安全因素,防止事故的发生。

(二)医养结合机构安全管理体系

医养结合机构安全管理体系是基于机构安全管理目标,保障机构安全、平稳、高效运行的一整套体系,主要包括组织架构、管理制度、教育培训、安全投入、设施设备、运行维护等内容。

1. 安全管理部门的设立　医养结合机构的安全管理部门主要由安全责任人、安全管理人员、相关部门和具体实施安全工作的专(兼)职人员组成,逐级负责本机构的安全管理工作。

2. 安全管理人员要求

(1)安全责任人由机构法定代表人或主要负责人担任。根据机构总人数及服务内容配置专(兼)职安全管理人员。如《〈养老机构等级划分与评定〉国家标准(2023版)》要求,300人以下(服务对象和工作人员总数)应至少配备2名专(兼)职安全管理人员(包括但不限于消防安全管理人员),300人以上应至少配备5名专(兼)职安全管理人员。每班至少有2名持证消防安全员在消防控制室在岗。老年人居住区域根据实际情况,可配置1~2名兼职安全联络员。

(2)安全管理相关工作人员应熟悉国家和地方安全管理相关法律法规及技术规范,并取得相关部门认可的资格证书,持证上岗,具备必要的组织协调和突发事件应变处置能力。

3. 安全管理人员的工作职责

(1)安全责任人:全面负责本机构的安全工作,依法开展安全管理工作。建立安全管理部门和组织(包括义务消防组织),审查批准安全制度、组织制定并实施安全事故应急预案,定期研究、督导安全问题,及时、如实向上级主管部门报告安全事故。

(2)安全管理人员:负责本机构主管范围内的安全工作。制定安全管理制度和年度安全工作计划,组织实施日常安全管理工作。督促、落实安全隐患排查和整改工作,定期向安全责任人报告安全工作情况,及时报告涉及安全的重要问题。

(3)安全联络员:负责所在区域的安全问题排查、安全隐患整改、安全教育与培训工作,及时向安全管理人员汇报区域安全工作情况。

(三)医养结合机构安全管理策略

1. 安全制度措施　建立健全各项安全管理制度,形成长效管理机制,接受行政主管部门或第三方监督和指导,针对存在的问题持续改进,如建立消防安全定期检查、自查自纠及第三方评估制度,对日常消防安全管理进行安全评价,并实施有效监控。安全制度主要包括安全责任制度、安全教育制度、安全宣传与培训制度、安全操作规范或规程、安全检查制度、事故处理与报告制度、考核与奖惩制度等。

2. 安全技术措施　通过技术改进,采用新的系统和设施设备,尽可能消除危险和有害因素,如转运老年人时使用移位器、转运设备,避免对人体的伤害。对无法完全消除的危险和有害因素,采取预防措施防止事故的发生或减轻危害,如加强全员安全培训,提高风险防范意识和应急处置能力。对无法消除也不能很好预防的情况,采取隔离措施将人员、设备与有害因素隔离开,如配备口罩、洗手液、隔离衣等防护用品,严格落实手卫生,减少院感的发生。

3. 安全管理措施　通过制订和监督实施安全法律法规、技术标准、操作规范、服务流程,规范员工行为。主要包括建立安全管理体系、制订安全管理计划、开展安全检查工作、开展安全宣传和教育、形成安全管理文化、制定应急预案等管理措施。

二、医养结合机构安全管理要求

(一)设施设备安全要求

1. 消防安全

(1)机构正式投入使用之前,应通过公安消防机构的消防验收。

（2）机构的建筑防火设计、内部装修设计及装修材料的燃烧性能等级要求，应符合国家相关法规和标准的规定。按照《建筑设计防火规范》和《建筑灭火器配置设计规范》的规定，设置火灾自动报警系统、自动灭火系统或室内外消火栓系统及防排烟设施，配置相应的灭火器材。按照《消防安全标准设置要求》设置消防安全标志牌及其照明灯具等，并定期检查与维修，至少每半年检查一次，发现问题应及时维修、更换或重新设置。

（3）每年至少一次对消防设施进行全面检测，确保完好有效。定期组织检验维修消防设施、器材，确保无损坏、挪用或擅自拆除、停用；消火栓无埋压、圈占、遮挡，防火间距无占用；疏散通道、安全出口、消防车通道无占用、堵塞、封闭。人员密集场所的门窗无影响逃生和灭火救援的障碍。

（4）每年至少进行一次消防设施专业检测，将检测文件副本保存在行政管理文档中，并做好维护保养，且有完整的记录。每月至少组织一次防火检查，及时消除火灾隐患，有整改闭环管理记录。每日开展防火巡查，夜间防火巡查不少于2次，有记录。

（5）有消防演练、应急疏散和灭火预案。每半年至少开展一次消防演练，提供老年人和员工的消防安全意识和应对能力。

2. 电气安全

（1）正确选用各类用电产品的规格型号、容量和保护方式（如过载保护等），不应擅自更改用电产品的结构、原有配置的电气线路以及保护装置的整定值和保护元件的规格等。

（2）选择的用电产品应符合产品使用说明书规定的环境要求和使用条件，并根据产品使用说明书的描述，了解使用时可能出现的危险及需采取的预防措施。

（3）电器线路、电气设备的安装应由专业人员实施，安装完成后，依法进行检测。用电产品的安装、使用及维修应符合《用电安全导则》规定。

3. 燃气安全

（1）根据《老年人居住建筑设计规范》的要求，使用燃气的设备及场所应设可燃气体报警装置。不应私自拆、移、改动燃气表、灶、管道等燃气设施，不应私自安装燃气热水器、取暖器和其他燃气器具。

（2）选择使用的燃气灶、热水器和壁挂炉等燃气器具应经有资质的检验机构检验合格，并根据产品使用说明书了解产品使用时可能出现的危险及需采取的预防措施。

4. 特种设备安全　　特种设备是指涉及生命安全、危险性大的设备，如锅炉、压力容器（含氧气瓶）、压力管道、电梯等。

（1）在投入使用前或者投入使用后30天内，应向特种设备安全监督管理部门登记，登记标志应置于或者附着于该特种设备的显著位置。

（2）对在用特种设备进行经常性日常维护保养，并定期自行检查。至少每月进行1次自行检查，并作出记录。在自行检查和进行日常维护保养时发现异常情况的，应及时处理。电梯维护单位应至少每15对医养结合机构在用电梯进行1次清洁、润滑、调整和检查，并作记录。

（3）制定机构对在用特种设备进行定期检验。在安全检验合格有效期届满前1个月向特种设备检验检测机构提出定期检验要求。未经定期检验或者检验不合格的特种设备，不应继续使用。

5. 健身器材安全

（1）健身器材的安全注意事项和警示标志应设置在活动区显著位置。

（2）定期对在用健身器材进行清洁、润滑、调整、检查并维护，并作记录。发现情况异常，应及时处理。

6. 建筑安全　　机构的建设与装修应符合《老年人居住建筑设计标准》、《无障碍设计规范》等要求，应定期对机构建筑设施进行维保。

7. 安全标志

（1）对存在较大危险因素的部位和有关设备、设施设置安全标志。安全标志牌的型号选用、设置高度、使用要求应符合《安全标志及其使用指导》的规定，至少每半年检查一次，如发现有破损、变形、褪色等不符合要求的应及时修整或更换。安全标志的颜色表征应便于服务对象及社会公众识别。

（2）消防安全标志应符合《消防安全标志》和《消防安全标志设置要求》的规定。

（3）应急设备安全标志应符合《安全标志及其使用导则》的规定。对在紧急情况下使用的通信设备（这种通信设备应设在每个呼叫点和电话机所在位置）应使用安全标志醒目地标示，对设备的背景区域应标记或照亮。

（4）安全出口、疏散走道和楼梯口应设置灯光疏散指示标志，放置在安全门顶部或疏散走道及其转角处距地面高度 1 米以下的墙面上，间距不应大于 20 米。在疏散走道的地面应设置蓄光型疏散导流标志，保证疏散导流标志视觉连续。在走廊通道墙面明显处设置疏散路线示意图。

（5）安全玻璃门、玻璃墙应有警示标志并设置在显著位置。

8. 监控设备

（1）机构应配置监控设备，做到重点公共区域全覆盖。设置监控系统的医养结合机构应有监控系统控制室，入口处设置明显标志。

（2）有专（兼）职人员 24 小时值班，做好运行和值班记录，执行交接班制度。

（二）服务安全要求

根据《养老机构服务安全基本规范》（GB 38600—2019）要求，加强风险评估和风险防范，制定风险防范管理制度及应急处置预案，采取针对性措施，预防并减少老年人出现噎食、食品药品误食、压疮、烫伤、坠床、跌倒、他伤和自伤、走失、文娱活动意外等安全问题。

（三）其他安全要求

根据《养老机构安全管理》（MZ/T 032—2012）要求，对食品安全、医疗护理安全、人身安全、院感防控、财产安全、信息安全等其他安全问题采取有效的防范措施。

第二节　医养结合机构应急管理

案　例

某医养结合机构的照护主管小李收到 4 例跌倒事件的报告。她关注到这 4 次跌倒的老人都是近期入住的张奶奶，立即查阅老人的健康档案了解详细信息。入住时的老年综合评估结果显示，张奶奶患有脑梗后遗症，右侧肢体偏瘫，跌倒风险为高危。跌倒的原因包括上卫生间时头昏、室内行走时双腿乏力、坐椅子时滑倒，起身时失去平衡等多种情况。虽然之前的跌倒仅造成了轻微软组织损伤，但小李仍十分担心张奶奶会再次发生跌倒。因此，她召集照护团队讨论，希望采取有效措施减少老人跌倒的发生并减轻可能造成的严重伤害。

请问

1. 照护主管小李可以采取哪些措施来减少此类事件的发生？

2. 针对该问题，应急预案制定的方法和流程是什么？

3. 您怎样看待应急预案在医养结合机构安全管理中的作用？

老年人由于身体功能不断下降，生活自理能力也逐渐降低，对生活照料、长期照护和医疗卫生服务等需求不断增长，对医疗和养老服务质量提出了更多、更高的要求。医养结合机构的服务对象主要为高龄、失能、失智的老年人，是各种意外事件的高风险人群。为了预防和减少意外事件的发生，控制、减轻和消除事件引起的严重危害，医养结合机构应急管理应针对各种可能发生的意外事件和所有危险源，制定应急预案方案，明确各部门和人员的职责，定期演练，对机构日常安全防范工作和突发事件的及时应对进行常态化管理。

一、应急管理概述

应急管理是一个复杂的、开放的系统工程，是针对突发事件从预防准备、监测预警、应急处置救援到事后恢复、重建的全方位、全过程管理。本节主要对医养结合机构的突发事件和老年人常见风险的应急管理进行简要概述。

（一）突发事件

突发事件是指突然发生，造成或者可能造成严重社会危害，需要采取应急处置措施予以应对的自然灾害、事故灾难、公共卫生事件和社会安全事件。突发事件按照发生的紧急程度、发展态势和可能造成的危害程度分为一级、二级、三级和四级，分别用红色、橙色、黄色和蓝色表示，一级为最高级别。突发事件的应对工作实行预防为主、预防与应急相结合的原则，通过对可能发生的突发事件进行综合性评估，减少突发事件的发生，最大限度地减轻突发事件的影响。

（二）应急管理

关于应急管理的定义目前还没有统一标准。美国联邦应急管理署认为，应急管理就是"有组织地分析、规划、决策与调配可利用的资源，针对所有危险的影响而进行的减缓、准备、响应与恢复"。2016 年联合国国际减灾战略组织更新的减少灾害风险的术语中提出，应急管理有时与灾害管理一词交替使用，是准备和应对灾害及灾后复原的措施的组织、规划和实施，并指出应急管理侧重于制订和实施备灾和其他计划，以减少灾害的影响和"重建得更好"。因此，医养结合机构应急管理应严格按照有关规定，结合机构自身特点，做好突发事件的预防与应急准备、监测与预警、应急处置与救援、事后恢复与重建等工作。

1. 预防与应急准备

（1）根据国家有关法律、法规、规章、政府及其有关部门的应急预案，结合本机构的实际情况，制定相应的突发事件应急预案。具体规定机构应急管理工作的组织指挥架构、部门和人员的职责，突发事件的预防与预警机制、处置程序、应急保障措施以及事后恢复与重建措施等内容。

（2）统筹安排应对突发事件所必需的设备和基础设施建设，合理确定应急避难场所。对机构内危险源、危险区域定期进行检查、风险评估、监控，及时采取安全防范措施。

（3）建立健全机构安全管理制度，定期检查各项安全防范措施的落实情况，及时消除事故隐患。掌握并及时处理可能引发社会安全事件的问题，防止矛盾激化和事态扩大。必要时，对可能发生的突发事件和采取安全防范措施的情况，按照规定及时向上级主管部门报告。

（4）按照规定在有关场所配备报警装置和必要的应急救援设备、设施，注明其使用方法，定期检测、维护，确保正常使用。显著标明安全撤离的通道、路线，保证安全通道、出口的畅通。

（5）建立健全机构内部安全管理和应急管理培训制度，定期开展安全培训和应急演练工作。

2. 监测与预警

（1）建立机构内部信息上报管理制度，按规定逐级向上报告，应当做到及时、客观、真实，不得迟报、谎报、瞒报、漏报。

（2）探索建立机构内部突发事件预警制度，按照突发事件的紧急程度、发展势态和可能造成的危害程度进行分级，并制定相应的信息上报流程及应急预案。

3. 应急处置与救援　针对突发事件的性质、特点和危害程度，立即组织有关部门和人员，启动应急预案，采取应急处置措施，包括但不限于组织营救和救治受害人员、疏散危险人员、控制危险源、标明危险区域、提供必要的救援物资、修复损坏的设施设备等。

4. 事后恢复与重建　突发事件应急处置工作结束后，立即组织机构安全管理相关人员对造成的损失进行评估，妥善处置受害人员，控制舆论，安排受到影响老年人和工作人员尽快恢复生活和工作秩序。对事件进行分析整改，消除安全隐患。

二、医养结合机构常见风险的影响因素

医养结合机构日常工作主要围绕老年人"衣、食、住、医、护、康"需求提供生活照料、文化娱乐、健康管理、疾病诊疗与转诊、康复护理、精神慰藉等专业服务，具有人员密度大、设施设备多、专业要求高的特点，在运行过程中涉及老年人、护理员、医护人员、行政管理人员、后勤保障人员、家属或探视人员、其他进入人员等不同人群，是老年人常见风险的重要影响因素。

（一）老年人自身因素

1. 生理因素　老年人的身体功能随着年龄的增长会发生明显变化，各个系统和器官功能不断衰退。视物不清、听力下降、肌力减退、平衡能力下降、对冷热刺激不敏感、反应变慢等老化现象，使老年人对危险的识别判断能力下降。

2. 病理因素　老年人群的慢性病患病率高，可能还同时罹患多种老年综合征，如认知障碍、谵妄、抑郁、睡眠障碍、多重用药、尿便失禁、衰弱等导致老年人的身体内在储备下降，脆弱性和易损性增加。

3. 社会心理因素　因增龄带来的器官和功能的老化，各种疾病导致生活自理能力下降，常常让老年人感到苦恼和焦虑，甚至产生恐惧、悲伤、绝望等负性情绪。社交活动减少、空巢家庭、经济收入低、社会关怀和支持不足，降低了老年人的危险应对能力。

（二）医养结合机构内在因素

1. 设施设备因素　在医养结合机构中，凡是老年人日常能接触到和经常使用的各类设备、设施、用具、器材，以及院区内自然和人工环境等各类保障条件，环境布局不合理、硬件设施设计安装不规范、设施配备不足或使用维护不当等，是意外事件发生的重要安全隐患。

2. 工作人员因素　医养结合机构的工作人员中，养老护理员占绝大部分比例。目前养老护理员队伍还存在年龄偏大、文化程度偏低、流动性大、综合素质不高等问题，对老年人身心特点了解不深，对老年人常见安全风险认识不足，缺乏规范系统的安全知识和操作技能培训。

3. 管理因素　管理者疏于安全管理，安全管理制度设计不合理、管理不到位，安全防范措施针对性不强，缺乏安全事故应急预案，以及机构内部缺乏连续的动态管理、责任主体不明确、缺乏系统的安全培训、服务工作流程不清、操作技能不规范、工作人员安全意识薄弱等，都是医养结合机构意外事件和安全事故发生的重要原因。

（三）外部环境因素

我国自 1999 年正式进入老龄化社会以来，养老行业开始进入快速发展阶段。由于行业发展时间较短，对医养结合机构的投资兴建、运营管理、服务规范、质量评价、人才培养等内涵建设方面还存在较大不足。主管部门对机构服务指导和监管力度偏弱，安全管理方面的法律法规体系建设还不健全，安全管理相关的规章制度和操作规范还有待进一步完善。

三、医养结合机构应急预案管理

（一）应急预案的定义

应急预案是指针对可能发生的事故，为最大限度减少事故损害而预先制定的应急准备工作方案。医养结合机构的应急预案应根据老年人常见危险因素、机构内部管理优势与短板，国家和行业发布的相关法律法规及服务规范，针对医养结合机构可能发生的各类事故，制定专项应急预案和现场应急处置方案，明确事前、事中、事后的各个环节中相关部门和有关人员的职责，形成应急预案体系，用于指导日常安全防范工作和突发事件的应急处置。

（二）应急预案的分类

应急预案分为综合应急预案、专项应急预案和现场处置方案。三类应急预案共同组成应急预案体系。

1. 综合应急预案 综合应急预案是为应对各种安全事故而制定的综合性工作各种方案，是应对安全事故的总体工作程序、措施和应急预案体系的总纲。综合应急预案应当规定应急组织机构及其职责、信息报告、预警、响应启动、应急处置、应急救援、响应终止、后期处置、应急保障等内容。

2. 专项应急预案 专项应急预案是按照综合应急预案的程序和要求，针对具体的事故类别、危险源和应急保障而制订的计划或方案。专项应急预案应当规定应急指挥机构与职责、处置程序和措施等内容，作为综合应急预案的附件进行呈现。

3. 现场处置方案 现场处置方案是针对具体的装置、场所或设施、岗位所制定的应急处置措施。现场处置方案应具体、简单、针对性强。现场处置方案应当根据风险评估及危险性控制措施逐一编制，规定应急工作职责、应急处置措施和注意事项等内容。事故风险单一、危险性小的机构，可以只编制现场处置方案。

（三）应急预案的编制要求

应急预案是应急管理工作的具体反映，内容不仅限于事故发生过程中的应急响应和救援措施，还应包括事故发生前的各种应急准备和事故发生后的现场处置，以及预案的管理与更新等。应急预案的制定应当符合以下基本要求：

1. 有关法律、法规、规章和标准的规定。
2. 本地区、本行业、本机构的危险性分析。
3. 本地区、本行业、本机构的医养服务实际情况。
4. 应急组织和人员的职责分工明确，有具体的落实措施。
5. 有明确、具体的事故预防措施和应急程序，并与机构的应急能力相适应。
6. 有明确的应急保障措施，能满足本地区、本行业、本机构的应急工作要求。
7. 应急预案要素齐全、完整，应急预案附件提供的信息准确。
8. 预案内容与相应应急预案相互衔接。

（四）应急预案的组成架构

应急预案的内容主要由概述、应急管理核心要素、应急响应程序、支持文件等4个部分组成，每部分具体要求见表7-1。

表 7-1　应急预案的组成架构

序号	组成部分	目的与内容
1	概述	简要介绍应急预案的概况，内容包括：预案的目的、应急预案管理方针、预案的权威性、核心人员的职责、潜在的紧急情况和应急响应行动要求等
2	应急管理核心要素	核心要素的目的是保护生命、财产和环境，是应急响应程序和应急救援行动的基础，主要包括：指挥与控制、通信、生命安全、财产保护、环境安全、行政与后勤等。各项要素应明确具体的工作目标，部门之间的分工与合作
3	应急响应程序	（1）应急响应程序：说明开展应急工作的具体程序，建议制定应急响应程序检查表，便于高层管理人员、部门领导、响应人员和普通员工能够迅速有效地根据具体情况采取应急措施 （2）需要制定程序的行动，包括准备、检测、抑制、根除、恢复、报告与总结等6个阶段的具体工作内容
4	支持文件	紧急情况下所需要的支持文件包括：应急通讯录、建筑物与现场情况地图、资源清单等

（五）应急预案的编制程序

1. 应急预案的编制流程（图 7-1）

（1）成立应急预案编制工作组：成立以医养结合机构主要负责人为组长，机构相关部门人员（如入住评估、医疗护理服务、生活照料服务、设备、后勤、行政人员）参加的应急预案编制工作组，明确编制任务、职责分工，制订工作计划。

（2）资料收集：收集编制应急预案所需要的各种资料，如相关法律法规、部门规章、地方性法规和政府规章、技术标准及规范性文件、国内外同行业事故案例分析、应急预案等。

（3）风险评估：在危险因素分析及事故隐患排查、治理的基础上，识别本机构的危险因素、可能发生的事故类型，分析事故类别发生的可能性、危害后果和影响范围，确定风险等级，并指出事故可能发生的次生、衍生事故，形成分析报告，分析结果作为应急预案的编制依据。

（4）应急资源调查：全面调查和客观分析本机构可调用的应急设施设备、人员、物资和场所，可协调使用的应急资源和应急救援力量。

（5）撰写预案：确定具体的工作目标和工作进度表，制定工作任务清单，落实到具体的人员和完成时间。

（6）评审和修订应急预案：在广泛征求意见的基础上，坚持实事求是的工作原则，结合机构实际情况，按照有关行业规范和国家、地方标准，对应急预案进行评审和修订。

（7）批准和发布应急预案：应急预案应经机构内部高层管理批准后发布，装订成册统一编号，发放至相关部门和人员并签收。

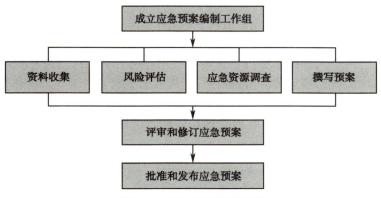

图 7-1　应急预案编制流程

2. 应急预案的编制要求

（1）根据事故风险评估及应急资源调查结果，结合本机构组织管理体系、服务及处置特点，合理确定本机构的应急预案体系。

（2）结合组织管理体系及部门业务职能分工，科学设定本机构应急组织机构及职责分工。

（3）依据事故可能的危害程度和区域范围，结合应急处置权限及能力，清晰界定本机构的响应分级标准，制订相关层级的应急处置措施。

（4）按照有关规定和要求，确定事故信息报告、响应分级与启动、指挥权移交、警戒疏散方面的内容，落实与相关部门和单位应急预案的衔接。

3. 应急预案的评审与修订

（1）应急预案的评审：医养结合机构的应急预案至少每年要评审一次，某些特殊情况，如每次培训和演习后、紧急事故发生后、人员或职位发生变动后、机构的实施和布局发生变化后、政策及程序发生变化后等，也需要及时进行评审和修订。应急预案的评审应重点关注以下几个问题：①在对紧急情况进行分析时，应急预案潜在的问题和不足是否得到充分的重视；②各应急管理和响应人员是否明确各自的职责；③机构的危险因素有无变化；④应急预案是否根据机构的设施设备变化而更新；⑤机构的布局图是否保持最新；⑥新员工是否经过培训；⑦机构的培训目的是否达到；⑧预案中的人员姓名、职位和电话是否正确；⑨是否逐渐将应急预案融入机构的整体管理中；⑩社区和上级主管部门在应急预案中是否适当体现，他们是否参与了应急预案的评审。

（2）应急预案的修订：医养结合机构制定的应急预案应定期修订，修订情况应当记录并归档。发生以下情况之一的，应当及时修订：

1）机构的隶属关系、经营方式、法定代表人发生变化。

2）周围环境发生变化，形成新的重大危险因素。

3）机构的设施设备和服务发生变化。

4）应急组织指挥体系或者职责发生调整。

5）依据的法律、法规、规章和标准发生变化。

6）应急预案演练评估报告要求修订。

7）应急预案管理部门要求修订。

（六）应急预案的培训与演练

1. 应急预案的培训 应急培训是对参与应急行动的所有相关人员进行的培训，要求应急人员了解和掌握如何识别危险、如何采取必要的应急措施、如何启动紧急情况警报系统、如何安全疏散人群等基本操作。

（1）培训内容：培训内容包括潜在突发事件发生原因及预防措施、应急机构和职责、突发事件预警与分级响应要求、各种应急预案等。

（2）培训对象：培训对象包括机构行政管理人员、应急指挥人员、应急救援人员、岗位员工、新入职和转岗人员以及在住老年人。

（3）培训组织：机构的人事培训部门负责将应急预案纳入本机构培训计划，应急管理部门通过编发培训教材、举办培训班、进行工作讨论等方式开展应急预案培训工作。应急预案培训的时间、地点、内容、师资、参加人员和考核结果等信息应如实记入培训档案。

2. 应急预案的演练 应急演练是针对可能出现的事故情景，依据应急预案模拟开展的应急活动。目的是锻炼和提高员工在突发事故下的快速反应与处置、有效消除危害后果、开展现场急救和伤员转送等应急技能和应急反应综合素质，培养应急队伍协作能力，从而降低危害，减少损失。机构应当每年制订应急预案演练计划，至少每半年进行一次演练，对应急预案的可靠性和可行性进行检验，为修正应急预案提供依据。

（1）全面分析和评估应急预案，提出需通过应急演练解决的问题，有针对性地确定应急演练目标，提出演练的初步内容和主要科目，确定应急演练的组织、工作保障、事故情景类型、等级、发生地域、演练方式、参演单位、各阶段的主要任务、演练实施的拟定日期。

（2）根据需求分析及任务安排，组织人员编制应急演练方案和脚本，并组织实施演练。演练结束后，应根据演练记录、演练评估报告、应急预案、现场总结材料，对演练进行全面总结，并形成书面总结报告。

（3）总结报告及记录演练实施过程的相关图片、视频、音频资料应归档保存。

应急管理是医养结合机构安全管理工作的重要内容。应急管理的对象是各种突发事件，管理内容包括对突发事件的准备、响应、恢复与减缓工作，通过协调与整理内部与外部的各种资源，持续保障机构内部人员的生命和财产安全，帮助机构尽快恢复到正常运行状态。

第三节 医养结合机构不良事件管理

案 例

健康照护师小王在某大型医养结合机构从事了3年一线服务工作,因工作认真积极,工作表现良好,近日被安排到护理部学习质量管理工作。目前,他需要对去年该机构发生的不良事件进行汇总分析,并制订出今年该机构的安全管理工作计划以及员工安全培训计划。在整理不良事件的过程中,他发现不少工作人员对不良事件的上报流程不了解,对要上报的事件类型不清楚,不知道怎么分析不良事件,不良事件上报表格中有许多缺项。同时,他还了解到部分护理员因为担心被追究责任或受到处罚,未能及时上报不良事件。

请问

1. 不良事件的定义及常见类型有哪些?

2. 不良事件的分析包括哪些内容? 可以运用哪些工具?

3. 针对目前该机构不良事件管理工作存在的问题,您有什么建议?

随着医养结合机构服务对象由生活自理的活力型老人向高龄、多病共存、多重用药等失能失智型老人转变,医养结合机构的安全风险逐渐增加,对机构的管理与专业服务提出了新的挑战。从源头上防范和控制医养结合机构不良事件,保证在住老年人的安全已经成为机构管理工作的重点。

一、不良事件管理概述

与医疗机构相对完善的医疗安全不良事件管理机制相比,医养结合机构的不良事件管理当前还处于探索阶段。本节主要以医疗不良事件管理相关规定及标准为指导,结合医养结合机构服务特点,对医养结合机构不良事件管理的理念、制度建设、管理方法、安全文化建设进行简要介绍。

(一)相关概念

1. 事件(incident) 事件是指由工作引起的或在工作过程中发生的,可能或是已经导致伤害和健康损害的情况。其结果未产生人身伤害、健康损害、损坏或其他损失的事件,被称为"未遂事件",英文称为"near-miss"。英文中,术语incident包含near-miss。

2. 事故(accident) 事故是发生在人们生产、生活活动中的意外事件。关于事故的概念,至今还没有一个统一的标准,人们从不同的角度出发对事故进行定义,比较有代表性的定义有:

(1)《现代汉语词典》1996年的修订本对事故的定义为:"意外的损失或灾祸(多指在生产、工作上发生的)。"

(2)《辞海》对事故的定义为:"意外的变故或灾祸,今用以称生产与工作中发生的意外损害或破坏。"

(3)美国安全工程师学会(the American Society of Safety Engineers,ASSE)对事故的定义为:事故是人们在实现其目的的行动过程中,突然发生的,迫使其有目的的行动暂时或永远中断,并有时造成人身伤亡或设备损毁的一种意外事件。

3. 医疗事故 医疗事故是指医疗机构及其医务人员在医疗活动中,违反医疗卫生管理法律、行政法规、部门规章和诊疗护理规范、常规,过失造成患者人身损害的事故。

4. 不良事件 本章所提到的不良事件是指医养结合机构在服务过程中,任何可能或已经影响老年人的健康状况、增加老年人痛苦和负担、可能影响服务质量和工作人员安全的因素或事件。

（二）不良事件的分类

1. 按事件原因分类　根据事件发生的原因,医养结合机构的不良事件可分为意外事故和责任事故两类。

（1）意外事故:由于老年人个人因素(如不适当的活动、个人不注意、不小心、自我评估过高等)和其他不可抗拒的原因,而非机构方面的原因所造成的事故。

（2）责任事故:是指机构工作人员因玩忽职守、违反规章制度和操作规程等失职行为所造成的事故。

2. 按事件内容分类　根据事件的内容,医养结合机构意外事件主要划分为自然灾害、意外伤害事件、社会安全事故、医疗护理不良事件等四种类型。

（1）自然灾害:是指由于自然异常变化,不以人的意志改变而造成的人员伤亡、经济损失、社会不稳定及资源破坏等现象或由此带来的一系列事件。如暴雨、洪水、地震、泥石流、低温、沙尘暴、海啸、热带风暴等。

（2）意外伤害事件:是指在医养结合机构实施的活动中,在机构负有管理责任的院区或场所内发生的,因机构工作人员、老年人或其他人员的直接或间接行为,对老年人的身体、心理及精神造成伤害的事件。

（3）社会安全事故:医养结合机构不是与社会隔离的封闭式场所,每天都会有很多人员出入,人员结构复杂,如探视的家属、探访老年人的亲朋好友、领导视察、上级检查、志愿者爱心服务、老人外出就诊等,意外事件是否发生,什么时间发生,发生的方式、程度、后果往往难以预测,因涉及面广,处理不当容易因某种突发事件而发展成为社会安全事故。

（4）照护不良事件:照护不良事件主要是指在提供照护服务过程中,因老年人记忆力下降、性格固执、诊疗过程中表述不清、遵医行为差等个人因素,以及工作人员疏忽大意、未严格执行诊疗规范和护理操作常规等管理因素,可能或已经影响老年人的诊疗结果,增加痛苦和负担,可能影响照护服务质量以及医生、护士、护理员等工作人员人身安全的因素或事件。医养结合机构常见的照护不良事件包括跌倒、压力性损伤、走失、烫伤、自伤或他伤、药物食物中毒、噎食、院内感染、用药安全、非计划性拔管等。

3. 按可预防性分类　根据事件是否可被预防,意外事件分为可预防事件、可改善事件和疏忽引起的事件等三种类型。

（1）可预防事件:可预防事件是指现有的方法可以预防不良事件的发生,如严格执行老年人常见病多发病的诊疗规范、加强健康教育纠正错误观念、发放药物时遵循"三查八对"制度,使用智能药盒、监督老年人遵医行为等方式可以避免药物错服、漏服、误服等意外事件的发生。

（2）可改善事件:可改善事件是指事件发生是不可预防的,但伤害严重程度会由于采用了后续行动而大幅降低。例如,针对长期卧床老年人的难免压疮,通过改善营养、加强皮肤护理、及时的体位改变、保护敷料的使用等综合干预措施,可以部分减缓压疮的发生速度,减轻压疮的损伤程度。

（3）疏忽引起的事件:疏忽引起的事件是指未按照当地区域医护人员的预期照护标准而引起的意外事件,如护理员未严格遵守服务规范检测热水袋水温,使用过程中未及时观察老年人皮肤情况,导致老年人烫伤。

（三）不良事件分级

根据医疗质量安全不良事件分级分类标准,不良事件按严重程度分为4级:

Ⅳ类事件(隐患事件):未发生不良事件。

Ⅲ类事件(无后果事件):发生不良事件,但未造成患者伤害。

Ⅱ类事件(有后果事件):发生不良事件,且造成患者伤害。

Ⅰ类事件(警告事件):发生不良事件,造成患者死亡。

（四）不良事件常用分析工具

1. 根本原因分析法 根本原因分析法（root cause analysis，RCA）又称为根因分析法，是一种基于系统、团体及回溯性的不良事件分析法。其核心为分析整体系统及流程的漏洞和缺陷，而非指责个人活动上的过错，再造流程或设计新系统新流程，避免类似事件再次发生。根因分析法主要包括四个步骤：

（1）事件还原：RCA小组人数一般不超过10人。组长要求具有扎实的RCA理论和实战经验，与分析事件相关的专业知识和一定的领导能力。组员可以由亲临事件但没有直接涉及该事件的一线人员、与该事件没有任何关系的人员、患者的代表等组成。资料收集采用访谈事件直接关系人或目击者；调查病历、相关作业流程、临床指南、排班表等资料；亲临现场进行事件重现、拍照存证等多种形式，并注意检查资料的完整性和准确性。然后基于收集的资料明确本次根因分析要解决的问题。

（2）原因确认：整合事件发生的过程与时间，召开RCA小组会议共同讨论并绘制流程图，包含细节的时间序列与每个时间点发生的事件。整合事件后，应描述哪些问题点经常被忽略，发生了什么事情导致了错误的发生，以及每个步骤是否可以通过一些措施的介入来避免事件的再次发生。通过绘制鱼骨图，从"人、机、料、法、环"5个方面分析可能的原因，尽可能全面考虑所有的直接原因。

（3）拟定对策：针对流程图上最重要及最显著的问题点进行讨论，找出事件发生的根本原因。根本原因的判定可以遵循图7-2进行判定，也可以采用"5WHY"法，多次问"为什么"直至寻找出根本原因。针对每个根本原因拟定对策。拟定对策时应注意简化和标准化、减少依赖记忆和注意力、考虑可行性与成本效益、尽量避免增加工作负担与工作时数。

（4）执行及督查：现场督察，确认改进措施执行情况。根据改进措施执行情况与成效，讨论执行过程中的困难，修正成效不佳的改善方案。制定监测指标，运用PDCA持续追踪改进。监测指标的制定应考虑测量的目的、测量的频率、谁完成测量、测量是否可信等因素。

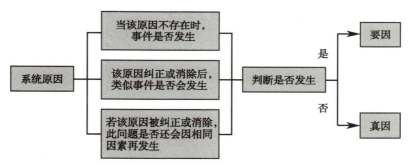

图7-2 根本原因分析法要因判定流程图

2. SHEL模型 由美国Elwyn Edwards教授于1972年首次提出，被广泛用于不良事件的原因分析，具体内容如下：

S（software）：即软件，包括工作人员业务素质和能力，包括工作经验、专业知识和技能、工作执行能力、工作自律性、操作规范、沟通交流、服务衔接、信息交接等内容，是不良事件发生的直接因素和主要因素，也是该模式的关注重点。

H（hardware）：即硬件，指工作场所和设备，包括场所整体布局，设备的检查、维护、保管，物品的数量、分类、摆放，信息系统的管理等。

E（environment）：即环境，包含物理环境和社会环境，物理环境主要是指空间的温湿度、照明光线、声音的音量，以及床栏、约束装置等安全防护、警示标识等；社会环境指工作流程、人力资源配置。

L（liveware）：即人，包括当事人及其家属、照护人员、其他工作人员等人的因素，位于SHEL模型的核心地位，是决定系统安全、有效运作的关键。

3. 瑞士奶酪模型 "瑞士奶酪模型"于1990年由英国精神心理学教授Reason在Human Error提

出，又名"积累的行为效应"。该模型指出在一个组织中，不良事件的发生有 4 个层面的因素，即组织影响、不安全的监督、不安全行为的前兆、不安全的操作行为。每个工作流程都是由若干个关键环节串联起来组成的，如果每个环节都存在一个漏洞，即上个环节提供的输出存在问题，而下一个环节把关不严，就有可能发生事故。因此，在日常工作中不能有任何松懈和侥幸的心理，要求善于发现安全隐患并有效堵塞漏洞，加强岗位风险提示和关键环节风险控制（图 7-3）。

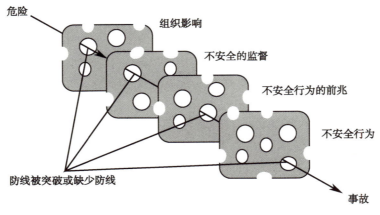

图 7-3　瑞士奶酪模式图

二、不良事件的监测与上报

（一）不良事件的监测

医养结合机构内部应建立不良事件管理制度，专人负责各类不良事件的上报与汇总分析。建立一种以上不良事件监测机制能主动发现未上报的不良事件，并有常态化的交叉管控措施监测机制运行，如开展病历、照护记录检查，追踪不良事件；从投诉、纠纷案例中发现不良事件有无及时、准确上报；从非计划的检查与住院治疗发现不良事件的发生。

（二）不良事件的上报

1. 不良事件上报应遵循的基本原则

（1）鼓励主动、自愿、非惩罚上报：鼓励工作人员主动、自愿报告不良事件，上报事件不作为对报告人进行惩罚的依据。

（2）注意保密性：接收或处理不良事件的部门及人员应对报告者的个人信息及事件信息进行保密。

（3）保持独立性：报告系统独立于任何有权力惩罚报告者的权威部门。

（4）快速响应：不良事件报告接收的部门或相关人员应及时采取措施终止事件的发生发展，将风险降低或损害到最低限度。

（5）系统导向：机构对不良事件的分析应注重从组织系统和服务流程方面找出导致事件发生的根因，提出改进措施，避免再次发生。

2. 不良事件上报的管理　不良事件的上报管理应包括医养结合机构内部的上报管理和机构外部向有关管理部门的上报管理两部分，采取逐级上报的形式。

（1）报告主体：机构内部的报告主体主要包括医生、护士、护理员、社工、管理人员等服务提供人员，鼓励老年人和相关第三方的参与。向机构外部上报不良事件的报告主体主要为该机构。

（2）报告主体的职责：按照不良事件上报的有关规定，在规定时间内通过登录不良事件报告系统或填写纸质不良事件报告表进行上报，配合不良事件的核查，协助组织改进或监控事件整改。

（3）不良事件报告要求：不良事件 I、II 级属于强制性报告事件，应当立即在不良报告系统中进行上报，部门第一负责人为责任人。不良事件Ⅲ、Ⅳ级属于自愿报告事件。

3. 不良事件上报的内容　不良事件上报应至少包含以下八项内容：

（1）患者基本信息：包括住院号或入住号、姓名、性别、年龄、床号及诊断。

（2）事件发生时间：包括具体日期和时间、日期类型（工作日、周末、节假日及不明）。

（3）事件发生的经过：体现事件的内容和细节。

（4）事件发生的场所：如户外、室内、卧室、卫生间、公共活动场所等。

（5）事件的后果：如有无造成老年人伤害、伤害的类型、伤害的严重程度。

（6）工作人员采取的措施：如现场救护、伤情判断、陪同转诊、检查诊断、通知家属等。

（7）不良事件上报的时限：是否在规定时间内进行上报。

（8）报告人情况：机构名称、科室或工作部门、姓名、岗位类别、联系方式（包括联系电话、电子邮箱）。

三、不良事件的处置与管理

（一）不良事件的处置

1. 不良事件的处置原则　不良事件的处置应遵循及时响应报告、减轻损害后果、重视调查分析、利于持续改进的原则。

2. 不良事件的处置内容　对于已经造成老年人损害的不良事件，应及时启动不良事件应急预案进行处置，减轻事件对老年人造成的损害后果，将可能造成的损害或损失减轻到最低程度，降低事件导致的不良影响。

3. 不良事件的处置方式　不良事件的处置应采用个案管理的形式，根据不良事件的性质、严重程度、发生频率等，通过电话询问、现场查看、访谈、查阅资料等方法进行调查处置，落实相关细节，对不良事件进行根本原因分析，以推动机构的持续改进。

（二）不良事件的信息管理与应用

1. 不良事件的信息管理　不良事件管理部门应当对及时上报的不良事件信息进行验证核对，确保报告的不良事件信息真实、准确完整。及时反馈，与不良事件报告者和相关部门进行对接，指导完善不良事件上报信息填写，促进不良事件的分析与改进。

2. 不良事件的信息应用　各级部门或人员对不良事件相关信息的应用，应当对上报者和当事人的个人隐私信息进行严格保密。必要时不良事件管理部门应当制定申请信息应用的制度与流程。

（三）医养结合机构安全文化建设

1. 安全文化的起源　安全文化的产生与人类社会的发展相伴随，起源于20世纪80年代的国际核工业领域。1986年，苏联切尔诺贝利核电站发生核泄漏事故后，世界各地开始加强安全管理，初步提出"安全文化"思想。1991年，国际原子能机构（IAEA），通过《安全文化》首次对安全文化进行定义，提出安全文化就是企业和员工对安全问题关注的综合观点和看法，同时注重企业内部双向沟通交流，即企业要明确管理责任制度和积极贯彻执行的态度。

2. 安全文化的内涵　安全文化是为了达到安全状态所形成的理念文化、制度文化、行为文化、物质文化的建设情况，由安全理念、安全制度、安全行为、安全物质构成。其中，安全理念是核心，安全制度是保证，安全行为是表现，安全物质是基础。现代安全文化的核心是以人为本，强调关注组织中全体人员的心理和行为指向，采取预防措施，防止安全事故的发生，从而落实安全文化的建设。

3. 机构安全文化的营造

（1）安全文化的营造：安全文化建设的核心目标是建立安全的"自律机制"和"自我约束机制"，目的是让安全成为医养结合机构全员的一种习惯。首先，需要建立安全工作战略，明确机构安全工作的愿景、目标和工作机制。其次，通过为所有工作人员和机构在住老年人提供与安全相关的教育和信息，帮助全员提高安全意识，树立安全价值观和安全责任感，作出安全承诺。

（2）安全文化的评估与改进：安全文化评估是检验安全文化建设成效的有效手段，其目的在于客观评价机构安全文化建设情况，为进一步改进安全文化建设提供科学依据。安全文化的评估与改进可以从以下几方面着手：

1）开展安全文化评估应指定部门，使用正式调查、小组讨论、员工访谈和数据分析等多种方法定期评估安全文化。

2）通过安全管理制度建设，明确如何确定和管理与安全文化相关的问题，同时制定和记录行为准则，确定和纠正不可接受的行为，确立对不顾后果行为的零容忍制度。

3）通过培育机构安全文化，运用质量管理工具，改进现有工作制度和工作流程，预防类似不良事件的再次发生。

保障在住老年人的安全是医养结合机构管理的核心。不良事件的上报与管理是当前医养结合机构管理工作中相对薄弱的环节。正确认识不良事件，从错误中学习，树立系统改进的思维模式，以安全文化建设为导向，进一步规范机构内不良事件的管理，是保障老年人安全的重要举措。

知识拓展

不良事件要因分析工具——鱼骨图

鱼骨图又称特性要因图，是将影响质量特性的要因加以整理，使之成为有相互关系且有条理的图形，形似鱼骨故而得名。鱼骨图的制作主要分为 5 个步骤：①简单概括需要解决的质量问题；②从人员、设施设备、材料、方法、环境和测量等方面确定可能发生质量问题的主要原因；③制作鱼骨图，将质量问题作为"鱼头"画在右边的矩形框内，将主要因素分别作为"大骨"放在左边的矩形框内；④对每一个主要因素进一步分析，层层递进作为"鱼刺"画在主枝上；⑤从最高层次的原因中选取和识别少量的但是对结果有重大影响的原因，进一步分析研究（如收集资料、论证、试验和控制等），提出改进措施。

第四节　医养结合机构危机管理

案　例

某老年公寓坐落于某市风景区，于 1997 年投资建设，占地面积 15 000m²，床位 432 张，是一所集颐养、医疗、护理等服务于一体的四星级养老机构。2021 年 7 月 27 日，由于当地连续暴雨，该老年公寓西南侧道路护坡坍塌，泥土渣石进入院内，造成西侧阳光房和部分楼体受损，7 人被困。据媒体报道，截至 28 日下午，获救的 7 人中 6 人经医院检查处理后陆续出院，1 人接受腿部骨折手术。该事件发生后，立即引起主管部门高度重视和社会的广泛关注，吸引了多家媒体持续多日追踪报道。

请问

1. 面对危机事件时，机构的处置流程是什么？
2. 在处理危机事件过程中，应遵循哪些基本原则？

随着现代社会的快速发展，对于每个人和每个组织来说，危机已经成为一种常态。医养结合机构的危机发生涉及服务对象、硬件设施、工作人员、服务质量控制、管理者决策等多种因素，正确认识危机，深入系统地分析反思缺陷，在管理过程中未雨绸缪，在度过危机的同时发现并抓住潜在的发展机遇是现代危机管理的核心思想。

一、危机管理概述

不同的文化背景下，人们对于"危机"内涵的理解是不同的。在西方社会文化中，关注的是危机过程中的关键转折点，危机管理策略侧重于现在和未来导向，强调度过危机并从当前的危机应对中发现和抓住新的机遇。而在东方社会文化中，侧重于危机从过去到现在再到未来演变的全过程，强调追根溯源，总结过去的经验教训，感知和认识当下潜在的危机及其可能的诱因，并针对未来可能发生的危机进行预防。

（一）危机管理的概念

1. 危机概念的起源 危机（crisis）一词最早来源于希腊语，意思是决定（to decide）。在医学领域，危机是指人濒临死亡或游离于生死之间的状态。后来所指对象不断扩大，用于表示一些非常重要、需要马上作出决断的状况。18 世纪至 19 世纪，危机的概念被引入政治领域，表明政府或其体制已处于紧急状态，继而出现危机管理的概念，并在经济和其他领域广泛应用。

2. 危机的定义 《现代汉语词典》对危机的解释为"潜伏的危险，如危机四伏""严重困难的关头"。《牛津词典》对危机的解释包括"危险和非常困难的时期"和"决定性的瞬间或转折点"两层含义。目前，学术界关于危机的概念还没有统一的说法，不同的研究者从不同的学科和研究角度，给出了不同的定义。

（1）国外比较有代表性的危机定义有，赫尔曼（1969 年）提出危机是出乎决策者的意料之外的情境状态，决策者的根本目标受到威胁，并且作出决策的反应时间非常有限；罗森塔尔和皮恩伯格（1989 年）认为，危机是对一个社会系统的基本价值和行为构架产生严重威胁，并且在时间性和不确定性很强的情况下必须对其作出关键性决策的事件；巴顿（1993 年）作为危机管理领域的权威，认为危机是一个会引起负面影响的具有不确定性的大事件，此事件及其后果可能对组织以及其中的员工、产品服务、资产和声誉造成重大损害。

（2）国内部分学者将危机界定为是一种对组织目标的实现构成重大威胁，要求组织必须在极短的时间内作出关键性决策和进行紧急回应的突发性事件。认为危机是指系统内部及系统与外部环境之间的不平衡状态。其外延是系统内外的各种矛盾关系，当这种矛盾激化的时候将演化为恶性突发事件。

基于国内外学者对危机的定义，结合医养结合机构的特点和实际情况，本书将危机定义为一种突发的、对组织构成重大危险的、需要紧急处理的事件。

3. 危机管理 危机管理概念由美国学者于 20 世纪 60 年代提出。危机管理是指为应对各种危机情景所进行的规划决策、动态调整、化解处理、员工训练等活动的过程，其目的就是消除或降低危机所带来的威胁，乃至变危机为机会。医养结合机构的危机管理实质就是危机管理理论在医养结合机构中的应用，应用危机管理的一般理论和方法，通过评估、预测、分析、防范、化解危机及危机后管理，最大限度地降低危机对医养结合机构和其利益相关者可能遭受的损失和影响，最终保障机构的整体安全、健康和持久运行的动态过程。

（二）危机的特点

1. 突发性和紧迫性 几乎所有的危机都是事先无法预料的，危机在何时、何地、怎样发生、会产生什么后果等都具有极大的偶然性。由于事出突然，又有较大的冲击力和破坏性，一旦发生往往令人措手不及，需要管理者在最短的时间内作出决策，立即采取措施、化解危机、减少损失、消除影响，以降低危机造成的损害。危机应对不及时，可能导致事态升级，引发次生危机或衍生危机。两者互为因果，相互叠加、传染和扩散，造成更多的损失，处置难度加大。

2. 危害性 任何危机都是对稳定状态的破坏。处于危机事件中的老年人可能受到身体和精神上的伤害，影响家庭关系和经济利益。危机会影响医养结合机构的正常运行或工作秩序，甚至带来严重的形象危机和巨大的经济损失。危害的表现形式多样，人们的应对态度也有所不同。直接的、有形的、短期的危机，如人员伤亡、财产损失等，易于感知，容易引起重视，处置方法相对简单。间接的、无形的、长期的危害，如心理健康、形象声誉、水流对地质的影响等，不易察觉，往往容易被忽视，一旦暴发却破坏力惊人，应对艰难，必须防微杜渐。

3. 不确定性　危机的产生有一个从准备期到爆发期的变化过程。不确定性是危机最重要的特征，体现在危机是否发生、危机的影响范围、危机的发展趋势、危机的结果等方面。这些不确定性会导致对危机管理的可控性降低，如果决策失误，在危机的动态变化过程中会引起连锁反应，产生与预期完全相反的结果。因此，对危机的防范和处置应注意灵活应对，随机应变。

4. 公众性　现代信息化社会，危机爆发后可以立即通过多种渠道被快速、大范围传播，立即成为社会关注的焦点和热点，而危机本身的冲突、问题、波折等特性，容易吸引媒体报道和公众关注。利益相关方会持续关注事件的发展趋势和机构采取的危机应对措施，以此来决定个人的应对策略。公众出于道义和对未来遭遇同类危机的预测，也会关注危机的进展。在处理危机的过程中，要保持全面畅通的沟通，重视媒体的力量，确保客观真实的报道，避免相关方和公众的猜忌和恐慌。

（三）危机的主要类型

1. 根据危机管理主体分类　根据危机管理的主体不同，危机管理被分为政府危机管理和企业危机管理。政府危机管理又称为公共危机管理，所管理的危机主要是涉及全社会公共利益的危机。企业危机管理主要是涉及企业自身利益的危机。医养结合机构的危机多属企业危机。两者之间可以相互作用，相互影响，有时还可以相互转化。

2. 根据危机的诱发因素分类

（1）由不可抗拒的外界因素引起的危机：由于自然异常变化造成的人员伤亡、财产损失、秩序混乱、资源破坏，如地震、海啸、山体滑坡、洪水、干旱等自然灾难是人类难以控制和抗拒的，如在自然灾难中救灾不力或救灾款项使用相关信息不透明，导致政府和组织遭受信任危机。

（2）产品或服务造成的危机：由于医养结合机构的医务人员或护理员能力不足、疏忽大意、违反操作规范，或者机构内部管理不善导致服务流程缺陷、员工高离职率等原因所引发的危机，如医疗事故、人事纠纷、劳资纠纷等。

（3）公众误解引发的危机：公众（包括服务对象、内部员工、传播媒介、权威性机构）对机构的了解并不是全面的，有的公众会因信息缺乏或听信一面之词而对机构造成误解，尤其是当机构在服务内容、服务流程、收费标准等方面有了新的变化时，如果公众一时还不能适应或一时认识跟不上，草率下结论，就有可能引发机构的危机。

（4）外部变化造成的危机：由于医养结合机构外部环境发生变化带来的危机，如关于进一步推进医养结合发展、提升医养结合机构服务质量行动等政策的实施，使全国各地医养结合机构的建设快速发展，各机构之间的竞争日渐加剧，部分处于劣势的医养结合机构将面临被托管、兼并和淘汰的生存危机。

二、医养结合机构危机的预防

（一）做好危机预警工作

入住前应要求老年人或家属提供近期体检报告、身体检查资料、住院病历等相关医疗证明，充分了解老年人的基本信息、病史、目前所患疾病状态及用药、治疗情况，并对老年人的生理、心理状况、日常生活活动能力及服务需求进行充分评估，在此基础上，进行安全风险评估，以便提供个性化的照护服务和风险防范措施。定期对入住老人进行例行评估，当发生不良事件时应及时评估。根据评估结果，与老人及家属详细深入沟通对于风险的认识、风险防范的职责分工、预防措施及处理原则，各方应尽可能达成一致。

（二）做好危机预控工作

医养结合机构应依据相关法律法规，修订完善服务合同或协议、风险告知书、沟通记录等相关文书，及时更新与完善服务项目和照护等级标准等内容。根据入住评估结果，与老人家属深入沟通，进一步明确老人入住医养结合机构期间可能发生的各种意外情况、预防措施、处理方法及免责条款。必要时，可重新签订合同或以补充协议的形式由双方共同签字确认。将文书作为重要资料存入老人健康档案妥善保存，是处理法律纠纷的有力依据。同时，根据服务合同或协议约定，按照行业标准和服务规范提供服务，并加强对服务过程中的风险识别和应急处置。

（三）强化风险转移意识

不良事件发生后，当事人及其家属与医养结合机构往往因赔偿问题产生纠纷。高额的赔偿金额可能对机构的正常运营造成巨大的影响，甚至倒闭。为降低医养结合机构的运营风险，需要构建养老服务行业风险分担机制，通过社会化机制，借助和利用保险资源，分担机构危机事件的经济赔偿责任和负担。机构管理者应加强风险转移意识，通过购买意外伤害保险和机构综合责任险等方式，降低赔偿风险。

三、医养结合机构危机的处理

（一）危机处理的原则

1. 预防第一原则　医养结合机构管理者应树立牢固的危机意识，建立完善机构内部的服务管理制度和各项服务操作规范，加强日常管理与监督；配备必要的设施设备，提高安全防范能力；加强工作人员与老年人安全防范意识教育；强化与老年人及家属的风险沟通，共同参与风险防范。

2. 快速应对原则　在意外事件的监测、预警、决策、执行等各个系统和环节中都应采取科学有效的方法应对，建立常见服务风险应急预案，有组织、有步骤、有计划地积极应对发生的各种危机。

3. 统一指挥原则　机构应建立完善统一的危机管理小组，明确而具体地规定危机管理的组织架构及权责划分，由危机管理小组对危机处理全过程加以统一领导指挥，减少不同部门或组织之间的横向沟通与协调，保证危机的快速应对与高效协同处置。

4. 勇于承担责任原则　在危机处理的过程中，对受到危机危害的老年人、家属、其他部门或机构要积极面对，及时采取有力措施控制危机的进一步发展，主动向公众通报危机实情进行信息沟通，协调好各种利益关系，尤其注意保障受害者的权益。

5. 公共利益至上原则　公共利益的保护是危机管理最核心的内容。危机发生后，管理者应具有大局观念，从广大民众的角度出发去处理危机，对内对外坦诚相待，及时与相关利益方进行沟通，获得理解、支持与配合。

（二）医养结合机构危机处理的一般程序

医养结合机构危机的发生及处理，涉及老人及家属、机构内部工作人员、政府主管部门、新闻媒体、社会公众等多个方面。面对已经出现的危机时，应始终坚持科学应对，及时妥善处理，尽可能减轻伤害和损伤的严重程度，防止事态发展，维持社会和谐稳定（图7-4）。

1. 启动应急预案

（1）危机发生后，专项工作领导小组应迅速行动，及时赶到现场，按规定启动应急预案，确立危机应对指导思想，明确职责分工、处置原则、工作要求，及时有效开展相关工作。

（2）根据以人为本、生命第一的原则，根据现场条件及时组织人员开展紧急救治与转诊，尽可能将伤害降到最低。

（3）按照不良事件报告制度的要求，根据事件严重程度，及时逐级上报，并及时持续上报有关情况，切忌迟报、谎报、瞒报。由专人负责联系当事人亲属或单位，如实告知事件经过及处置情况。

（4）妥善保护现场，及时收集、存留可能导致事件发生的所有物品，特别是可能导致老年人致伤、致残、致死的物品和资料，对残留的药品、血液、呕吐物、排泄物等留样备查。对抢救当事人的现场、死亡后的尸体,如条件允许尽可能让其亲属目睹现场,安排相关人员做好现场整理和记录后,将尸体移送至殡仪馆保存。保管好本次事件相关的各种档案资料、记录及相关原始资料,必要时可移交指定部门封存保管,避免丢失、抢夺、涂改、伪造、销毁。家属如需要复印相关资料时,严格按照正规程序办理。

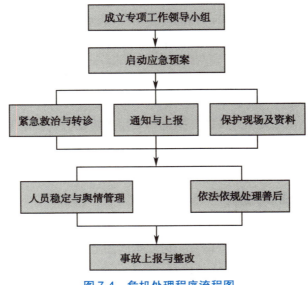

图7-4 危机处理程序流程图

2. 人员稳定与舆情管理

(1)事件发生后,应以实事求是的态度及时与家属沟通,理解和关心家属,要勇于承担责任,提供力所能及的帮助,妥善处置后续事宜,避免激化矛盾。

(2)召开内部工作人员会议,通报事件经过及处置安排,形成机构与员工之间上情下达、下情上达的双向交流,保证信息畅通无阻,提升机构管理的透明度和员工对机构的信任感。鼓励员工共同参与决策、坚守岗位、安心工作,共同做好机构内部维护稳定工作。进一步完善机构的各项制度和措施,有效地规范各项服务操作。

(3)及时召开在住老年人及利益相关方沟通会议,及时告知危机发生后机构的新举措和新进展,再次进行安全教育,稳定情绪,做好日常生活、工作秩序恢复和维护工作。

(4)突发事件的信息发布应当及时、准确、客观、全面。专人负责通过熟悉的新闻单位向社会通报事件情况,及时陈述客观事实,避免公众猜疑与不利报道,避免事态扩大化。对要求采访的新闻媒体,主动提供新闻参考资料和背景材料,尽量给予对方采访上的便利,以免其通过其他非正常渠道寻找新闻来源作出不实报道。

3. 依法依规处理

(1)事故处理告一段落后,应按照相关的法律法规进行责任认定。

(2)可以通过协商方式处理的,医养结合机构应坚持实事求是的原则,正确对待,深入沟通,不回避、不推诿责任。

(3)对协商无效的,医养结合机构应配合履行法律程序,同时继续做好当事人及家属的服务工作。

4. 事故上报与整改

(1)机构应建立健全突发事件报告制度,按照突发事件报告的相关规定逐级报告。突发事件发生后,现场有关人员应立即报告安全管理人员或安全责任人,安全责任人接到报告后,应按照相关规定立即向上级主管部门及当地政府上报突发事件。应急处置过程中,要及时续报有关情况。

（2）机构内部应认真总结分析事故发生的原因、责任及后果，针对机构的实际情况，提出切实可行的整改措施并持续改进。同时，加强安全教育与培训，提高相关人员的安全意识和风险识别、防范的能力。

（3）应急处置结束后，科学调查事件发生经过，正确分析事件原因，撰写调查报告，督促整改措施的落实、反馈与改进。机构安全管理部门对原应急预案进行评估和完善，修订后的预案应报主管部门备案。

由于服务对象和服务模式的特殊性，医养结合机构的危机与机遇同在。在危机来临前，建立预警机制，积极采取预防措施，防患于未然，尽量避免危机的发生。在危机到来后，正确认识危机，认真主动应对，按照危机处理的原则和程序，争取化危机为机构发展的新机遇。安全管理是医养结合机构管理工作永恒的主题，也是医养结合机构管理向专业化、规范化、标准化方向发展的重要环节。

知识拓展

危机的生命周期

任何事物都有出生、发展、维持、衰退直至死亡的过程，这一过程被称为生命周期。一般认为危机的周期包括5个阶段，即潜伏期、暴发期、蔓延期、恢复期和消除期。危机在不同的周期阶段呈现出不同的特点。潜伏期是各种因素积累量变的过程，暴发期是第一阶段积蓄的负能量爆发出来的过程，蔓延期是危机带来的危害持续发展的过程，恢复期是事态得到初步控制但负面影响还在持续的过程，消除期是组织的正常工作秩序已经基本恢复但需要总结和反思。上述5个阶段只是危机生命周期的一般情况，并不是每个危机都一定会出现，每个阶段持续的时间也可长可短，对机构的影响也可大可小。在危机管理过程中，应根据现场的实际情况进行灵活应对。

（谢　燕）

思考题

1. 请阐述医养结合机构安全管理的主要内容。
2. 您怎样理解医养结合机构的不良事件管理工作？
3. 医养结合机构的危机处理原则是什么？
4. 请根据本节的导入案例，简述你对危机处理的认识。

第八章

医养结合机构运营保障

医养结合机构是一个有机整体，机构的管理是一个完整的大系统。保障管理作为医养结合机构管理的一个子系统，是维持机构正常运行，提高工作效率，保障安全生产，提升客户满意度的重要部分，在医养结合机构日常管理工作中占据重要地位。

第一节　医养结合机构后勤保障

案　例

某医养结合机构后勤保障部门的主管收到维修人员汇报，其他岗位的工作人员一有需要安装或搬运的工作，就会找维修人员，导致维修人员本身的工作不得不加班才能完成。例如，行政人员要在会议室挂个钟、餐厨人员要在冰箱上贴个膜、服务人员要为老人组装一个柜子、护理人员要搬个桌子，均"使唤"维修人员前去执行，并且所有的事情都要求马上进行。维修人员与其他岗位工作人员沟通后，其他岗位工作人员表示：他们没有能力做这些事情，而且这些工作本身就是维修人员的工作范围。

请问

1. 基于以上问题，维修人员在其他工作人员寻求帮助时，现场应如何应对？
2. 如果你是后勤保障部门的主管，应怎样解决上述矛盾？

医养结合机构后勤保障管理是围绕医养结合机构的服务业务开展工作，通过机构职能部门及所属人员，为保障养老服务的各项业务开展提供支持，其中部分工作直接向服务对象提供，是医养结合机构服务的重要组成部分。

一、后勤保障管理概述

（一）相关概念

医养结合机构后勤保障管理是一门具有较强的技术性和专业性的应用学科，其特点是高实践性，主要担负管理、保障和服务三项职能。其管理范围和业务内容涵盖了机构安全、设施设备、建筑工程、物资供应、生活服务、营养膳食、环境卫生、应急管理、通信网络、园艺绿化等多个部分。

（二）后勤保障管理职能

随着社会的发展，后勤保障管理工作越来越被人们重视。医养结合机构的后勤保障管理按照行政管理职能和服务职能进行划分。后勤行政管理职能主要包括后勤工作规划、财务预算与管理、机构秩序管理、工程维修管理、服务外包管理、物资设备管理、应急管理等。后勤服务职能主要包括餐饮服务、保洁服务、居所家政服务、维修服务、老年用具及助行器维护服务、生活便利服务（如小卖部、理发室、服务车辆等）。部分医养结合机构还会具备经营生产性职能，如房屋租赁管理、种植基地管理、宾馆招待所等经济实体管理。综上所述，多类别工作各有自身特点，又互为交叉关联，共同构成了多元化的后勤组织架构。

（三）后勤保障管理的地位和作用

1. 医养结合机构后勤保障管理是医养结合机构运行与发展中不可缺少的支持保障系统。医养结合机构的运营每时每刻都离不开后勤保障系统的正常运作，后勤保障对服务对象的生活品质提升有着重要的作用。所有的服务提供的基础都必须依靠后勤保障部门提供的水、电、气、暖、衣、食、住、行、用等多方面的支持和保障。后勤保障管理的质量和效率，直接影响养老服务能否正常开展和服务质量的高低。对于医养结合机构来说，后勤服务是和生活照料、医疗护理服务同等重要的"一线"服务。

2. 医养结合机构后勤服务是服务对象满意居住的必要条件。医养结合机构后勤服务为服务对象提供舒适、整洁、安全、温馨的生活和居住环境，能够使服务对象生活品质得到提升；提供科学、合理、营养的膳食，不但可以增强老年人的体质，同时对老年人的慢性病管理可以起到非常重要的作用；严格规范的卫生管理，对环境和各种器具严格按照要求消毒，可以避免发生院内感染；另外后勤服务中直接提供大量的"便民服务"，使服务对象处处感到长期居住在医养结合机构中也能够拥有原来社区生活的各种便利。全面、优质、高效的后勤保障服务是提升客户满意度不可或缺的一个环节。

3. 医养结合机构后勤保障管理为工作人员的工作和生活提供了有力保障。医养结合机构的工作人员具有工作时间长，部分员工长期居住在机构内的特征。医养结合机构后勤保障部门为员工提供多元化、全方位的供应和服务，能够很好地帮助员工解决生活和工作中多方面的后顾之忧。例如，利用医养结合机构餐饮服务的供应链条所提供的便利，为员工提供净菜、点心、熟食等餐饮保障服务，方便员工的生活。

4. 医养结合机构后勤保障管理是保障机构日常运营，提升服务品质的重要环节。良好的后勤保障是医养结合机构一切工作能够顺利开展并安全运行的基础。医养结合机构运营管理的核心竞争力的形成，离不开高水平的后勤保障管理。打造一支高水平的后勤保障团队，创新一套高标准的后勤保障管理体系是医养结合机构后勤保障管理的终极目标。现代化、信息化是医养结合机构后勤保障管理发展的必经之路。

（四）医养结合机构后勤保障管理现状

1. 对后勤保障管理的重要性认识不足 医养结合机构后勤保障管理的质量与效果，直接影响机构的品牌和形象。但是在很多管理者的头脑中，对后勤保障管理的地位与作用缺乏足够重视。很多管理者认为后勤部门是"二线部门"，在薪资水平、奖金福利上对后勤部门给予不足，从而导致部分后勤人员对搞好自己的工作成效信心不足，工作拖沓，不注意提升工作成效。有的管理者认为后勤光花钱不赚钱，光消耗不创造，没有认识到后勤保障管理得好，能省钱、省心、省力，是养老服务的重要增值服务组成。因此，许多医养结合机构领导对后勤工作缺乏重视，机构后勤人员、物资配置不到位，基建、机电、水暖、设备专业人才缺乏，不重视系统培训。

2. 成本管理能力不足导致运行成本高　医养结合机构后勤保障管理普遍缺少成本管控意识，后勤部门的管理者、专业技术人员年龄偏大，文化水平偏低，缺乏现代管理知识，长期凭经验对后勤工作进行管理，这导致采购水平不高、仓库管理混乱、不注重能源管控、浪费现象严重，使得医养结合机构的运营成本不断上升。

3. 信息化水平落后导致运行效率偏低　医养结合机构管理者对后勤保障管理的信息化认识不足，后勤保障管理普遍没有信息化支撑，效率低下，发展滞后。以物资管理为例，很多医养结合机构的物资管理依然靠手工账务处理，在出入库数量计量、信息核对等方面难以精细化，账物不符、物资丢失等现象仍然存在。后勤保障管理工作范围广、内容繁杂、流程繁琐，缺少信息化手段导致很多日常事务工作沟通不畅，工作效率低下。

4. 人员素质难以满足机构发展的需要　医养结合机构后勤服务人员普遍存在文化水平偏低、技术能力缺乏、年龄结构老化、人员流动性大的问题，这些问题直接影响养老服务的质量提升。

5. 后勤外包社会化专业程度不高影响服务质量　虽然后勤服务社会化越来越趋于成熟，但目前医养结合机构后勤服务社会化依然存在如下问题：社会化流于形式、外包单位专业水平不高、后勤社会化评价方法不科学、缺少有效的反馈体系等，这些问题的存在直接导致了医养结合机构综合服务水平无法提升。

（五）后勤保障服务发展方向

1. 人员专业化　后勤工作和养老服务中的医疗、护理、社会工作等其他专业工作一样具有专业性和技术标准。后勤工作涉及的学科非常广泛，例如能源管理、工程建设、仪器设备维修、营养配餐等，都是技术性很高的工作，非专业人员不能胜任。这就要求医养结合机构要对后勤工作人员加强专业知识和专业技能的教育及培训，通过引进、合作、外包等方式提高后勤工作人员的专业化水平。建立一支思想品德好、文化素质高、业务能力强、知识技能优的团队，是保障运行的必要条件。

2. 管理标准化　随着医养结合机构的快速发展，综合养老服务工作对后勤保障服务的要求日益增加。后勤保障管理不再是事务性和经验性管理，而是科学化、专业化、精细化管理。随着国家对医养结合机构的规范化检查越来越健全，国际、国内各种质量体系的认证逐步成为现代化管理的新趋势，后勤保障管理的标准化成为医养结合机构发展的必然趋势。医养结合机构应当按照本机构的实际情况，对照检查标准，认真学习、检查对照各项要求来规范后勤保障管理和工作行为，使标准化管理成为改善服务、提高质量的有效手段。

3. 管理信息化　随着科技的飞速发展，互联网、大数据、人工智能等技术得到广泛应用。充分发挥信息技术在后勤保障管理中的应用价值，成为提升后勤服务管理水平的重要手段。目前，一些大型的医养结合机构已经开始建设后勤保障管理智能化平台，在能源管理、安全预警等方面发挥了很大的作用。医养结合机构信息化建设为后勤保障管理从传统模式向科学化、精细化、专业化、集约化方向转变提供了技术支撑。

4. 物资集约化　随着我国医养结合机构呈现大型化、连锁化的发展趋势，医养结合机构更加关注运行效率和运行成本的管控。很多连锁化运营的医养结合机构开始建立集约化物流管理系统，以此来推动物资管理由粗放向精益转变，达到物资利用由分散向集约转变，全面提升运营质量、管理效率和效益，实现"集中、统一、精益、高效"的管理目标，并设立成本控制和安全控制的制约岗位，确保集约化管理能够安全可靠。

5. 结果目标化　医养结合机构绩效管理的核心部分就是管理结果目标化，每一个员工的职位目标、收入目标都必须以工作目标为基础。后勤保障管理要明确管理目标，按照管理目标设定工作目标，工作目标的制定要抓住重点指标，将重点指标多级分解，逐级落实，具体量化，分解到人，所有的考核结果作为员工晋升调降及评先评优等基础依据。在目标结果化的过程中，要设立专门的岗位开展培训、督导、考核的工作，并能够在持续督导中发现问题进行流程再造，以达到高质量、高效益、高效率的最终管理目标。

二、医养结合机构的环境及设施设备管理

医养结合机构的环境及设施设备管理工作必须依照国家的法律法规和政策，制定和组织实施相关规划和制度，以不断提高医养结合机构的环境及设施设备管理质量。医养结合机构的环境及设施设备包括周边公共设施、建筑物、供电系统、供热系统、空调和通风系统、给排水系统、电梯、通信及网络设备、交通设备、停车场等，管理直接影响到机构的服务安全和服务质量。

（一）垃圾管理

1. 垃圾的分类 医养结合机构的垃圾分为厨余垃圾、可回收垃圾、有害垃圾、其他垃圾和医疗废弃物。由于高龄、失能、失智状态导致老年人自己不能很好地执行垃圾分类，需要医养结合机构的工作人员加强宣传、全面协助老年人进行垃圾分类。

2. 垃圾的处置 为保障公共环境卫生和人体健康、防止环境污染，需要加强垃圾分类，提高资源的回收利用。

（1）有害垃圾应按照国家的相关规定单独处理。

（2）厨余垃圾应与专业公司签订协议，由专业公司处理。

（3）医疗垃圾必须与专业公司或医院签订处置协议，专人管理，专用垃圾暂存间存放，专车专线运送，必须按照医疗废弃物管理的相关规定建立台账。

（4）医养结合机构内设医疗机构的，医疗机构的污水必须按照医疗机构污水处理的相关规定处理，单独管道、存储、消毒、排放，不得与生活污水混合排放。

（二）绿化环境管理

医养结合机构的绿化环境管理要遵循以下原则：

1. 因地制宜、合理种植 医养结合机构绿化种植的品种要符合养老的特殊环境需求，植物要选择病虫害少、无污染环境、低刺激性气味、无尖刺锯齿的安全物种，以本土植物为主。

2. 打造无障碍、无危险环境 医养结合机构的园林设计、园区道路、绿化种植等要以无障碍无危险为设计原则，符合适老化的规定。老年人通行的区域要安装扶手，亲水区域要安装护栏，多考虑老人的生理特征，打造安全、舒适的园区环境。

3. 鼓励老人与环境互动 医养结合机构内的老年人长期居住在机构内，可以在园区内圈养一些无危害的小动物、鱼类、鸟类等供老年人喂养和欣赏，建议规划一些蔬菜种植区，让老年人能够在员工的协助下种植，增加机构内生活的乐趣。与自然的互动，对认知障碍的患者还能起到很好的疗愈作用。

4. 重视室内种植 医养结合机构应增加适宜的室内绿化，以增加自然气氛、改善环境、净化空气、调节老年人和员工的心情。

（三）基本设备设施管理

1. 供电系统管理 医养结合机构的供电可靠性、安全性对机构正常运营有着十分重要的作用。机构供电电源一般包括市政供电电源和自备应急电源。市政供电电源原则上采用双回路电源，自备应急电源一般采用发电机组。信息机房等重要区域需要另行配置不间断电源（UPS）。医养结合机构供电设备应根据相应的资质要求配备相关的专业人员，配电房应确保按时进行安全检查并留有记录。

2. 给排水系统管理 医养结合机构的给排水系统是指机构内各种冷水、热水供应，污水排放工

程设施的总称。机构内生活给水系统为市政给水系统,如有高层建筑需配置加压给水系统。大多数医养结合机构设置集中热水供水系统,冷、热水给水系统应按楼幢、楼层,甚至户室设置相应的阀门和水表,便于控制和计量。热水系统应采用循环制系统以防止细菌繁殖,也可以采用室内家用热水器单独供热水模式。医养结合机构消防供水系统应独立设置,应按照消防规定管理。排水系统分为粪便污水系统、生活废水系统、雨水系统,如有内设医疗机构则需要设置医疗污水的独立排水系统,厨房废水要经过隔油池后方可排进生活废水系统。以上各类排水系统的污水应该各自单独处理排放,而雨水系统只要没有被污染,可不必经过处理就可以直接排放进市政管道或地面排放,医疗污水处理应严格按照国家标准要求处置。

3. 供热系统管理 供热系统包括产热和送热系统。大部分北方医养结合机构采用集中供热模式,产热主要由城市集中供热或机构自建锅炉房产热,大部分南方医养结合机构采用中央空调或单机空调。集中供热系统应确保人员规范操作,技术人员定期维保,产热设备(锅炉)安全可靠运行。医养结合机构应制定锅炉房及供热系统设施设备操作管理规定,专人操作,锅炉设备应按照国家压力容器的管理规定进行管理。

4. 空调与新风(通风)系统管理 空调与新风(通风)系统由集中式冷热源、机房设备、楼层新风机组、各类风机盘管、各类分体式空调以及车库、厨房、卫生间等区域使用的送风和排风设备等组成。空调与新风系统的日常性计划保养工作一般由医养结合机构员工或服务外包单位承担,计划性保养设备及系统性管道消毒清洁等工作一般由专业维保公司或生产厂家外包服务。由于空调系统使用是医养结合机构能源成本管理的重要组成部分,所以应充分重视空调系统的运行管理质量。

5. 电梯管理 医养结合机构的电梯应按照老年人的生理特点,设置开关门时间及运行速度。机构应和电梯维保公司签订维保合同。如大型医养结合机构内电梯数量较多,机构可考虑设置电梯管理员岗位,做好平时巡检工作。

针对机构的基础设施设备管理,除了做好日常的检查与维护工作外,还应当制定相应的应急预案,如停电事件应急预案、停水事件应急预案、供热系统应急预案、电梯困人应急预案等,明确相关人员的工作职责和处理流程,并定期进行应急演练以确保老年人安全,保证机构日常工作的正常开展。

三、医养结合机构的餐饮管理

医养结合机构餐饮管理是医养结合机构服务的重要组成部分,是服务老年人、家属、员工对机构后勤保障管理工作关注度最高的部分,对机构满意度的影响占比最大。入住的老年人和员工来自全国各地,饮食习惯各不相同。服务对象长期居住在机构,一直接受相对单一口味的饮食,久则生厌。另外,老年人因身体健康原因和治疗因素需要低盐、低脂、低糖饮食,还有糊餐、鼻饲餐的特殊要求,多种复合因素导致医养结合机构餐饮服务成为机构管理的难点之一。

(一)餐饮管理的基本内容

1. 服务内容 医养结合机构食堂的主要职能是为服务对象、探访家属、员工等对象提供卫生干净、价格合理、口味丰富、营养合理的餐饮服务。一般小型机构会设置混合就餐食堂,大型机构会区分老年人食堂和员工食堂,还会根据供餐形式区分不同的食堂供餐方式,例如定食食堂、点餐食堂、包厢等。部分医养结合机构在自身条件允许的前提下,开设机构内咖啡馆、茶座、面点房等延伸餐饮服务。部分健康养老公寓为可以自己烹饪的老年人提供代买和净菜服务,在营养科的指导下为吞咽困难及营养障碍的老人提供糊餐、鼻饲餐等特殊餐饮。餐饮部的员工还需要协助活动部门为入住的老年人开展趣味餐饮、各类烹饪学习班活动,为其提供更多相互交流的空间,提高生活品质。

2. 职能形式 随着后勤社会化的深入,很多医养结合机构的餐饮服务会采用外包的形式,由专业的餐饮公司提供服务。医养结合机构的后勤部门从自己直接经营和管理餐饮服务变成对餐饮服务提供者的监督和管理部门，需要对餐饮部门的安全生产、食品卫生安全、餐饮品质、餐饮成本及价格等进行监督管理。

3. 管理要求 无论是医养结合机构直接提供餐饮服务还是选择餐饮外包服务，都需要根据《中华人民共和国食品安全法》《中华人民共和国行政许可法》《中华人民共和国食品安全法实施条例》《餐饮服务许可管理办法》等法律法规开展工作。食堂必须具有食品经营许可证，餐饮从业人员必须具有健康证。

4. 功能分区 医养结合机构食堂一般包括就餐区、厨房区、公共区。用餐区包括大餐厅和包厢。厨房区由食品加工区和出售区组成，包括验收区、检验室、仓库、冷库、切配区、面点区、蒸饭区、炉灶区、熟食区、备餐区、休息区、更衣区等。公共区包括通道、电梯、卫生间、办公室等。

（二）餐饮部门的成本管理

1. 成本 餐饮部门的成本是医养结合机构最大的运营成本部门。首先，需要根据提供的餐饮服务标准计算出所需要的成本。在不降低餐饮质量的前提下，加强管理水平，达到降低采购、储存、加工、管理（包括人员管理和能耗管理）过程中的成本。这些成本项目会根据地区、机构规模和经营策略等因素而有所差异。

（1）食材成本：食材成本包括采购食材、食品原料和调味品的费用，这是餐饮部门最直接的成本。

（2）人工成本：人工成本包括厨师、烹饪助手、服务员等员工的工资和福利待遇。

（3）设备和设施成本也是必要考虑的一部分，包括厨房设备、炊具、餐具、餐桌椅等的采购和维护费用。

（4）能源成本：能源成本包括水、电、燃气等能源的费用，用于厨房操作和设备运行。

（5）外包服务成本：对于部分医养结合机构来说，他们选择将餐饮服务外包给专业的公司或服务提供商，这将导致外包费用的产生。

（6）食品安全和卫生成本：食品安全和卫生成本包括食品检测、卫生培训、清洁用品购买等方面的投入，以确保食物的安全和服务对象的健康。

2. 成本管理

（1）有完整的采购计划和审批流程：餐饮部门的负责人要按照日常运营的服务量，计算并确定物资采购量以及基础库存量，做好每日采购计划并提交给采购人员。采购人员按照采购计划结合原材料的价格变化情况，根据原材料的存放时间、仓库面积、流动资金、订货供货周期等因素制定采购订单，报送负责人审批后向合格供应商采购。

（2）建立严格的询比议价体系：采购人员、采购部门负责人、餐饮部门负责人、医养结合机构负责人都需要对餐饮部门的采购按照不同的职能分工开展工作。采购人员要定期对日常消耗的原材料、调料等进行广泛的市场价格询比价，坚持货比多家的原则，充分利用各种信息渠道，对原材料采购的报价进行分析反馈，发现差异及时纠正。对每日使用的蔬菜、鱼肉禽蛋、水果、米面等原材料，定期由使用部门、采购部门、财务部门等人员组织供应商进行公开、公平、公正的比价工作，进行合格供应商遴选。

（3）建立严格的采购验收制度：餐饮仓库管理人员要对餐饮物资采购实际执行过程中的数量、质量、标准、监测报告与计划、报价进行严格的验收把关工作。拒收不需要的、不合格的、质量低下、规格不合的物资。

（4）建立严格的仓库管理制度：对餐饮物资必须遵循效期管理、先进先出等原则，避免原材料腐烂、失效等导致浪费的情况。

（三）餐饮安全管理

医养结合机构餐饮管理必须建立健全食品安全管理制度，按照国家法律法规要求，餐饮提供者必须领取食品经营许可证。按照许可范围依法经营,在服务场所醒目的位置放置食品经营许可及从业人员的健康证。在餐饮提供的全过程,包括原材料采购、粗加工、存储、烹饪、留样、餐具的清洁消毒储存、设施设备管理、人员管理、生物防控、应急预案等各方面制定相应的制度。同时,根据医养结合机构服务的特殊性,制定相应的营养餐制度。餐饮部门必须配备专职或兼职的食品安全管理人员,以保障食品安全及服务质量。

1. 食品和添加剂的采购索证验收管理 餐饮服务管理中必须建立食品、原材料、添加剂、包装容器、设施设备、清洁洗涤剂、消毒剂等相关物资的采购验收和索证索票制度,以确保采购物资能够符合食品安全标准以及方便溯源。

(1)索证索票包括但不限于许可证、营业执照、产品检验合格证、供货清单、购物清单、发票、收据等资料,如提供的资料为复印件,须加盖供应者公章或签字确认。

(2)采购部门需要建立采购记录(台账),如实记录供应者名称、联系方式、产品名称、规格、数量、批号、保质期、进货日期等内容,并保存有上述信息的进货清单或票据。台账和清单票据的保存期限按照相关部门的要求执行,一般保存期限为2年。

(3)不得采购变质腐败、掺杂使假、有异味、污染不洁、超过保质期的物资。验收时,要加强目视过程管理,对外观不洁、包装破损、标签不符、来源不明等物资拒收拒付,对死亡的禽畜和水产要重点查验来源,对预包装食品和添加剂必须按照《食品安全法》的相关规定查验标签。

2. 食品储存管理

(1)分类存放:按照原材料、生熟、食品非食品等类别分仓库、分货架、分区域存放。食品仓库内不得放置非食品,有毒有害物资必须单独仓库存放(如灭鼠剂、杀虫剂、洗涤剂、消毒剂等),仓库内不得存放个人物品。物品在货架上要做到离地、离墙10cm摆放。散装食品应存放在容器内,并在容器上贴上写明食品名称、生产日期、保质期、生产者名称、联系方式等内容的标签。肉类水产等容易变质的食品需冷冻冷藏储存,肉类和水产品要分柜存放,生食品、半成品、熟食品必须分柜存放,单个产品要分包装存放,不得生熟混放、堆积、挤压存放。

(2)环境要求:仓库要通风、防潮、防腐、保持干燥,做到定期清洁打扫。设置纱窗、排风扇、空调、防鼠网、挡鼠板等设施。严禁在仓库内抽烟。冷藏冷冻设备的数量要满足生熟、不同类别的物资分开存放的需求,定期除霜、清洁、保养,以保证设施设备的正常运行。储存、运输食品的容器、工具和设备必须按照规定采购无害、安全的产品,保持清洁,定期消毒,防止食品污染。不得将食品与其他物资一同运输。

3. 食品添加剂使用管理

(1)食品添加剂的采购、储存与使用必须严格遵守法律法规的规定,不得采购和使用食品添加剂以外的任何可能危及人体健康的物质,以确保食品安全。

(2)医养结合机构的餐饮为现制现售模式,尽可能不使用食品添加剂。确需使用者,必须在适用范围、使用量上严格管理,不得超范围超量使用。

(3)严格落实食品添加剂专人采购、专人保管、专人领用、专人登记、专柜保存的"五专管理制度",使用食品添加剂的人员必须经过专业培训,计量工具必须专门配备,食品添加剂的储存必须上锁并醒目标示"食品添加剂"字样,不得与其他物品混放。

4. 餐饮从业人员食品安全知识培训和考核 医养结合机构必须组织餐饮管理和从业人员参加食品安全培训,学习相关法律法规、标准和食品安全知识,建立培训档案,明确每个岗位的食品安全责任并签订承诺书。设立专(兼)职食品安全管理人员岗位,加强培训,责任到人。

5. 餐饮从业人员健康卫生管理 医养结合机构必须建立并执行餐饮从业人员健康管理制度,新入职人员必须体检并取得健康证后方可入职,每年要安排餐饮从业人员年度体检。从业过程中,必须做好个人卫生管理,严抓手卫生的落实率。

6. 餐饮设施设备卫生管理 所有餐饮加工的工具必须无毒无害。要求做到分类使用、定位存放、用后洗净、保持清洁。加工熟食使用的工具和设备必须在使用前进行消毒。运输食品的工具和设备必须定期清洁，必要时消毒。所有设施设备的运行状况、维护记录、维修记录必须有台账管理。

7. 餐具清洗消毒保管管理　严格按照要求对餐具进行清洗消毒，消毒后的餐具必须存放在专用的保洁设施内。不允许使用未经消毒的餐具。如购置、使用集中消毒企业供应的餐具，必须查验其经营资质并索取消毒合格凭证。

8. 餐饮安全检查管理　医养结合机构必须定期对本机构的食品安全进行综合检查，检查内容包括但不限于以下内容：

（1）从业人员健康证、食品安全培训执行档案情况；环境卫生、个人卫生、工具和实施设备卫生及完好性、餐饮具卫生及完好性、包装材料、工艺流程情况。

（2）餐饮加工制作服务过程的食品安全情况。

（3）食品、原材料、食品添加剂等相关产品的采购、索证、验收、储存的执行情况；食品安全事故应急处理培训及演练情况。

（4）食品原料、半成品、成品、食品添加剂的感观性状、包装标签、说明书及储存条件；零散食品的存放及标签情况。

（5）餐具、食品用工具、直接入口食品加工工具及容器的清洗、消毒和保洁情况。

（6）用水的卫生情况等。

9. 食品留样管理

（1）每餐每样食物保留 1 份样品，每样食品单独用一个密封盒存放，密封盒留样前须先消毒，每样食品留样不少于 200 克，每样食品在餐盒上标注好品名、餐次、留样时间（月日时）、留样人。

（2）在取样半小时内，将冷却好的留样食品放入恒温（0～4℃）冰箱中冷藏；做好每餐每样留样食品的台账，内容包括留样餐次、留样品名、留样时间（月日时）、留样人。

（3）留样食品必须保留 48 小时，满足保留时间后才可倒掉。留样食品 48 小时后需立即处理，不得将超过时间的留样食品继续留存在冰箱内。

（4）部门主管每周至少抽查一次留样记录。

四、医养结合机构的外包服务管理

外包服务一直被认为是降低管理成本、提升管理效率、增强核心竞争力的有效措施。专业公司的介入打破了医养结合机构全而不精的后勤运行体系，选择最有利于自身需求的服务以减少医养结合机构在人员和管理上的支出，并通过市场专业化服务、专业技术人才、专业设备维护等手段，提高医养结合机构保障管理的专业水平，降低运营成本。

（一）外包服务内容

医养结合机构外包服务主要包括护工服务、保洁服务、安保服务、餐饮服务、园林绿化、物业维修、设备运行、专业设备检测、车辆服务、基建项目代建管理、合同能源管理等方面。机构可按照机构运营要求选择一项或多项服务进行外包。

（二）外包服务管理

1. 外部服务管理存在的问题

（1）外包单位的管理人员对医养结合机构的业务认识水平和临场应对能力亟待提高。

（2）在劳动力紧缺的现状下，很多岗位出现只求岗位有人，不求服务质量的问题。

（3）中标单位的培训能力不足，导致新员工不熟悉医养结合机构的运作模式和业务规律，从而产生服务质量降低、客户满意度下降等问题。

这些问题和矛盾的存在，主要是服务理念缺乏和管理粗放导致。很多医养结合机构的管理者认为服务外包了，管理责任应该由外包公司承担，风险也应该由外包公司承担。但外包服务的服务对象主要是医养结合机构的客户和员工，其服务质量和安全直接影响到医养结合机构的服务质量、安全和效率。在医养结合机构等级评审、质量体系认证等检查和评审中，对后勤服务的质量管理有着明确的细则要求，因此建立完整的医养结合机构服务外包质量管理和质量控制的体系尤为重要。

2. 外包服务管理的重点内容　判断后勤服务外包是否成功，需要有不同的视野和维度，其中对服务质量的评价至关重要。后勤服务质量是客户满意的基本要素，需要医养结合机构在后勤外包服务的管理过程中进行如下工作。

（1）构建外包决策体系：为保证服务外包的合适性，医养结合机构必须构建外包决策体系。首先，要对养老服务的价值链进行分析，自检机构的能力和资源，选择相较机构更专业的社会化服务企业进行部分业务外包。其次，对外包内容、外包模式进行确定，评价和选择合规供应商，评估外包风险及对客户满意度的影响。分析成本和效益，效益不仅要考虑经济效益，还要考虑社会效益。

（2）选择合格的外包供应商：能否选择到合格供应商是后勤外包成功与否的关键因素。外包服务商能否在现有服务的基础上进行服务创新，给出满意的服务感受，强有力地推进合同有效履约，是评价外包服务能否双赢的关键。

（3）建立沟通协调机制：外包协议的签订是双方合作关系的开始。在合作过程中能否建立完善的激励机制、约束机制和信息共享机制是合作战略成功实施的关键。每个发包方都有其独特的业务模式和企业文化，接包方对发包方的所有要求能否全面理解透彻，对衔接的业务流程是否完全熟悉，这都会影响外包服务的实施效果，甚至会有风险隐患，导致服务质量下降。特别是合作双方出现企业文化严重冲突时，如果沟通协调不力，可能导致外包服务的失败。因此，建立充分的沟通和协调机制是外包服务成功实施的关键因素。

（4）建立外包绩效评估体系：为防止外包服务执行异常，医养结合机构应建立有效的外包绩效评估体系，及时对已经实施的外包服务进行全面的评估，以应对市场和经营环境的变化。绩效评估不能只关注经济效益，应该从工作流程、外包成本与收益分析、服务质量、满意度等多个维度进行绩效评价，以定量指标为主要评价指标，定性指标为参考指标。

（5）建立质控体系的考核标准：医养结合机构应根据外包服务的内容，制定外包服务的相关考核制度。建立年度、季度及月度的考核标准，考核标准必须指标明确，具有可操作性，不能流于形式。

（三）后勤外包服务的风险

在服务外包的过程中，识别、控制服务过程中的风险，是外包服务管理的重要工作。其管理要点包括风险识别和评价、风险控制和应急、风险管理监测、风险管理评审等。通过持续不断的风险分析，配置合理的资源，制定全流程管控标准，对全流程进行持续监测，确保持续改进的工作落到实处，才能使外包服务的风险得到控制和降低，以保证后勤服务的质量。外包服务的风险有以下五个方面：

1. 安全生产风险　医养结合机构和外包单位经常处于职责不清、责任落实不明的状态。通过合同约定"外包服务范围内发生的安全事故的责任应该由外包单位承担"这样的条款，发生安全生产事故后责任就由外包单位承担，从而规避了自身的法律风险。这样的认知是不正确的，医养结合机构内一旦发生安全事故，医养结合机构作为服务主体责任是无法推卸的。

2. 食品安全风险　由于很多医养结合机构的食堂实现了完全的对外承包，医养结合机构对外包单位的食材采购没有控制权，并且对食品加工和存储过程的监督不力，因而容易出现食品安全事件。

3. 社会用工风险　部分外包单位追求利润最大化，法律意识淡薄，在聘用员工的社保缴纳加班超时、辞退员工等方面经常出现纠纷，外包单位不能妥善处理这类纠纷时，规范用工的责任最终会转嫁到医养结合机构。

4. 成本控制风险 外包公司基本都是公开招标产生，投标公司竞争激烈，为达到中标目的，存在低价不合理竞标的可能。医养结合机构的决策层往往采取最低价中标的模式。外包公司作为经济实体，利润最大化是经营目标，为追求利润可能会导致成本的不合理降低，从而引发纠纷和事故。

5. 服务质量不稳定风险 外包公司的服务人员队伍不稳定，服务水平低，服务理念不到位，也是影响机构服务质量和口碑的主要因素。因服务疏漏和差错，还可能导致法律纠纷的产生。

在医养结合机构的后勤保障管理中，有效的沟通、协调和监督是至关重要的。管理人员需要与各个部门和供应商保持良好的合作关系，确保医养结合机构的后勤需求得到满足，为老年人提供良好的居住环境和服务体验。同时，定期的评估和改进也是确保后勤保障管理的效率和质量不断提升的重要工作内容。

📖 知识拓展

医养结合机构等级评审对环境及设施设备的要求（节选）

1. 环境要求　设有应急导向标识、通行导向标识。建筑主要出入口为平坡出入口，同时设置台阶和轮椅坡道的出入口，且台阶及坡道两侧设有扶手。洗浴空间地面铺装平整、防滑，排水良好无积水。公共活动空间照度充足、均匀，灯具无明显眩光、易维护。

2. 设施设备要求　居室设有紧急呼叫装置或为老年人配备可穿戴紧急呼叫设备。居室卫生间设有紧急呼叫装置或为老年人配备可穿戴紧急呼叫设备、设有洗手池和坐便器、如厕区的必要位置设有扶手，扶手形式、位置合理，能够正常使用。公共卫生间如厕区设有扶手、紧急呼叫设备。洗浴空间满足老年人基本的安全洗浴需求，且设有便于老年人使用的扶手，设有紧急呼叫装置或为老年人配备可穿戴紧急呼叫装置。

第二节　医养结合机构信息化建设

案　例

某医养结合机构为了更好地实现标准化管理、提高效率并合理地调配资源，计划在未来五年内新开设三家机构，并决定开发或采购一款管理信息系统。该机构负责人首先进行了详细的需求分析，并确定了管理信息系统的关键功能和特性。基于这些需求，开始评估可行的选择，包括开发自定义的管理信息系统或采购现有的医养结合机构管理软件。

请问

1. 医养结合机构在开发或采购一款管理信息系统时应当考虑系统的哪些因素？
2. 如果您作为该机构的负责人，您觉得应该开发哪些模块，并简述理由。

医养结合机构的信息化管理是指通过运用现代信息技术，对医养结合机构的各项管理工作进行数字化、自动化和智能化的管理方式。医养结合机构的信息化建设可以提高机构的运营管理效率、降低人力成本，同时提升服务质量和满意度。在引入信息化管理之前，医养结合机构需要合理规划、选择适合的系统，并确保员工接受培训和技术支持，以实现信息化管理的顺利推行。

一、医养结合机构信息化建设概述

（一）信息化建设的目的

1. 提高服务效率和质量　通过信息化建设，可以实现病历、医疗、服务、管理等方面的高度信息化,提高工作效率和服务质量。

2. 加强信息管理 信息化建设可以实现许多信息的自动化采集、整理、处理、存储,减少信息管理中的繁琐流程,方便实现信息共享。

3. 促进沟通和协作 信息化建设可以实现服务团队和服务对象之间的高效沟通和协作,促进服务的顺畅开展。

4. 保证安全和隐私 信息化建设可以保证医养结合机构的信息安全和服务对象隐私,防止信息泄露和滥用。

(二)信息化建设的原则

1. 规划先行 在建设之前做好完整的规划和准备工作,明确目标和需求,确定合适的建设方案。

2. 适度创新 使用适当的信息技术,以及针对医养结合机构的实际需求进行创新,不要盲目追求新技术,避免过度投入。

3. 人文关怀 在建设过程中,要重视人文关怀,保证服务对象和服务团队的合理需求和情感需求。

4. 合理布局 将信息化建设和医养结合机构的管理与运行相结合,统筹安排,合理布局。

5. 全员参与 建设过程中,应引导和培训服务团队的所有工作人员实现信息化管理,使每个人都能参与到信息化管理中来。

6. 可持续发展 建设后要根据医养结合机构的实际需求进行不断完善,保持可持续发展。

(三)医养结合机构信息化建设的重点

1. 数据集成与共享 医养结合机构需要管理大量的病历、医疗记录、用药记录、护理计划、服务记录等数据,这些数据通常来自不同的系统和部门。因此,实现数据集成与共享是信息化管理的关键。

2. 安全性和隐私保护 医养结合机构处理的数据包含大量的敏感信息,如服务对象的姓名、住址、健康状况等。因此,保证数据的安全性和保护隐私是非常关键的难点。

3. 系统可靠性 医养结合机构的信息化管理需要 24 小时运作,因此系统的可靠性十分重要。必须保证系统的稳定、可靠、高效才能够满足长期照护的需求。

4. 人员学习与适应 医养结合机构的信息化管理需要人员有一定的技术水平和使用能力。因此需要对相关人员进行培训和学习,以适应新的信息化管理系统。

5. 资金投入 医养结合机构的信息化管理需要投入大量的资金,包括硬件、软件和人员培训等,需要进行投资回报率的评估。

二、医养结合机构信息化建设的内容与管理

(一)信息化建设的基本内容

1. 事务系统 主要涉及人事、财务、采购管理及办公自动化等内容。

2. 业务系统 主要涉及与服务对象相关的如入退住管理、健康评估、计划管理与执行、服务记录、事项追踪等;与诊疗相关的如门诊、体检、医嘱、配药、用药禁忌管理等;用餐相关的如订餐、配餐、营养与禁忌管理等;与保障相关的如设备运维、环境设施管理、安保等。

3. 结算系统 主要涉及收费管理、医保结算、政策性支付结算等。

4. 信息报送 各类政府部门定期需要的信息报表等。

(二)运维管理

已建信息系统的运维管理需要较专业的 IT 服务团队。在机构运营过程中,一般的业务规模较小的机构,很难维持一支稳定的、有素养的 IT 运维队伍。因此,在系统规划阶段,必须优先解决这个问题,即要运用合适的技术手段设计合适的方案(如充分利用云技术等手段),建设专业且集中的运维

体系,保障系统的运维能力。

（三）医养结合机构的数据分析和管理

1. 数据分析与管理的内容 医养结合机构的信息化管理涉及人员管理、服务对象管理、财务管理、设备管理和统计分析等方面。在人员管理方面,机构可以通过信息化系统管理职工信息,包括基本资料、工资管理和绩效考核等。这有助于提高人力资源管理效率和准确性。服务对象管理涉及对服务对象的基本信息、健康情况、生活习惯等数据。通过信息化系统,机构可以更好地了解和满足服务对象的个性化需求,提供更加精准和个性化的服务。财务管理包括财务监控、预算管理和报表生成等。信息化系统有助于机构实现财务管理的规范化和精细化,提高财务决策的准确性和效率。设备管理涵盖了设备信息、维修记录和使用情况等的管理,通过信息化系统,机构可以及时掌握设备状况,安排维修和保养,确保设备的正常运行,提高工作效率和居民的安全保障。统计分析则利用信息化系统对医养结合机构的人员、老年人、财务和设备等数据进行统计和分析,通过统计分析,可以获取机构的运营情况、趋势和问题,为决策提供参考和支持。

2. 信息化管理的途径 医养结合机构的信息化管理包括建立数据库、采用信息化系统、使用数据分析软件和聘请专业分析团队等方面。

（1）机构需要建立一个数据库,将各项数据进行集中存储,以便于管理和查找。这样可以确保数据的完整性和一致性,方便后续的数据管理工作。

（2）采用信息化系统是关键步骤,通过引入适合机构需求的信息化系统,实现数据的自动化录入、分析和处理。可以提高管理效率,减少人为错误,同时节省时间和资源。

（3）机构可以使用专业的数据分析软件,对机构的数据进行统计分析。这些软件可以帮助机构揭示数据中的规律、趋势和问题,提供有价值的洞察,从而为决策提供支持。

（4）机构可以考虑聘请专业的分析团队,深入分析医养结合机构的各项数据,发现数据背后的潜在问题,并提供优化建议和最佳的管理策略。

三、医养结合机构的档案管理

（一）档案管理的内容

服务档案是指老年人在医养结合机构接受日常服务等活动中形成资料的总和,对服务档案进行管理就是对资料的分类、编制、更改、传阅、存档、查阅、借阅、收发、作废进行规定和执行,使其具备可追溯性,从而实现资料的价值。服务档案可分为健康档案、服务记录、法律文书和其他文书。

1. 健康档案 健康档案包括老年人的基本信息、健康评估、健康体检、机构内外就医情况、知情同意书、辅助检查报告单等。健康档案的编制应当遵守中华人民共和国民政部针对养老机构发布的《养老机构老年人健康档案管理规范》(MZ/T 168—2021)中的相关要求。

2. 服务记录 服务记录包括在日常服务过程中与老年人有关的出入院服务、生活照料服务、膳食服务、清洁卫生服务、洗涤服务、文化娱乐服务、委托服务、教育服务的记录。

3. 法律文书 此处的法律文书特指与服务相关的法律文书,如机构与老年人及其监护人对服务协议的补充约定、费用调整协议等。

4. 其他文书 是指与服务相关的,但无法归入健康档案、服务记录、法律文书类别的文书,如生前预嘱等。

（二）档案管理的原则

1. 实现机构服务档案工作规范化、制度化、科学化。

2. 坚持实事求是、精简高效的原则,做到及时、准确、安全。

3. 严格执行机构保密工作有关规定,确保服务记录信息安全。

4. 设置专门的部门或档案员岗位负责档案管理的具体工作。

（三）档案保管的原则

1. 档案的归档与保存　机构在服务过程中，形成的各类档案为一个全宗，以全宗为单位，按机构规定的命名序列进行排列，卷内文字不得使用铅笔、彩笔、圆珠笔。电子档永久保存，一般纸质档案保存 20 年，重要纸质档案永久保存。

2. 建档环境温度　档案室温度保持在 14～24℃，相对湿度 45%～60%。温度、湿度每昼夜波动幅度要求温度 ±2℃，相对湿度 ±5%。环境应通风、透气、干燥，做好防湿、防虫蛀的工作。档案柜上锁保管，节假日要特别加强看护，确保安全。

3. 调阅权限和要求　服务对象及其家属可申请查阅和复印服务对象的客观信息资料；其他部门、业务相关人员如需调阅资料，应当履行对应的查阅流程，审批通过者可至档案管理员处登记借阅。借阅的档案未经许可，不得复印、拍照。

通过信息化管理，医养结合机构可以实现数据的高效管理、决策的科学支持和运营的优化，有助于提升管理效率和服务质量，促进机构的可持续发展。

第三节　医养结合机构支付体系管理

案　　例

王爷爷，90 岁，是某企业退休人员，购买了长期护理保险，享受居家上门的护理服务。目前，他住在儿子家中，平日里主要由儿子和儿媳来照顾。由于儿子和儿媳也已经年近 70 岁，照护能力越来越有限。王爷爷和家人商定入住一家医养结合机构，确保他得到更专业和全面的照顾。关于医养结合机构的费用和支付方式，王爷爷和家人并不清楚。为了解决这个问题，他们需要与医养结合机构进行沟通。

请问

1. 入住医养结合机构需要支付什么类别的费用？

2. 针对王爷爷的情况，他可以使用哪些支付渠道的资金？

医养结合机构支付体系管理是指对机构内支付事务进行有效管理和控制的一系列措施和方法。医养结合机构支付体系管理的目标是确保支付流程的透明、高效和安全，保障机构和相关方的权益，提高财务管理水平和整体运营效果。

一、医养结合机构支付体系概述

（一）相关概念

1. 费用标准　机构按照一定的标准制定各种服务的收费标准，这包括床位费、服务费、护理费等。

2. 缴费方式　机构缴费方式通常有一次性缴费和分期缴费两种，按照服务对象的需求进行选择。

3. 费用计算方法　根据机构收费标准，通过计算服务对象在机构内的实际占用资源情况、服务时间等，计算出应缴纳的费用。

4. 支付方式　机构有现金支付和非现金支付两种方式，如刷卡、转账等。

5. 退费政策　机构在收取费用前应当明确退费政策。若服务对象因个人原因要退住，机构应当按照规定退还预缴费用。

6. 费用明细　机构在收取费用时，应当根据费用标准制定详细的费用明细，让服务对象和家属清楚了解自己的收费情况。

7. 财务管理　机构应当建立健全财务管理制度,确保收费过程的规范,透明和安全。

(二)医养结合机构支付体系完整性的重要意义

1. 保障服务质量　完整的支付系统可以确保医养结合机构提供高质量的服务,因为机构必须合规操作,才得以获得支付。支付体系的质量控制和监督机制,确保了医养结合机构按照规定的标准提供服务,主要包括定期的检查、评估和审核,以及对机构的质量管理体系和流程进行监督,确保服务的一致性和可持续性。

2. 避免欺诈行为　完整的支付体系营造了一个公正、透明的服务环境,减少了欺诈行为的产生。支付申请和报销进行审查和监督,包括审核支付申请的真实性和合法性,检查医疗服务和护理记录的准确性和一致性,以及监测费用和报销的合理性和合规性。

3. 防范风险　完整的支付体系可以保障服务供应链上的风险控制、支付流程安全等,避免风险增加。支付体系的风险评估需要识别和评估可能存在的风险,如财务风险、操作风险、合规风险等。通过了解和评估不同风险的潜在影响和可能性,机构可以制定相应的风险管理策略和措施。

4. 确保利益均衡　完整的支付体系应能够为双方,即医养结合机构和服务对象,提供利益均衡的解决方案。通过确保定价的合理性、费用的准时支付、多样化的资金来源、消费者权益保护、公平公正的合作伙伴关系以及有效的监管和评估机制,医养结合机构的支付体系可以实现利益的均衡,确保各方的权益得到公平对待。

5. 建立信任　完整的支付体系对于机构和服务对象而言都非常重要,它可以帮助建立双方之间的信任,促进长期合作。医养结合机构诚实守信,履行承诺,确保支付体系的稳定性和可靠性。老年人和其他相关利益方需要按照约定的方式和时间支付费用,并信任机构会提供高质量的医疗和养老服务。

二、医养结合机构服务费用的支付内容与渠道

(一)服务费用支付项目

医养结合机构的费用一般包括基础服务费、餐饮费、护理服务费、医疗费、娱乐康养服务费,以及特殊服务费等。这些费用是为了保障医养结合机构老年人所需的环境、饮食、护理、医疗、娱乐等服务而产生的。通过合理的费用管理,医养结合机构可以提供高质量的服务,满足老年人的需求,并为他们的健康和幸福提供支持。

1. 基础服务费　包括床位费、电费、水费、燃气费和环境卫生费等。

2. 餐饮费　包括早、中、晚餐、水果、零食等。

3. 护理服务费　包括照护、清洁、康复护理等。

4. 医疗费　包括部分治疗费用、药品费用、检查费用等。

5. 娱乐康养服务费　包括文艺、阅读、体育、旅游等娱乐活动费用。

6. 特殊服务费　包括特殊陪护费用、特殊饮食需求费用等。

以上是机构服务费用的一般组成部分。关于医养结合机构的收费项目需要特别强调的是,老年人的实际费用可能因机构不同、服务项目不同等原因有所差别。为了避免出现不必要的争议和误解,机构应提醒老年人和家属在入住前应仔细阅读合同,并咨询机构详细解释费用构成。

(二)服务费用的支付渠道

1. 利用自己的储蓄存款支付。

2. 利用养老保险、医疗保险、长期护理保险等社会保险制度支付。

3. 利用商业保险支付。

4. 利用政府的政策性补贴支付。

5. 利用政府或社会团体的基金或慈善捐款进行支付。

医养结合机构支付体系管理的核心目标是确保支付过程的规范性、高效性和安全性，优化财务管理，减少风险，并为机构提供可持续发展的支持。通过有效的支付体系管理，机构可以实现资金的合理利用，为服务对象提供更好的医疗和养老服务。

三、医养结合机构保险支付简介

（一）长期护理保险

1. 定义 长期护理保险（long term care insurance）是指为年老、疾病或伤残而丧失日常生活自理能力从而需要长期照护的人提供护理费用或护理服务的保险。长期护理保险的实践应用有助于减轻全社会由于老龄化带来的长期护理服务支出压力，进一步推动我国护理行业规模化、专业化发展。

2. 对象 参加社会基本医疗保险，具备社会基本医疗保险待遇资格且参加长期护理保险的参保人员因年老、疾病、伤残等导致失能，生活不能自理，经过一段时间治疗病情稳定后，需要长期护理的，经失能评定和资格认定，可享受长期护理保险待遇。

3. 申请方式和结算方式

《长期护理保险经办规程（试行）》（医保办发〔2024〕22 号）有详细规定，本节不再展开阐述。

（二）商业保险

在医养结合机构的保险支付体系中，商业保险起到重要的补充作用。商业医疗保险可以为服务对象提供综合的医疗保障，包括住院费用、手术费用、药品费用等。这样可以减轻服务对象和其家庭的经济压力，使其能够获得及时、有效的医疗服务。此外，为了保障医养结合机构的服务对象，在意外事故或伤害发生时获得相应的经济补偿，部分服务对象也会购买人身意外伤害保险作为补充。这种保险通常涵盖因意外事故导致的伤害、残疾和死亡情况，为服务对象提供保障和赔偿。

（三）政府或机构购买的综合责任险

当政府为机构或机构自费购买综合责任险时，通常是为了覆盖其在运营过程中可能面临的多种责任风险。综合责任险是一种商业保险产品，可以为机构提供综合的责任保障，保护其免受潜在的法律诉讼和经济损失。对于服务对象而言，又是另一道合法权益的保障。在保险期间内，在医养结合机构依法从事服务活动过程中，因发生意外事故造成服务对象人身损害或伤亡，被保险人有过错的，依法应由被保险人承担的经济赔偿责任，保险人按照保险合同约定负责赔偿。在医养结合机构依法从事服务活动过程中，服务对象遭受人身损害，服务对象及被保险人对损害的发生都没有过错，但依照法院判决或医养结合机构责任保险事故赔偿处理中心或事故鉴定委员会认定被保险人仍应对服务对象给予经济损失补偿时，保险人按照保险合同约定负责赔偿。

目前，医养结合机构在全国各地快速发展，规范和标准化的管理工作还有待进一步完善。推动我国医养结合机构的规范管理、学科建设、人才培养、流程优化和服务提升，引导、组织、发展、壮大医养结合机构和从业队伍，适应我国老龄化社会的发展要求，满足广大老年人群的健康养老服务需求，还需要更多专业的医养结合机构管理者和从业人员持续不断地探索和实践。

（季六一）

 思考题

1. 医养结合机构后勤保障管理的地位和作用是什么？

2. 如果由您担任某医养结合机构的院长，如何对本机构后勤服务是否外包做决策？

3. 医养结合机构的餐饮服务如何实现成本管控和餐饮质量的平衡？

4. 医养结合机构实现信息化管理的优势是什么？

5. 现阶段医养结合机构的支付体系有何利弊？

参考文献

[1] 张涛,张华玲,褚湜婧,等.我国医养结合政策发展历程分析[J].中国医院,2018,22 (06): 35-38.

[2] 王莉莉.健康战略背景下我国医养结合政策新进展[J].兰州学刊,2021 (12): 118-130.

[3] 杨根来,刘开海.养老机构经营与管理[M].北京:机械工业出版社,2019.

[4] 谢培豪.养老机构服务与管理[M].北京:科学出版社,2021.

[5] 王芳,袁莎莎,赵君,等.我国医养结合服务发展趋势与策略[J].中国卫生政策研究,2022,15 (08): 7-10.

[6] 徐丽丹,方锐,许虹.我国医养结合服务模式的研究进展[J].中华护理教育,2019,16 (11): 871-874.

[7] 李萌,杨婷婷,董四平.我国医养结合服务典型实践模式、困境与对策[J].华西医学,2021,36 (12): 1641-1648.

[8] 姜巍,王荣荣.我国医养结合产业发展现状、问题与对策[J].中国卫生经济,2020,39 (06): 69-71.

[9] 周留建.养老机构建设与经营管理[M].南京:南京大学出版社,2012.

[10] 朱成全.企业文化概论[M].5版.大连:东北财经大学出版社,2019.

[11] 董克用,李超平.人力资源管理概论[M].5版.北京:中国人民大学出版社,2020.

[12] 张鹭鹭,李士雪.医院管理学概论[M].北京:中国协和医科大学出版社,2022.

[13] 王一方,张瑞宏.医院文化[M].北京:中国协和医科大学出版社,2022.

[14] 陈传明.管理学[M].北京:高等教育出版社,2022.

[15] 许玉林.组织设计与管理[M].2版.上海:复旦大学出版社,2020.

[16] 方振邦.管理学基础[M].3版.北京:中国人民大学出版社,2016.

[17] 朱晓卓.老年人服务与管理政策法规[M].北京:海洋出版社,2017.

[18] 奚伟东,邵文娟.养老机构管理与服务[M].北京:清华大学出版社,2021.

[19] 徐卫华.医养结合理论与沈阳实践[M].北京:中国中医药出版社,2020.

[20] 雷晓康,朱松梅.医养结合概论[M].北京:清华大学出版社,2021.

[21] 施永兴,黄长富.护理院医养结合与管理指南[M].上海:上海交通大学出版社,2018.

[22] 毛拥军,吴剑卿,刘龚翔,等.老年人营养不良防控干预中国专家共识(2022)[J].中华老年医学杂志,2022,41 (7): 749-759.

[23] 谌永毅,刘翔宇.安宁疗护专科护理[M].北京:人民卫生出版社,2020.

[24] 沈军,王秀清.老年护理学[M].北京:人民卫生出版社,2019.

[25] 王宁华.康复医学概论[M].3版.北京:人民卫生出版社,2019.

[26] 王关义,刘益,刘彤,等.现代企业管理[M].北京:清华大学出版社,2019.

[27] 赵永强.质量管理理论及应用[M].北京:电子工业出版社,2021.

[28] 张吉军.企业生产安全事故形成机理及预警管理研究[M].北京:科学出版社,2020.

[29] 韩文成.风险分级管控与隐患排查治理安全管理理论与实践[M].北京:石油工业出版社,2021.

[30] 王宏伟.应急管理新论[M].北京:中国人民大学出版社,2021.

[31] 牛晓宇.患者安全不良事件精析[M].北京:人民卫生出版社,2021.

[32] 戴万稳.危机管理之道[M]南京:南京大学出版社,2019.

[33] 董传义,葛艳华.危机管理经典案例评析[M].北京:中国传媒大学出版社,2009.

[34] 何延政,赵成文.医院危机管理[M].北京:人民卫生出版社,2014.

[35] 蔺雪春,李希红,朱婧.公共危机管理[M].2版.成都:西南交通大学出版社,2018.

[36]　孙多勇,朱桂菊,李江.危机管理导论[M].长沙:国防科技大学出版社,2018.

[37]　蒋欣,余秀君.医联体建设引领下的县级医院精细化运营管理[M].成都:四川大学出版社,2020.

[38]　庞震苗,王丽芝.医院管理学教与学指南[M].上海:上海科学技术出版社,2017.

[39]　郭启勇.现代医院管理新论[M].北京:人民卫生出版社,2018.

[40]　程永忠.从垂直管理到合纵连横:华西医院高效运营管理实务[M].北京:人民卫生出版社,2013.

[41]　李为民.医院运营管理[M].北京:中国协和医科大学出版社,2022.

[42]　丁朝霞,杨涛.医院运营精细化管理理论与实战[M].广州:中山大学出版社,2017.

[43]　李为民.现代医院管理理论、方法与实践[M].北京:人民卫生出版社,2019.

[44]　方晓波.基于服务质量的医院运营管理策略研究[M].北京:经济科学出版社,2019.

[45]　孙慧.运营管理[M].2版.上海:复旦大学出版社,2016.

53检